新基建

任泽平 马家进 连一席◎著

中信出版集团 | 北京

图书在版编目（CIP）数据

新基建 / 任泽平，马家进，连一席著 . -- 北京：中信出版社，2020.6（2022.7 重印）

ISBN 978-7-5217-1878-2

Ⅰ . ①新… Ⅱ . ①任… ②马… ③连… Ⅲ . ①基础设施建设—研究—中国 Ⅳ . ① F299.24

中国版本图书馆 CIP 数据核字（2020）第 079192 号

新基建

著　　者：任泽平　马家进　连一席

出版发行：中信出版集团股份有限公司

（北京市朝阳区惠新东街甲 4 号富盛大厦 2 座　邮编　100029）

承 印 者：北京诚信伟业印刷有限公司

开　　本：787mm × 1092mm　1/16　　印　　张：22.5　　字　　数：270 千字

版　　次：2022 年 7 月第 1 版　　印　　次：2022 年 7 月第 17 次印刷

书　　号：ISBN 978-7-5217-1878-2

定　　价：68.00 元

目 录

序　言

新基建经济学宣言

一、“新基建”是百年宏观经济思想的第四次革命

经济学是经世致用之学，以解释、解决所处时代的重大问题为使命。回顾百年经济思想史可以发现，宏观经济学非常伟大，因为它数次试图拯救世界。宏观经济学在经济危机中诞生，也在经济危机中发展和变革。穷则变，变则通，通则久。正是周期性发生的经济危机，赋予了宏观经济学旺盛的生命力，使其成为时代的显学。

人类进入现代社会以来，各种经济金融危机层出不穷，例如 1929 年的大萧条，20 世纪 80 年代的拉美债务危机，20 世纪 90 年代的日本资产价格泡沫破灭，1997 年的亚洲金融风暴，2008 年的国际金融危机，2009—2012 年的欧债危机等。为应对危机，不同的经济学流派诞生或复兴、革命或反革命，争论的核心在于政府是否应该干预市场、以何种手段干预。

1929 年的大萧条是宏观经济思想的第一次大论战、大分野，凯恩斯主义革命兴起。伯南克将研究大萧条誉为宏观经济学的“圣杯”，大萧条不仅使宏观经济学成为一个独立的研究领域，而且持续影响着宏观经济学家的信条、政策建议和研究进程。在此之前，欧、美国家信奉古典主义，相信市场这只“无形之手”会自发地进行资源最优配置，政府只需扮演好“守夜人”的角色，不用干预市场运行。但是大萧条却打破了这个神话，全

球经济陷入了长期的深度衰退。1929—1933年，美国GDP（国内生产总值）下跌近30%，工业生产减少近50%，整体物价水平下降超过25%，失业率最高攀升至25%。古典主义无法解释经济为什么会出现资源大量闲置，胡佛政府任由市场自然出清，美联储甚至错误地紧缩货币，进一步将经济推入衰退的深渊。更为严重的是，世界各国采取贸易摩擦、提高关税、竞争性货币贬值等以邻为壑的手段，加重了危机，导致危机从金融危机蔓延成经济危机、社会危机、政治危机以及军事危机，最终爆发了第二次世界大战。在这一时代背景下，凯恩斯主义崛起，建议政府这只“有形之手”通过积极的货币和财政政策干预经济，以弥补有效需求不足和市场机制失灵。践行凯恩斯主义的“罗斯福新政”最终帮助美国走出了大萧条。

20世纪70年代的“滞胀”是宏观经济思想的第二次大论战、大分野，新自由主义兴起。“二战”后凯恩斯主义被西方国家奉为圭臬，“菲利普斯曲线”成为政府宏观调控的有力依据，政府可以在通胀和失业之间进行权衡取舍，并由此实现了20世纪五六十年代经济高速增长的“黄金时代”。但是到了70年代，由于政府过度干预经济，美国经济出现了高通胀与高失业并存的滞胀现象，CPI（消费者价格指数）同比高达两位数，失业率也快速攀升至近10%，菲利普斯曲线失效，凯恩斯主义对此无法解释与应对。滞胀的成因除了两次石油危机带来的成本冲击以外，主要是此前美国政府和美联储为了追求过高就业目标而执行的过度扩张性货币政策与财政政策。政府对经济的过度干预产生了严重弊端，凯恩斯主义受到挑战，货币主义、理性预期学派、供给学派、奥地利学派、新自由主义等纷纷兴起，古典主义精神复兴。践行上述思想的沃尔克采用紧缩货币来抗击通胀，里根实行减税、放松管制、私有化等供给侧改革，美国经济迎来了低通胀、高增长的“大缓和”黄金时期。

2008年的国际金融危机是宏观经济思想的第三次大论战、大分野，新凯恩斯主义复兴。滞胀之后，西方国家大多实行新自由主义和通货膨胀目标制，而且受益于经济全球化和科技进步，在20世纪80年代中期之后迎来了低通胀、高增长的“大缓和”时代。但是中央银行在盯住价格稳定的同时，忽视了金融稳定，放松了金融监管，低利率和金融自由化催生了严重的资产价格泡沫，2008年美国次级贷款违约引发国际金融危机，全球经济面临“二战”后最严重的“大衰退”，堪称百年一遇。主张放任不管的新自由主义再度受到挑战和批判，凯恩斯主义再度兴盛，美、欧国家广泛采用大规模QE（量化宽松）、零利率甚至负利率等非常规货币政策和积极的财政政策加以应对。虽然成功地避免了大萧条悲剧重演，但是过度宽松的货币条件也导致了一系列严重问题：长期依赖货币放水增加了经济结构性改革的难度，延缓市场出清，鼓励投机而非创新，资源错配扭曲经济结构，推升金融杠杆风险；同时，长期货币超发导致资产价格泡沫、收入差距拉大、贫富分化、社会撕裂等深层次矛盾，底层沉默的大多数被剥夺感加强，民粹主义、贸易保护主义、激进政治观点抬头，逆全球化风险上升，贸易摩擦不断升级，全球政治经济局势动荡。

2020年的疫情全球大流行和世界经济危机有可能成为宏观经济思想的第四次大论战、大分野，新基建经济学应时而生，成为拯救危机和大国竞争的关键胜负手。新冠肺炎疫情全球大流行，叠加美国企业部门高杠杆、欧洲政府部门高债务和中国经济增速换挡结构转型，流动性危机一度爆发，全球经济深度衰退超过2008年，美、欧再度祭出“QE+零利率”组合的超常规货币政策应对，对货币政策极度依赖，近年现代货币理论（MMT）甚至主张财政赤字货币化。但是过去20年美、欧的经验和教训表明，过度宽松的货币政策只是延缓了危机的爆发，反而加剧了金融风险的积累，纯粹是饮鸩止渴。中国也经历过2009年货币放水强刺激的教训，虽然度过了危机，但也埋下了产能过剩、资产价格泡沫、杠杆率飙升、收入差距拉大等风险隐患，经过2016年以来“去产能、去库存、去杠杆、降成本、补短板”

的供给侧结构性改革，才阶段性缓释了风险。面对疫情全球大流行、经济深度衰退、中美贸易摩擦、新旧动能转换等重大挑战，中国没有再次实施货币大水漫灌、重走老路，而是选择了“新基建”领衔的扩大消费、投资、内需的一揽子宏观对冲政策，与美国过度依赖“QE+零利率”的政策组合形成了鲜明的对比。现实是最好的实验，历史是最好的裁判，中美两国宏观经济政策的巨大分化，有可能再次引发宏观经济思想的大分野、大变革，也将在很大程度上决定大国博弈的终章。

二、“新基建”是应对经济金融危机、化危为机最简单有效的办法

人类社会在应对危机的过程中，诞生了宏观经济学。虽然在一些问题上目前仍存在巨大争议，但经过各国政府的长期丰富实践和经济学家的深入研究，逐渐达成了一些广泛共识。

第一，要处理好市场和政府、供给和需求、长期和短期、效率和公平之间的关系，不能走极端，激进的市场万能和激进的政府万能都是错的，市场有失灵的时候，政府也有失灵的时候，政府完全不作为对市场自由放任，或者政府过度干预扰乱市场正常运行，都会引发严重的经济金融风险。

第二，历次危机的实践证明，及时的政策应对可以有效地切断传导链条，阻断危机蔓延深化，而一味地自由放任将延长危机持续时间，加深破坏程度。

第三，货币政策对缓解短期流动性危机效果明显，但对于刺激需求就像“推绳子”，效果有限；而财政政策对于扩大有效需求就像“拉绳子”，效果更为明显。正确的危机应对措施是，先通过货币政策放松缓解流动性危机，再通过财政政策扩大需求走出衰退。“罗斯福新政”时期先放弃金本位，发挥中央银行的最后贷款人角色，缓解流动性危机，然后通过“复兴计划”扩大财政支出，成功推动经济复苏。

第四，无论是货币政策还是财政政策，都会增加债务或增加货币发行，关键看当前增加的债务能否在未来带来收入，这是金融周期和债务周期的核心。纯粹通过货币超发刺激消费不会有资本形成，反而会形成债务悬空，而有效投资则增加资本形成和未来收入，配合扩大消费促进经济良性循环。通过财政政策与货币政策刺激投资尤其是基础设施建设投资，比单纯地刺激消费效果更好。

第五，新基建是应对经济金融危机的最简单有效办法，兼顾短期扩大有效需求和长期扩大有效供给，兼具稳增长、稳就业、调结构、促创新、惠民生的综合性重大作用。当前的中国和以前的美国都是超前新基础设施建设的受益者。

新基建经济学是应对经济金融危机的一次思想革命，是人类社会认知的一大进步。我们长期旗帜鲜明地倡导新基建，在2020年2月28日发布《是该启动“新”一轮基建了》一文，全网相关转发阅读数以亿计，“新基建”成为年度热搜词，引爆了市场广泛关注和业界讨论。社会各界对新基建的呼声很高，新基建最终从学术讨论走向社会共识和国家战略，中国推出以新基建领衔的扩大投资、消费、内需的一揽子宏观对冲政策。（参考2018年7月的《当前形势下，财政政策大有可为》，2019年12月的《该出手了，财政优于货币：2020年政策建议》，2020年2月的《是该启动“新”一轮基建了》，2020年3月的《中国新基建研究报告》等文章。）

狭义的新基建是指以科技创新为核心的基础设施补短板，比如5G（第五代移动通信技术）基建、人工智能、数据中心等。广义的新基建是推动中国经济高质量发展、满足人民美好生活需要的软硬件基础设施补短板，新时代产生了新需求，提出了新要求，凡是符合未来新时代经济社会发展需要的基础设施都属于“新基建”。

“新基建”是有时代烙印的。如果说20年前中国经济的“新基建”是铁路、公路、机场、桥梁，那么未来20年支撑中国经济社会繁荣发展的“新基建”则是5G、人工智能、数据中心、工业互联网等科技创新领域的基础设施，以及教育、医疗等消费升级重大民生领域的基础设施。

启动“新”一轮基建，关键在于“新”，要用改革创新的方式推动新一轮基础设施建设，而不是“四万亿”重来，简单地重走老路，导致产能过剩、资源浪费和“鬼城”现象。

未来“新”一轮基建主要应有五“新”。

一是新的领域。调整投资领域，在补齐铁路、公路、桥梁等传统基建的基础上大力发展5G、特高压、人工智能、工业互联网、智慧城市、城际高速铁路、城际轨道交通、大数据中心、新能源汽车充电桩、教育、医疗等新型基建。以改革创新稳增长，发展创新型产业，培育新的经济增长点。

二是新的地区。基础设施建设最终是为人口和产业服务的，未来城镇化的人口将更多地聚集到城市群和都市圈，比如长三角、粤港澳、京津冀等，未来上述地区的轨道交通、城际铁路、教育、医疗、5G等基础设施将面临严重短缺问题，在上述地区进行适度超前的基础设施建设能够最大化经济社会效益。对人口流入地区，要适当放松地方债务要求，以推进大规模基建；但对人口流出地区，要加强债务约束，避免因大规模基建造成明显浪费。

三是新的方式。新基建需要新的配套制度变革。新基建大多属于新技术、新产业、新经济，需要不同于传统基建的财政、金融、产业等配套制度支撑。在财政政策方面，研发支出加计扣除，高新技术企业低税率；在货币金融政策方面，在贷款、多层次资本市场、并购、IPO（首次公开募股）、发债等方面给予支持，推动规范的PPP（政府和社会资本合作）；在产业政策方面，将新基建纳入国家战略和各地经济社会发展规划中。

四是新的主体。要进一步放开基建领域的市场准入，扩大投资主体，尤其是有一定收益的项目要对民间资本一视同仁。事实上华为、百度、腾讯、阿里巴巴等企业已经大力投入新基建。政府、市场和企业相互支持配合，市场能干的尽可能交给市场，这样更有效率，政府提供财税、金融等基础支持。区分基础设施和商业应用，前者是政府和市场一起，后者是更多依靠市场和企业。

五是新的内涵。除了硬的“新基建”，还应该包括软的“新基建”，即制度改革。加强舆论监督和信息公开透明，补齐医疗短板，改革医疗体制，加大汽车、金融、电信、电力等基础行业开放，加大知识产权保护力度，改善营商环境，大幅减税降费尤其是社保费率和企业所得税，落实竞争中性，发展多层次资本市场，建立新激励机制，调动地方政府和企业家的积极性等。

三、“新基建”是大国竞争的关键胜负手

“新基建”不仅能够短期扩大有效需求，而且能够长期扩大有效供给，通过增加资本存量和提高全要素生产率促进经济长期增长。在所有宏观对冲政策中，无论是货币政策还是财政政策，无论是 QE、减税、基建、现金补贴还是消费券等工具，都是要么通过央行发行货币，要么通过政府增加债务。既然都是货币发行或增加债务，从债务周期或金融周期的角度来看，关键是考虑当前增加的债务能否带来未来的收入。纯粹通过货币超发刺激消费不会有资本形成，不会提升长期经济增长潜力，只会形成巨大的债务悬空和金融风险，削弱长期竞争力。比如，美国长期超发货币，过度消费，导致 2007 年次贷危机和 2020 年流动性危机，竞争力大幅下降，霸权地位不断削弱；南欧国家寅吃卯粮，国家高福利、低储蓄、高负债，导致了 2009—2012 年的欧债危机，欧洲日薄西山。但是，扩大有效投资可以增加资本形成和未来收入，提高长期经济增长潜力，促进经济良性循环。中国在 1998 年亚洲金融危机和 2008 年国际金融危机时期，实施大规模超前基础设施建设，不仅成功应对了危机，而且为中国经济高增长和制造业崛起奠定了坚实基础，这是中国经济奇迹的秘诀。

新基建

回顾历史，新基建深刻地影响了世界经济发展和大国兴衰。大航海时代，英国是世界霸主，造船、航海等新基建成就了英国的“日不落帝国”称号。19世纪的美国，铁路是最大的新基建，大规模超前建设铁路成就了美国世界经济中心的地位。19世纪及20世纪前半期，铁路一直是美国最重要的交通运输方式。1830—1915年，美国铁路里程以每年约5 500千米的速度增长，在南北战争爆发时，美国铁路总里程只有4.8万千米，而1900年已达到30多万千米，超过了欧洲各国铁路的总里程，几乎占全世界铁路里程的一半。美国铁路的大规模建设加速了工业化和城市化进程，促进了第二次工业革命的爆发，开启了经济高速增长的“镀金时代”，美国崛起成为世界经济和贸易中心。20世纪90年代的美国，信息高速公路是最大的新基建，成就了美国在互联网经济时代的领先优势。1993年克林顿政府推出“信息高速公路计划”，计划投资4 000亿美元，用20年时间，逐步将电信光缆铺设到所有家庭用户；1994年提出建设全球信息基础设施，通过卫星通信和电信光缆连通全球信息网络，形成信息共享的竞争机制。随后培育出了微软、谷歌、苹果等全球高科技巨头，主导着当今计算机、通信、互联网领域的发展潮流，具备强大的半导体、微处理器、计算机和通信设备的制造与研发能力。2010年美国率先开启4G商用，随后带动了一批移动互联网应用的快速发展，4G的领先地位累计为美国带动了1万亿美元的产出，每年为美国GDP增长贡献了4 750亿美元，对美国巩固科技霸主地位贡献巨大。

改革开放40多年来，中国是大规模超前基础设施建设的受益者，抓住了改革开放和全球化的红利。没有适度超前的基建，怎么会有中国制造的强大竞争力？没有超前的网络宽带建设，怎么会有互联网经济的繁荣发展？1998年亚洲金融风暴时，中国通过增发长期国债，加强基础设施建设，不仅成功地应对了危机，而且为2001年中国加入WTO（世界贸易组织）后成为“世界工厂”以及经济高速增长奠定了坚实基础。2008年国际金融危机时，中国推出“四万亿”投资计划，尽管当时争议很大，但现在来看意义重大：大幅降低了运输成本，提升了中国制造的全球竞争力，释放了中国经济增长的巨大潜力。长期以来，中国进行大规模超前的信息网络基础设施的研发和铺设，成功培育了一批批新经济、新技术，在移动支付、电子商务、新零售、人工智能、共享出行、5G等领域处于国际领先地位，催生出阿里巴巴、腾讯、华为等世界级科技巨头，全球新经济独角兽企业数量仅次于美国。改革开放初期有句话叫"要想富，先修路"，经过几十年的"基建狂飙"，今天中国拥有世界上最发达的基础设施，为吸引全球跨国企业、布局最完整的全球产业链、抢占全球科技创新制高点、破局美国"新冷战"战略遏制、实现中华民族伟大复兴奠定了坚实基础。

"新基建"是未来新经济、新技术、新产业的基础设施支撑，是大国竞争的关键胜负手。新基建包括5G、数据中心、人工智能等科技领域的基础设施，教育、医疗等民生领域的基础设施，以及营商环境、服务业开放、多层次资本市场等制度领域的基础设施，这些领域发展空间巨大，增长迅速，经济社会效益显著，对上下游行业的带动性强，在未来经济社会发展中将起到担大任、挑大梁的重要角色。以5G为例，未来5G将以万亿美元级的投资拉动十万亿美元级的下游经济价值，中美两国将决战新一代信息技术。中国移动通信行业经历了1G空白、2G落后、3G追随、4G同步的发展历程，今天我们终于在5G时代走在了前沿，在标准制定、产业链配套等方面拥有了话语权。新型信息基础设施为智能经济的发展和产业数字化转型提供了底层支撑。5G与云计算、大数据、物联网、人工智能等领域深度融合，将形成新一代信息基础设施的核心能力。5G网络具有低时延、广连接、大带宽三大特点，后续将会促进物联网、车联网、VR（虚拟现实）、AR（增强现实）等应用场景的不断成熟，推动社会进步和人类生活方式的变革。

中国经济正站在历史的十字路口，公共政策正面临重大抉择。危机并不可怕，关键是怎么应对，能否化危为机。比如中美贸易摩擦，虽然一开始是危机，但我们化压力为动力，大幅加快了久拖不决的改革开放进程，坚持了市场化方向，矫正了航线，为经济社会转型赢得了千载难逢的历史机遇。我们不要放过任何一次危机。1998 年遭遇亚洲金融危机后，我们推动了国企改革和住房改革。2001 年面对“狼来了”的担忧，我们主动拥抱全球化，加入 WTO，极大地释放了人口红利，开启了中国经济高增长的黄金十年。当前面对疫情全球大流行、中美贸易摩擦、增速换挡、结构转型等重大挑战，中国正面临千载难逢的历史性机遇。美国依靠 QE，中国力推新基建，此消彼长。我们深信，市场经济的理念已经在中国扎根，新一届中央领导集体展现了推动改革的勇气和决心。在这场史诗般的改革战役中，推动改革的政治家必将赢得英雄般的荣耀，阻碍改革的旧势力必将成为时代的弃儿。经历过改革转型洗礼后的中国经济，前景将更加光明，最好的投资机会就在中国。展望未来，我们选择深信时代的进步，深信梦想的力量，深信自由的光芒。

（任泽平　马家进　熊柴　连一席）

第一章

疫情大流行、全球经济危机及其影响

2020年春节期间，新冠肺炎疫情在国内蔓延，举国上下共同抗击疫情，使疫情在两个月左右的时间内得到有效控制。但海外疫情从2月下旬开始大面积暴发，美国、意大利、西班牙、德国、法国等成为重灾区。全球经济深度衰退难以避免，当前我们面临的情况类似于2003年“非典”和2008年国际金融危机的叠加。

疫情打断了中国经济2019年底的弱企稳，在经济下行压力较大的背景下，全面冲击中国宏观经济、中观行业和微观个体。疫情大流行一度引发全球流动性危机，2020年2月19日—3月20日，美、英、法、德的股市累计下跌均超过30%，美股10天内四次熔断，债券也遭到抛售，全球一度陷入流动性恐慌。流动性危机通常是金融危机的前兆，美、欧被迫推出大规模刺激计划，力度超过2008年国际金融危机。

疫情严重冲击了全球正常的生产生活秩序，诸多国家采取了“封国”、“封城”、停工停学等措施。美、欧经济衰退将从贸易、外需、产业链、金融市场等渠道对中国进行传导。因此，我们必须做好充分准备和应对。*

* 本章作者：任泽平、马家进、熊柴、连一席、范城恺。

第一节　疫情全面冲击宏观经济、中观行业和微观个体

疫情的影响是全面的，宏观上是数据，微观上是多少家庭的悲欢离合。

一、对宏观经济的影响

疫情对宏观经济的冲击来自供给和需求两方面。

供给方面，原材料、劳动力等生产要素流通受阻，物流、生产、销售、回款等正常经营活动受到严重干扰，企业停工减产。2020 年第一季度 GDP 同比下降 6.8%，规模以上工业增加值同比下降 8.4%。

需求方面，消费、投资、出口“三驾马车”受到严重冲击。第一，防控疫情需要隔离防控，避免人口大规模流动和聚集，消费需求大幅降低，2020 年第一季度社会消费品零售总额同比下降 19.0%（见表 1.1）。第二，工人返城、工厂复工延迟，生产活动无法正常进行，房地产、制造业、基建投资短期基本停滞，第一季度固定资产投资完成额同比下降 16.1%。第三，疫情全球大流行，外需疲软，外贸受阻，第一季度出口同比下降 13.3%。更为关键的是，经济预期恶化，市场信心不足，若政府不妥善应对，总需求将持续下滑，疫情冲击将更加持久和深远。

表 1.1　疫情对中国宏观经济造成严重冲击

同比增速	2017 年	2018 年	2019 年	2020 年第一季度
GDP	6.9%	6.7%	6.1%	−6.8%
规模以上工业增加值	6.6%	6.2%	5.7%	−8.4%
社会消费品零售总额	10.2%	9.0%	8.0%	−19.0%
固定资产投资完成额	7.2%	5.9%	5.4%	−16.1%
房地产投资	7.0%	9.5%	9.9%	−7.7%
制造业投资	4.8%	9.5%	3.1%	−25.2%
基建投资	14.9%	1.8%	3.3%	−16.4%
出口（以美元计）	7.9%	9.9%	0.5%	−13.3%

资料来源：Wind，泽平宏观。

二、对中观行业的影响

疫情对不同行业的影响充分显现。一方面，短期来看，餐饮、旅游、电影、交通运输、房地产等行业因人员暂停流动而受到直接冲击；中长期来看，疫情在全球蔓延，家电、汽车等高度依赖外需和全球产业链的行业将受到波及。另一方面，生鲜电商、移动游戏等少量行业由于大众在疫情期间消费与娱乐方式的转变而获得发展机遇，医疗医药相关行业更是直接受益。

餐饮行业成为受疫情影响的重灾区。2019 年全国餐饮收入 46 721 亿元，其中 15.5% 来自春节期间的消费旺季。但受疫情影响，为避免人群聚集，2020 年春节期间大量餐饮场所暂停营业，营收锐减。根据 2020 年 2 月 12 日中烹协报告，相比 2019 年春节，疫情期间 78% 的餐饮企业营业收入损失达到 100% 以上，9% 的企业营收损失达到九成以上，7% 的企业营收损失为七成到九成；营收损失在七成以下的仅为 5%。2020 年第一季度，餐饮收入 6 026 亿元，同比下降 44.3%；限额以上餐饮收入 1 278 亿元，同比下降 41.9%。餐饮业依赖现金流，而且中小企业占绝对主体，抗风险能力较弱。中国连锁经营协会报告显示，截至 2020 年 3 月 1 日，5% 的样本企业表示已经没有现金支撑企业运营，79% 的样本企业表示依靠自有现金无法支撑过 3 个月。随着国内疫情得到有效防控，3 月 26 日，商务部表示餐饮行业复工率已达 80%。但短期餐饮服务仍以外卖为主，居民和营业场所对于堂食服务仍然谨慎，营收完全恢复仍需时间。美团研究院数据显示，截至 4 月 3 日，全国生活服务业商户复工率达 80.9%，但消费复苏率仅 50.9%。

旅游行业预计全年负增长。2019 年国内旅游人数达 60.1 亿人次，全年实现旅游总收入 6.6 万亿元。春节是除“十一”和“五一”之外的重要旅游黄金周，2019 年春节假期七天全国旅游接待总人数为 4.2 亿人次，实现旅游收入 5 139 亿元。但 2020 年春节期间居民纷纷中止出行，国内主要景点被关闭，大型文娱活动被取消。3 月随着疫情得到有效控制，旅游景区逐渐恢复运营，但进度缓慢。截至 3 月 16 日，全国已有 28 个省（区、市）的 3 714 家 A 级旅游景区恢复对外营业，复工率约 30%。中国旅游研究院 3 月底估算，2020 年第一季度及全年，国内旅游人次将分别下降 56% 和 15.5%，全年同比减少 9.3 亿人次；国内旅游收入分别下降 69% 和 20.6%，全年减收 1.2 万亿元。到 2020 年底，预计全国游客人数下降至 50.7 亿人次，全国旅游收入降至 4.6 万亿元。

电影行业第一季度近乎颗粒无收。春节档在全年票房收入中占据重要地位，2019 年春节档票房 58.6 亿元，约占全年票房 642.7 亿元的 9.1%。2020 年春节档原本饱受期待，但受疫情冲击，主打影片全部撤档，院线全面暂停营业。2020 年春节档票房收入从疫情前市场预测的 80 亿元，降至不足 2 400 万元，基本可以忽略不计。此外，电影业复工缓慢，3 月 27 日，国家电影局仍通知所有影院暂不复业。电影行业面临巨大的资金风险，中上游影视公司前期制片发行投入巨大，但未能通过票房收入回笼资金，资金链紧张的情况下又可能耽误后续复工复产，或形成恶性循环；终端院线场地租金、员工薪资等刚性成本较高，停业影响也易引发资金链断裂。

交通运输行业出现春运低谷。国家发展改革委在2020年春节前预测，2020年春运全国旅客发送量将达30亿人次。但受疫情冲击，旅客出行需求减少，部分城市封城封路，交通运输不畅。春运期间（1月10日—2月10日），全国铁路、公路、水路、民航累计发送旅客13.8亿人次，较2019年同期下降43.1%，其中节后下滑幅度更大，1月25日—2月10日全国累计发送旅客同比下滑81.9%（见图1.1）。此外，疫情期间出行需求下降，很多网约车司机收入下降甚至归零，网络汽车租赁企业由于资产比重大、维护成本高而面临巨大压力。3月疫情稳定后，全国封城令陆续解禁，为保障复工复产，交通运输服务加快恢复。

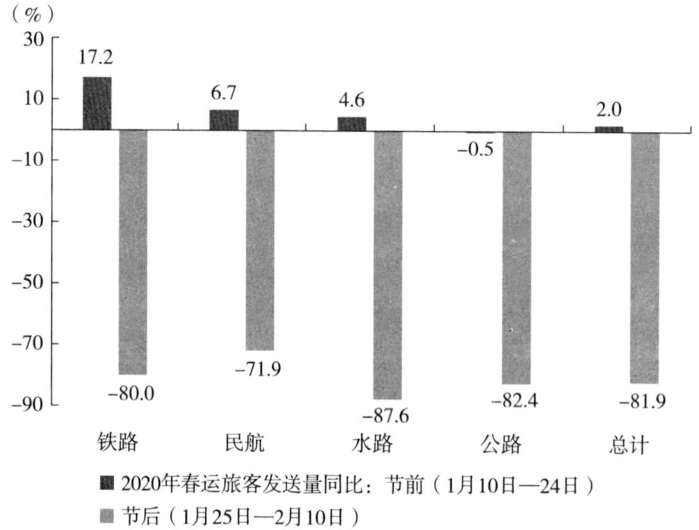

图1.1　疫情冲击交通运输

资料来源：交通运输部，泽平宏观。

房地产行业遭遇暂停销售压力。受疫情影响，2020 年 1 月 26 日，中国房地产业协会号召全行业暂时停止售楼处销售活动，1—2 月商品房销售大幅缩水，销售金额和面积同比分别下降 35.9% 和 39.9%。疫情直接影响房企开复工，导致房地产投资负增长，1—2 月新开工面积与竣工面积同比分别下降 44.9% 和 22.9%，开发投资同比下降 16.3%。由于销售回款减少，开复工受阻，1—2 月企业到位资金同比减少 17.5%，其中定金和预收款减少 23.9%。3 月以来，随着疫情得到有效控制，各地售楼处开始有序开放，线上的销售与购房手续办理渠道打通，房地产销售和投资开始逐步恢复。

家电行业面临内外需萎缩的困境。国内疫情严重冲击家电行业，2020 年 1—2 月，家电和音像器材类零售额累计同比下滑 30%，冰箱、洗衣机和家用空调销量同比分别下滑 24.6%、25.5% 和 35.1%。3 月原本是家电行业销售的关键节点，但受疫情影响，国内规模最大的家电展会 AWE（中国家电及消费电子博览会）推迟至 2021 年。另外，中国是全球第一大家电出口国。在产能方面，中国家电协会估算，中国承担全球 70%~80% 的空调、微波炉和 50%~65% 的冰箱产能。在外需方面，根据中国机电产品进出口商会数据，2019 年中国家电产品出口额为 777.7 亿美元，出口规模连续三年增长。2020 年 1—2 月，受国内疫情影响，家电出口活动受限，而 3 月以后海外疫情蔓延，外需将持续削弱，高度依赖出口的家电行业面临巨大挑战。

汽车行业面临全球产业链断裂的冲击。2020 年 1—2 月汽车工业增加值累计同比 −31.8%，较 2019 年 12 月大幅下滑 42.2 个百分点，其中 SUV（运动型多用途汽车）、轿车和新能源车产量同比下滑 41.3%、49.8% 和 62.8%。根据中汽协数据，2020 年 2 月，中国汽车产量和销量较 2019 年同期分别下滑 79.8% 和 79.1%。全球疫情蔓延对中国汽车业的负面冲击亦不容小觑。一方面，全球需求趋弱，3 月 31 日麦肯锡预计2020年全球汽车销量受疫情影响将下滑29%，中国市场销量将下降15%，短期内不可恢复。另一方面，汽车产业链较长，环环相扣，整车制造商与零部件供应商之间的对接链条涉及上万个零部件，可谓“牵一发而动全身”。截至4月，北美、欧洲和亚洲汽车生产大国的绝大部分汽车工厂均处于停摆状态，国外大型零部件供应商自3月底也已陆续停产，全球工厂陷入“关停潮”。中国汽车业与全球工厂联系紧密，据海关统计，2019年中国汽车零部件交易额为367.11亿美元，其中与德国、日本、韩国、美国的交易总额达到246.45亿美元，占67.1%。全球产业链断裂将加剧对中国汽车行业的冲击。

上述仅是所受冲击最为显著的行业，疫情对经济的影响是全方位的，所有行业都会受到或大或小的波及。当然，也有少量行业，如生鲜电商、移动游戏等在疫情冲击中获得了发展机遇，医疗医药相关行业更是直接受益。疫情期间，由于出行不便，居民“被迫”使用电商平台采购生鲜食品等生活必需品。为保障安全，以阿里巴巴、苏宁为首的多家生鲜平台都在第一时间推出“无接触配送”服务，京东、每日优鲜等平台还设立“无接触配送存放点”，生鲜电商实现了在疫情期间的正常运作，销售额大幅增加。根据人民网新电商研究院数据，苏宁菜场的“到店模式”在疫情期间迅速凸显，全国销售增长达650%；京东到家平台于2020年1月27日—2月13日总体销售额同比增长450%。本次疫情阻碍了大众的外出娱乐活动，居家游戏成为大多数人的娱乐方式之一，短期内移动游戏行业获得巨大流量。艾瑞咨询调查显示，疫情期间的游戏用户有12.7%表示“平时不太玩游戏，是疫情的原因才开始玩的”，72.8%的用户表示“平时也玩，但疫情期间玩得更多”，80%~90%的用户表示“疫情过后也会继续玩游戏”，超过一半的用户表示“可能会持续玩较长时间”。

三、对微观个体的影响

疫情对不同微观个体的冲击程度不一样，从受冲击的程度来看，民企大于国企，小微企业大于大企业，农民工大于正式职工。

疫情打乱了企业的正常经营计划，企业生产和营业停摆，收入和现金流中断，但是房租、工资、利息等费用刚性支付，蒙受了巨大损失。经营中断可能导致订单合同违约、资金周转困难，部分体量较小、抗风险能力较弱的中小微企业将面临破产倒闭的困境，风险还可能沿着供应链和担保链上下及横向传导，引发局部性危机。

员工收入与企业经营效益息息相关，尽管人社部已下发通知要求保障员工的合法权益，但当企业效益下滑时，员工的薪资、奖金乃至就业都会受到严重影响，尤其是在受冲击较大的餐饮、旅游、交通运输等行业及中小微企业。需要特别关注的是弹性薪酬制的员工，例如外卖、快递、滴滴以及部分制造业等计件工资的工种，他们基础保障低，收入波动大，是受疫情冲击最大的人群。

中小微企业创造了大量的就业岗位，为提高居民收入和维护社会稳定做出了巨大贡献。弹性薪酬制的员工数量庞大，但是社会保障和抗风险能力非常薄弱。近年来经济增速下行，企业经营效益下滑，就业压力加大，叠加此次疫情冲击，中小微企业和弹性薪酬制员工等弱势群体需要重点关注和扶持。如图 1.2 所示，2020 年 2 月城镇调查失业率和 31 个大城市城镇调查失业率分别为 6.2% 和 5.7%，3 月分别为 5.9% 和 5.7%，仍处于历史高点。

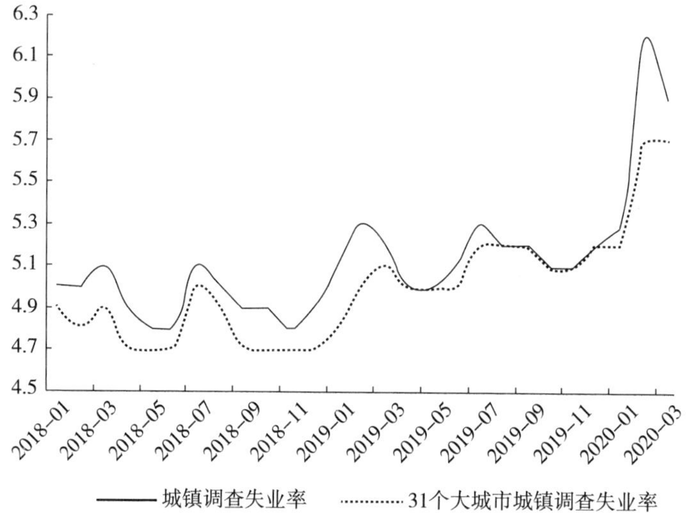

图 1.2 疫情推高失业率

资料来源：Wind，泽平宏观。

第二节 全球流动性危机一度显现

2008 年金融危机之后，各国政府和央行主要以超低利率和量化宽松应对，而实质性改革和创新进展迟缓。这带来了一系列风险和脆弱性，比如美国面临股市泡沫、债务杠杆、金融机构风险、社会撕裂四大危机。欧洲、亚洲等也面临同样的问题。2020 年 3 月，全球金融市场雪崩，美国股票、债券、黄金一度齐跌，现金为王，美元指数上涨，流动性危机一度显现。疫情只是导火索，根源是全球经济金融社会的脆弱性。为避免流动性危机演变为金融危机，美联储履行最后贷款人职责，3 月两次紧急降息至零利率，启动无上限量化宽松，为金融机构和相关市场提供流动性支持。流动性危机暂时得到缓解，但是金融危机只是被推迟，深层次的经济金融脆弱性并未消除，疫情全球大流行的冲击和影响还未完全显现。

一、股市泡沫：长期宽松、股票回购、估值过高、同质化交易

美联储长期宽松的货币政策催生了美国股市延续近11年的史上最长牛市，股市泡沫终将无法持续。泡沫破灭、股市大跌将通过居民部门的财富效应、企业部门的托宾Q效应、信贷市场的资产负债表和抵押品等渠道冲击实体经济。

（一）全球主要股指暴跌，现金为王，流动性危机一度显现

在经历11年牛市后，2020年2月下旬以来，美股大跌，四次熔断。3月9日、12日、16日和18日，美股猛烈下跌触及7%的一级市场熔断线，10天内四次熔断。如图1.3所示，2月19日—3月20日，道

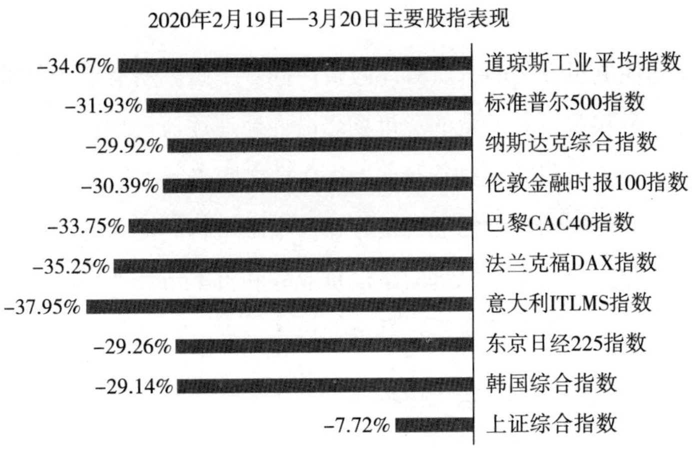

图1.3　美、欧、日、韩股市大跌，进入技术性熊市

资料来源：Wind，泽平宏观。

琼斯工业平均指数、标准普尔 500 指数、纳斯达克综合指数分别下跌 34.67%、31.93%、29.92%，美股已进入技术性熊市。3 月 16 日，恐慌指数（VIX，波动率指数）高达 82.69，超过 2008 年金融危机时的最高点 80.86。

全球股市重挫。比如，3 月 12 日，全球有 11 国股市因大跌而触发熔断。亚洲方面，泰国、菲律宾、韩国、巴基斯坦、印尼等国家股市均发生熔断。美股开盘后，加拿大、巴西、墨西哥、哥伦比亚股市也触发熔断，其中，巴西股指大跌 15%，一日内两次熔断。

股市大跌，资金寻求安全资产，股债之间通常存在“跷跷板效应”，长期国债收益率本该下行，但 3 月 9 日之后却出现“股债双杀”，说明金融市场亟须流动性，投资者抛售长期国债以回笼资金，从而推高国债收益率。黄金作为传统的避险资产，在爆发重大风险事件时能发挥一定的风险对冲作用。但当市场出现流动性危机时，黄金同样会被抛售，2008 年黄金价格最大跌幅高达近 30%。2020 年 3 月 9 日之后股债双杀，黄金价格同样大幅下跌，8 个交易日内跌幅超过 10%。

流动性危机发生时，所有风险资产同步下跌。所有篮子都被打翻时，没有一颗鸡蛋是安全的。市场恐慌性地追逐流动性，资金需求快速上升，但资金供给更加谨慎，3 月 9 日之后美元指数飙升。金融危机中，金融市场的流动性危机是开端，金融机构的流动性危机则是标志性事件和加速器。金融机构是信贷业务和资本市场的中枢，是资金需求与资金供给的对接方，一旦金融机构遭遇流动性挤兑，整个金融体系就会冻结甚至崩塌，金融危机加速蔓延，向纵深发展。

（二）货币超发、同质化交易、股票回购等推高股市泡沫，酝酿风险

货币超发、投资者同质化交易行为、上市公司发债以回购股票是

美股长牛的重要原因，在市场下跌时泡沫被刺破，蕴藏着巨大的风险。

市场的同质化交易行为不断增加。长期低利率压低了养老基金、保险公司等机构投资者的资产收益率，促使其将资金投向股市。量化交易、指数基金等被动投资逐渐盛行，增大了市场交易的同质性。苹果、微软、亚马逊等龙头蓝筹科技股市值占比持续上升，对指数影响显著。处于牛市时，同质化的交易行为快速推升股价；转入熊市时，则会造成大规模抛售，市场流动性枯竭，陷入下跌螺旋。

部分上市公司通过发债加大杠杆进行股票回购和分红，推升股价和估值。如图 1.4 所示，股票回购和分红是美股持续走牛的重要原因。除了拥有大量现金的公司外，部分公司出于市值管理或投机套利的目的，通过发债的方式筹集资金回购股票，做大每股收益，推高股价。但是，一旦股价下跌，发债的企业将面临巨大亏损和流动性短缺，企业财务状况恶化，债务违约风险上升，进一步压低股价。

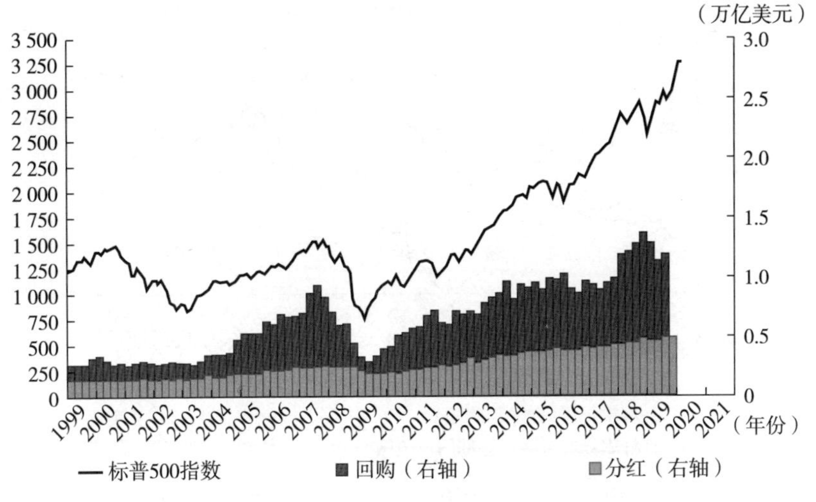

图 1.4　股票回购和分红推高美国股市

资料来源：标准普尔，泽平宏观。

二、债务危机：杠杆率上升、高风险债券占比上升、偿债能力下降

美国正处于金融周期的高位，企业部门面临巨大的债务风险：杠杆率快速上升，偿债能力持续下降，高风险债券占比上升，信用利差扩大。企业部门债务有可能成为金融危机的策源地。

（一）企业债务和杠杆率快速上升，偿债能力持续下降

2008 年金融危机后，美国居民部门修复破损的资产负债表，杠杆率（债务 / GDP）持续下降；政府部门加强宏观逆周期调节，承接私人部门杠杆转移，杠杆率快速攀升，但 2014 年后基本平稳；非金融企业部门受危机冲击去杠杆，但杠杆率快速反弹，超过危机前水平，目前更是超过居民部门。

如图 1.5 和图 1.6 所示，美国企业债务和杠杆率快速上升，但偿

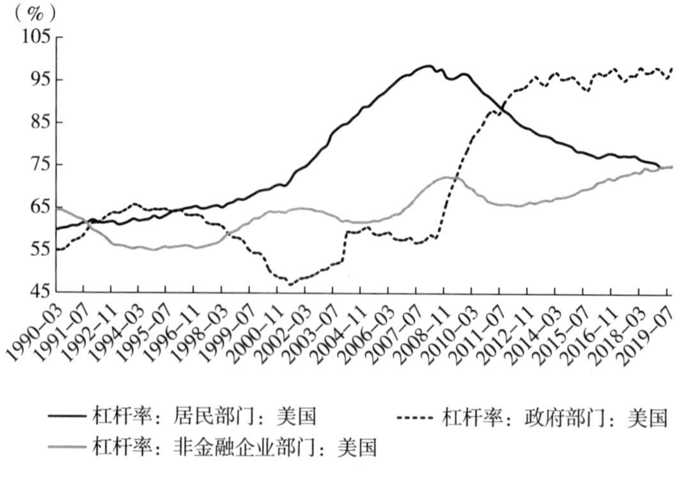

图 1.5　美国非金融企业部门杠杆率快速上升

资料来源：Wind，泽平宏观。

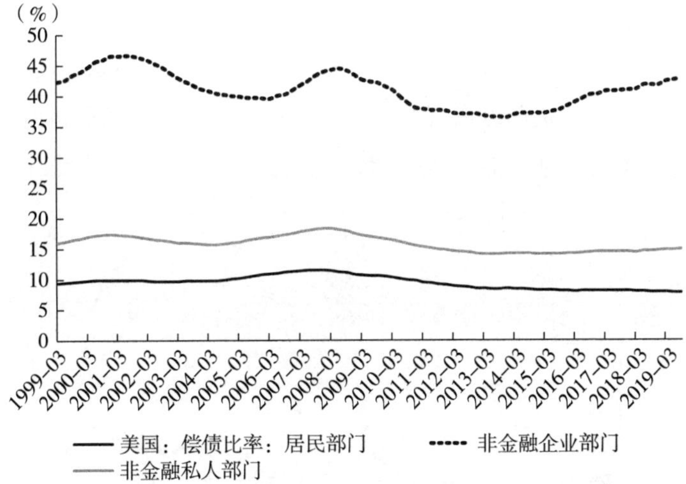

图 1.6 美国非金融企业部门偿债能力持续下降

资料来源：BIS，泽平宏观。

债能力却持续下降。美国非金融企业部门的偿债比率（当期应付本息 / 当期收入）远高于居民部门和整体非金融私人部门，并且持续上升，处于历史相对高位。

（二）高风险企业债占比扩大，债务违约风险上升

美国高风险企业债占比持续扩大。2008—2018 年美国非金融企业债券余额从 2.2 万亿美元上升至 5.7 万亿美元，其中 BBB 级企业债增加了近 2 万亿美元，占比从 36.4% 上升至 47.4%。BBB 级是投资级中的最低等级，一旦疫情冲击和油价暴跌导致企业经营状况恶化，评级下调为高收益级垃圾债，机构投资者将被动清仓，严重冲击债市。同时，杠杆贷款以及 BB 级和 B 级企业债也大幅增长，加剧美国债市风险。2020 年 1 月标普下调 676 家美国企业债发行人的评级，上调 352 家，上调与下调发债企业之比为 0.5，创 2009 年以来新低，被下调评级的企业中 86% 都与发行高收益债有关。

美国高风险企业债信用利差扩大，违约风险上升。如图 1.7 所示，BBB 及以下评级企业债信用利差快速上升，表明市场风险偏好下降。利差扩大增加了企业再融资的成本与难度，一旦无法顺利再融资，债券大规模违约，风险将传导至整个金融体系。

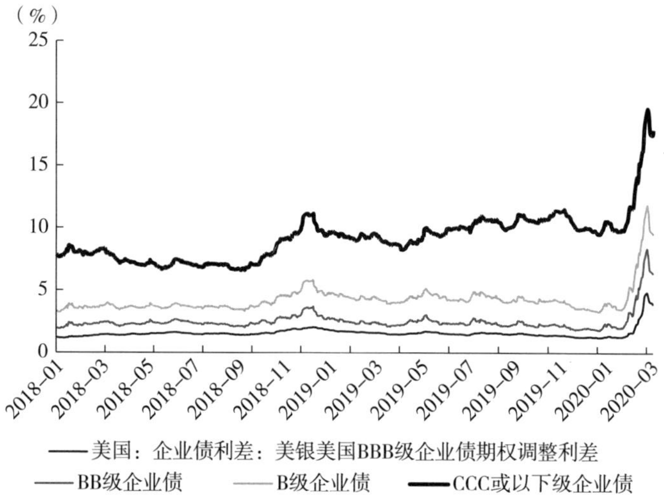

图 1.7　美国 BBB 及以下评级企业债信用利差快速上升

资料来源：Wind，泽平宏观。

三、金融机构危机：金融监管放松、资产泡沫、明斯基时刻、债务—通缩循环

股市、债市等资本市场如果持续动荡，则可能引发商业银行等金融机构危机，导致金融体系流动性枯竭，明斯基时刻降临，最终传导并放大至实体经济，经济陷入严重的资产负债表衰退和债务—通缩循环。

（一）长期低利率、资产价格持续上涨、监管放松等加剧了金融机构的顺周期性和道德风险

2008 年全球金融危机的最大教训就是：加强宏观审慎监管，防范金融机构的道德风险和大而不能倒，避免金融体系内部风险积聚和对实体经济的冲击。美国通过了《多德 – 弗兰克法案》，对系统重要性金融机构进行严格监管，填补对冲基金等监管空白，对资产证券化及场外衍生品市场进行约束，严格银行资本金监管和业务监管等。

但是，由于美联储实行长期低利率和多轮量化宽松政策，大量资金涌入资本市场，快速推高资产价格，尤其是美国股市一路上涨。同时，在华尔街的推动下，特朗普政府放松金融监管，通过《促进经济增长、放松监管要求、保护消费者权益法案》，修订《多德 – 弗兰克法案》和沃尔克规则，对抵押贷款、社区银行、大型银行和证券市场的监管均进行了放松。

长期低利率、资产价格持续上涨、监管放松等加剧了金融机构的顺周期性和道德风险。金融机构风险偏好上升，投资决策更加激进，信贷市场未偿债务同比持续上升。金融机构低估持有资产的隐含风险，谋求短期收益率最大化，即便未来风险爆发，也有美联储和政府提供救助。

（二）资产价格暴跌可能引发市场恐慌、流动性枯竭、金融机构破产倒闭、资产负债表衰退

若应对不当，资本市场动荡可能引发经济金融危机。2008 年金融危机肇始于美国房价下跌、次级贷款违约、衍生品价格暴跌、金融机构巨额亏损、雷曼兄弟破产倒闭、全球金融市场恐慌。当金融机构持有的资产质量快速恶化，金融机构被迫抛售资产以减轻损失，整个市场都在追求流动性时，挤兑发生，流动性枯竭。为了获取流动性，不

仅风险资产被抛售，流动性更强的安全资产也被快速抛售变现，从而导致资产价格全面下跌。

资产价格暴跌导致金融机构资产负债表快速恶化，资不抵债，破产倒闭。2008 年金融危机时，美国第四大投行雷曼兄弟破产，排名第三的美林和第五的贝尔斯登被收购，房地美和房利美受政府托管。另外，如图 1.8 所示，有大量商业银行倒闭或接受救助。

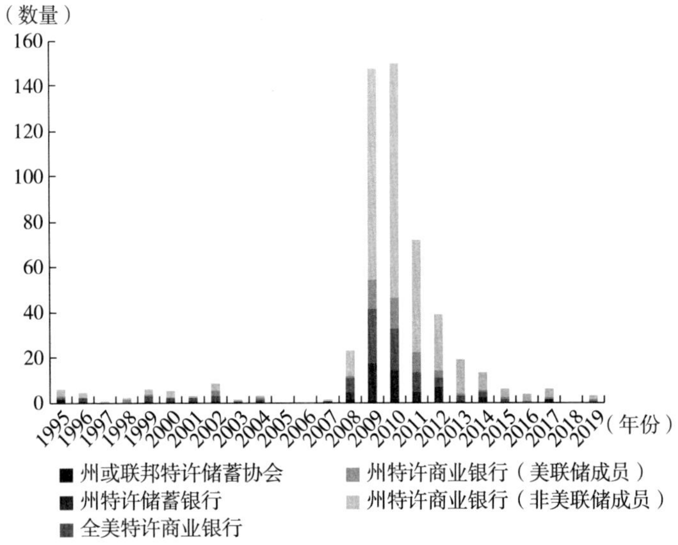

图 1.8　2008 年金融危机导致美国银行业发生大规模倒闭或接受救助

资料来源：Wind，泽平宏观。

金融体系的巨大冲击将传导并放大至实体经济，经过资产负债表衰退和债务—通缩循环等机制，金融危机最终演变为经济危机。2008 年金融危机导致美国陷入 1929 年“大萧条”以来最严重的经济衰退。美国实际 GDP 直到 2010 年底才重新回到危机之前的水平，并且直到 2018 年初才回到潜在 GDP 的水平。

四、社会危机：贫富差距拉大、社会撕裂、民粹主义、贸易保护主义、政治激进

美国存在严峻的社会危机，特朗普和桑德斯等政治激进人士快速崛起，这反映了美国不同社会阶层之间严重撕裂，贫富分化问题日益严重，铁锈地带快速衰落，逆全球化思潮涌动，民粹主义兴起，贸易摩擦不断等问题。这都与过去长期货币超发和低利率推高资产价格泡沫有关。

（一）收入与财富分配不均加剧

美国收入分配差距持续扩大，1968—2018 年基尼系数从 0.386 升至 0.486。2014 年，美国前 1% 的人口拥有 20.2% 的总收入，前 10% 的人口拥有 47.0% 的总收入；而在 1980 年，二者的占比分别为 10.7% 和 34.2%。2014 年，后 50% 的人口仅拥有 12.5% 的总收入，中间 40% 的人口拥有 40.4% 的总收入，并且后 50% 人口收入份额的下降速度显著快于中间 40% 的人口。如图 1.9 和图 1.10 所示，美国前 10% 和后 90% 人口的收入差距持续扩大，后 50% 人口的收入份额持续下降。OECD（经济合作与发展组织）的 36 个成员中，美国的基尼系数仅次于墨西哥、智利和土耳其，显著高于其他主要发达经济体。

美国财富分配差距持续扩大。2014 年，美国前 1% 的人口拥有 38.6% 的总财富，前 10% 的人口拥有 73.0% 的总财富（见图 1.11）；而前者在 1980 年的占比为 22.5%，后者在 1985 年的占比为 60.8%。2014 年，后 50% 的人口仅拥有 −0.1% 的总财富，中间 40% 的人口拥有 27.1% 的总财富；后 50% 的人口受次贷危机冲击陷入负资产，中间 40% 人口的财富份额亦快速下降（见图 1.12）。

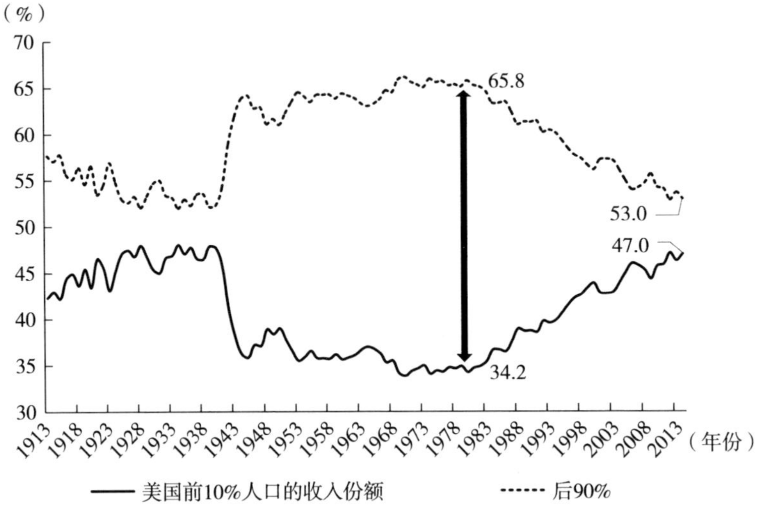

图 1.9　美国前 10% 和后 90% 人口的收入差距持续扩大

资料来源：WID.world，泽平宏观。

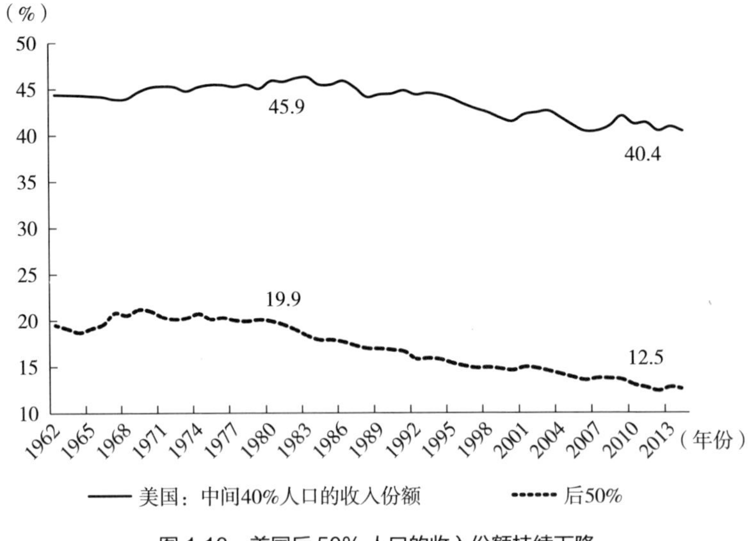

图 1.10　美国后 50% 人口的收入份额持续下降

资料来源：WID.world，泽平宏观。

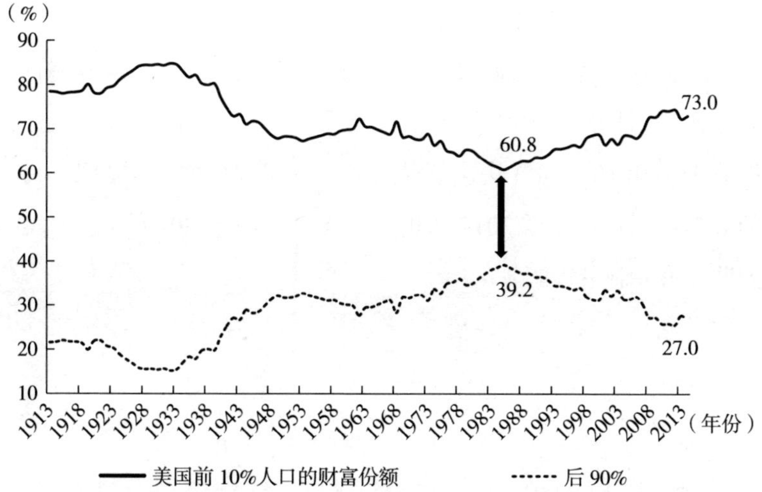

图 1.11　美国前 10% 和后 90% 人口的财富差距持续扩大

资料来源：WID.world，泽平宏观。

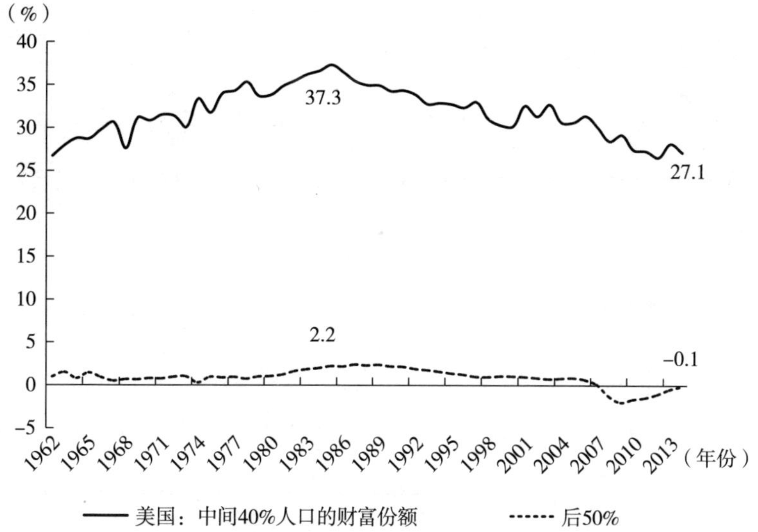

图 1.12　美国后 50% 人口受次贷危机冲击陷入负资产

资料来源：WID.world，泽平宏观。

（二）制造业外流与铁锈地带衰落

美国制造业持续外流。2001 年中国加入 WTO，依靠物美价廉的产品迅速抢占国际市场。如图 1.13 所示，美国制造业增加值占全球比重由 2001 年的 28.3% 快速下滑至 2017 年的 16.7%，中国则从 2004 年的 8.7% 快速上升至 2017 年的 27.1%。中国于 2010 年超过美国，成为世界第一制造大国。

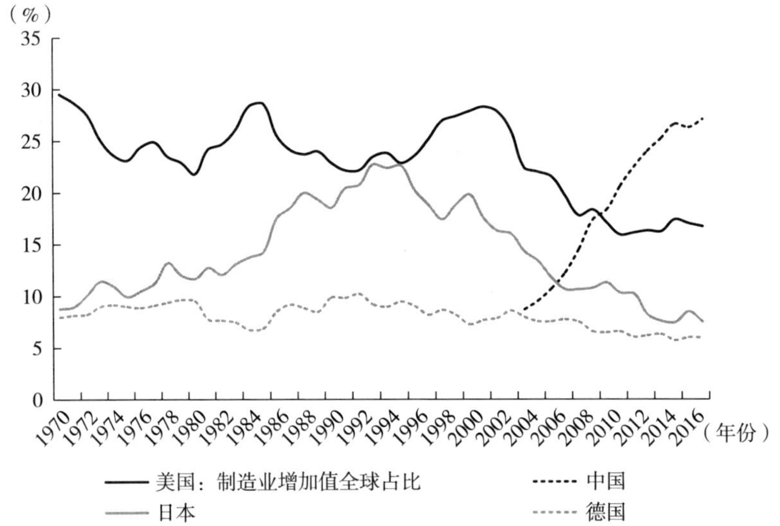

图 1.13　美国制造业增加值全球占比快速下滑

资料来源：United Nations，泽平宏观。

制造业岗位流失冲击蓝领工人就业。美国中产阶级的崛起依赖于制造业大发展，制造业提供了大量相对高薪且稳定的工作岗位，1913 年福特汽车公司的流水线工人便是典型例子。因此受制造业萎缩冲击最大的就是这些蓝领中产工人。2018 年美国薪资最高的是计算机、法律、金融和医疗等高端服务业，接下来是制造业，最低的则是餐饮等低端服务业。高端服务业的就业岗位有限，职业技能要求较高，因此制造业工人往往只能向低端服务业转移，收入下降且岗位不稳定。2018年美国各行业工资中位数和各行业就业人数分别见图 1.14 和图 1.15。

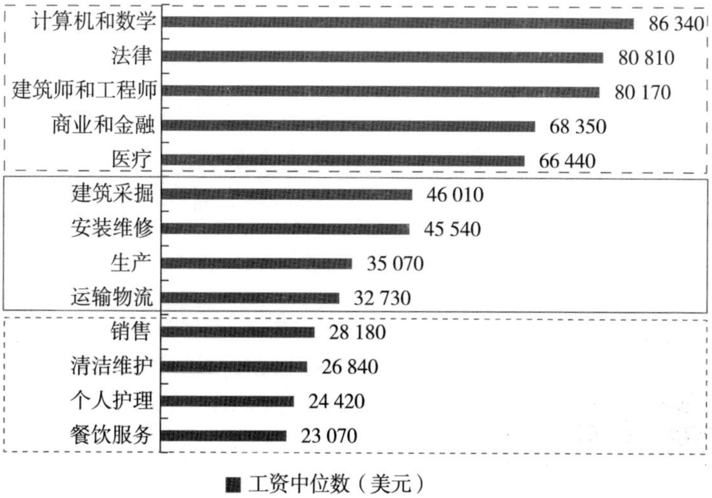

图 1.14　2018 年美国各行业工资中位数

资料来源：美国劳工统计局，泽平宏观。

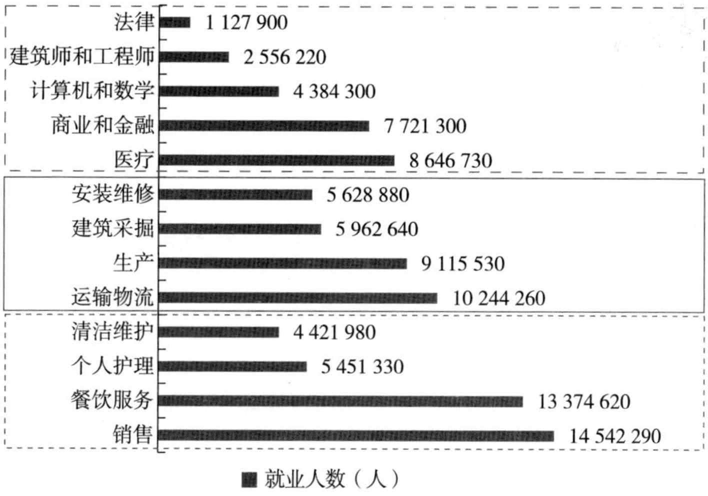

图 1.15　2018 年美国各行业就业人数

资料来源：美国劳工统计局，泽平宏观。

中产阶级收入增长停滞。如图 1.16 所示，美国第二产业就业人数占比持续下降，第三产业占比上升。产业结构和就业结构变化带来收入分配的变化。如图 1.17 所示，美国人均实际 GDP 平稳上升，1953—2017 年增长了 238.9%；但是家庭实际收入的中位数却只增长了 122.2%，尤其是 1980 年之后，收入增速显著放缓。经济增长的成果集中流向高收入阶层，而未惠及广大的中产阶级。

铁锈地带助力特朗普赢得大选。美国五大湖区的工业重镇随着产业变迁而快速衰落，被称为“铁锈地带”。当地的蓝领工人经历失业、收入下降、社区衰败、梦想破灭，正是这些未被精英阶层关注的沉默的大多数，帮助特朗普爆冷赢得大选。比较 2008 年和 2016 年的总统大选结果，最大的变化便是五大湖区周边的六个州发生了倒戈。

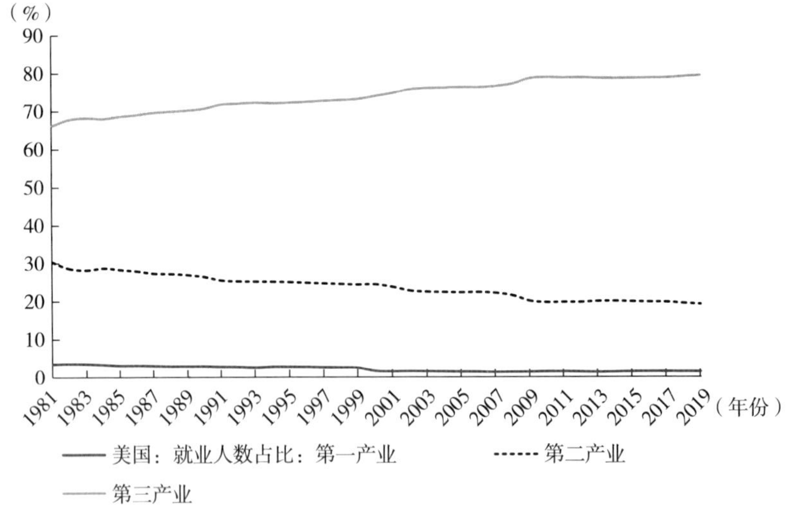

图 1.16　美国第二产业就业人数占比持续下降

资料来源：Wind，泽平宏观。

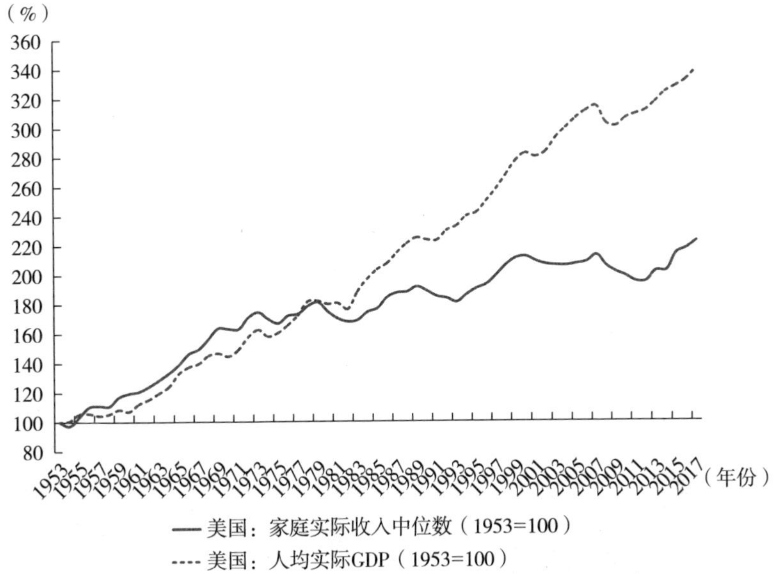

图 1.17　美国家庭收入中位数增速不及人均 GDP

资料来源：圣路易斯联邦储备银行，泽平宏观。

（三）上升通道堵塞与阶层固化，美国梦褪色

美国梦的核心是，每一代人都比上一代人收入更高、生活更好，只要肯努力，就有希望实现阶层跃升，跻身中产阶层。上升通道是否顺畅、阶层是否固化可用“绝对流动性”这一指标来衡量：全社会子女 30 岁时收入超过其父母 30 岁时收入的比例。这一比例越高，说明下一代人实现阶层跃升的希望越大。

如图 1.18 和图 1.19 所示，美国的绝对流动性在持续下滑，从 1940 年的 92% 下降至 1984 年的 50%。这意味着 1940 年出生的人，在 30 岁时的收入基本都能超过其父母年轻时的水平；而 1984 年出生的人，竟有一半不如父母。如果你出生于 1940 年，想要达到父母一辈 80 分位数的水平，则只需超过 14% 的同龄人即可；如果你出生于 1980 年，则需要超过 74% 的同龄人，竞争更加激烈，阶层跃升越发困难。

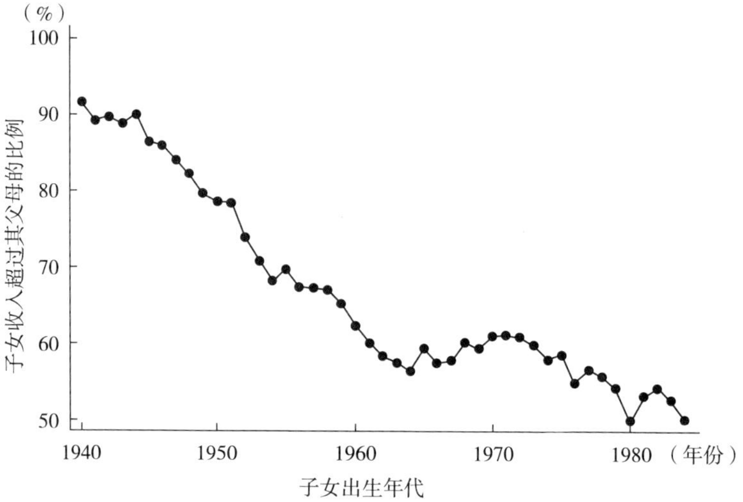

图 1.18　美国的绝对流动性持续下滑

资料来源：哈佛大学机会洞察中心，泽平宏观。

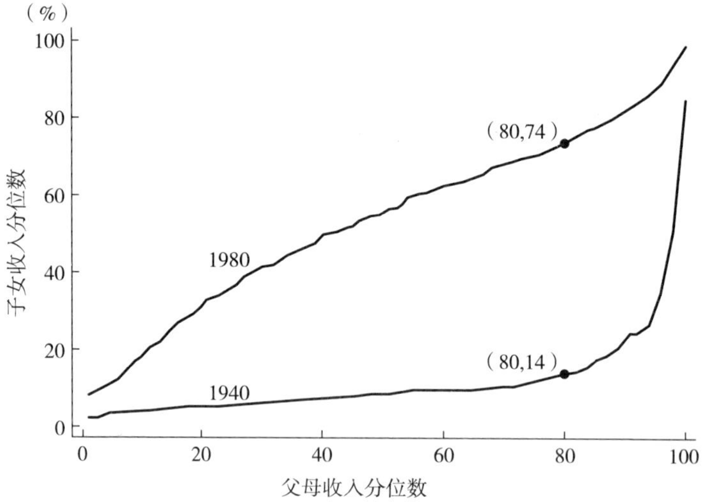

图 1.19　美国阶层跃升竞争加剧，难度增大

资料来源：哈佛大学机会洞察中心，泽平宏观。

绝对流动性的下降，意味着年青一代幸福感和希望的逐步丧失。

美国婴儿潮一代（出生于1946—1964年）是最幸福的一代，战后经济高速增长，无需过多的个人选择，只需按部就班地乘着时代东风过上标准的中产生活：有房有车、定期家庭旅行、足额的子女教育经费、充分的医疗和养老保障等。千禧一代（出生于1981—1996年）就没有这么幸运了，他们往往要背负巨额教育贷款，遭遇次贷危机引发的“大衰退”，收入不足以支付房租和房贷，只能继续和父母住在一起。因此千禧一代成为“占领华尔街”运动的主要发动者和支持者。

接受高等教育是实现阶层跃升的有效途径，教育机会的不公平正在加剧阶层固化。在美国顶尖私立大学（常春藤联盟、芝加哥大学、斯坦福大学、麻省理工学院、杜克大学）中，只有13.5%的学生来自底层50%的家庭，3.8%的学生来自底层20%的家庭，而来自顶层1%家庭的学生却高达14.5%，甚至超过了底层50%的家庭。顶层1%家庭的孩子就读顶尖私立大学的概率是底层20%家庭的76倍多。图1.20是美国顶尖私立大学学生的家庭背景情况。

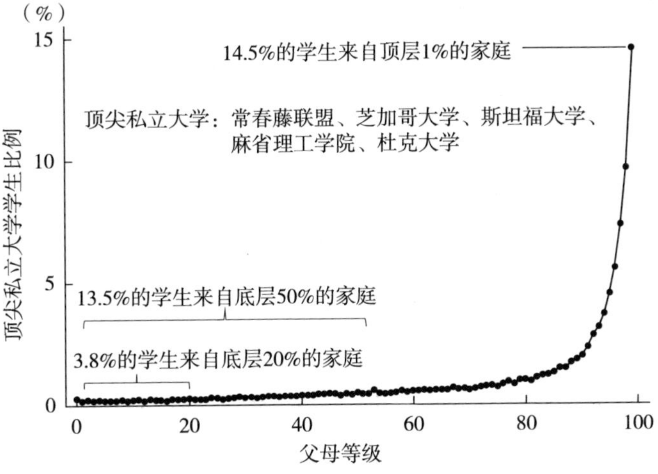

图1.20　美国顶尖私立大学学生的家庭背景

资料来源：哈佛大学机会洞察中心，泽平宏观。

美国大学学费快速上涨，助学贷款负担沉重。1984—2019 年，美国 CPI 涨了 1.5 倍，住房租金涨了 2.2 倍，医疗服务涨了 2.7 倍，大学学费却涨了 7.3 倍。高额的学费对应着高额的助学贷款。美国有近 4 500 万人背负助学贷款债务，占总人口超过 1/8。2/3 的大学毕业生背负助学贷款债务，平均高达 35 000 美元。因此桑德斯提议立法，对华尔街征新税，以免除 1.6 万亿美元的学生债务。

第三节　疫情全球大流行、经济衰退对中国经济的传导渠道

疫情全球大流行将引发全球经济衰退。2020 年 4 月 14 日，国际货币基金组织（IMF）在《世界经济展望》中预测，2020 年全球经济将收缩 3%，其中美国、欧元区和日本 GDP 分别下降 5.9%、7.5% 和 5.2%。疫情冲击导致的全球经济衰退将通过贸易、外需、产业链、金融市场、交叉传染等途径向中国传导。

一、贸易和外需：出口下滑

疫情叠加经济金融危机，冲击海外经济复苏，拖累外需。

第一，疫情直接冲击海外经济增长和消费意愿。海外疫情快速蔓延，随着各国防疫措施加强，餐旅、交通运输、零售、娱乐等聚集性行业需求进一步萎缩，短期失业率上升，经济衰退风险加大。

第二，金融市场剧烈波动导致居民财富大幅缩水，消费、投资、进口需求均受冲击。近期美、欧等主要股市跌幅均超过 20%，跌入

技术性熊市，美股四次熔断，各国掀起降息潮，投资者已向流动性危机、金融危机的方向进行恐慌性交易。美国经济占比中约 70% 是消费，资产价格大幅下跌直接冲击居民资产负债表，动摇市场信心。

第三，随着海外疫情持续蔓延，外需收缩给出口企业带来不利影响（见图 1.21）。欧、美疫情不断蔓延并升级防疫手段，多地“封城”“封国”，经济活动停摆，导致外需大幅收缩，中国出口订单骤降。春节以来，波罗的海干散货指数低于近三年同期。钢材、化工等行业产品库存大幅上升。

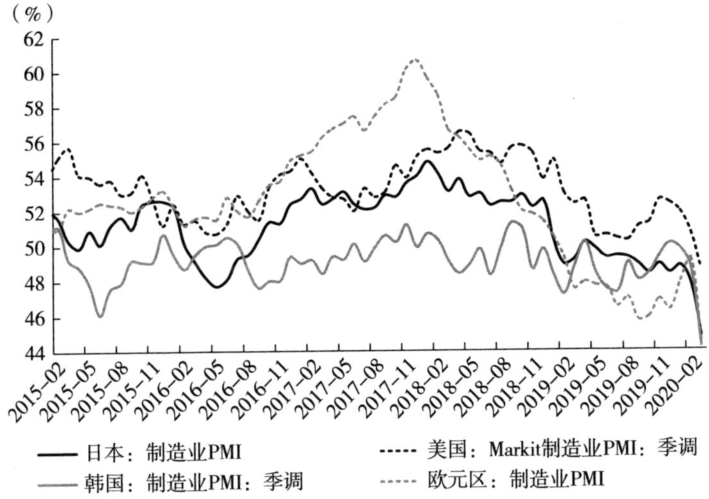

图 1.21　外需总体疲弱

资料来源：Wind，泽平宏观。

从行业来看，疫情将主要冲击中国电机电器、器械器具、纺织品、化工品等。目前海外疫情较为严重、金融市场大幅波动的国家大多与中国有密切的贸易联系，如图 1.22 所示，中国对欧盟、美国、日本、韩国的出口分别占比 17.2%、16.8%、5.7%、4.4%，而对欧盟中的意大利、西班牙、法国、德国出口合计占比 6.9%。2019 年电机电器、器械器具、纺织品、化工品四个行业分别占中国对日、韩整体出口的 27.5%、15.7%、12.0%、5.3%；对德国、法国、意大利和西班牙出口的电机电器合计占对其整体出口的 40%；对美国出口最大的四类产品为机电产品、纺织品、家居玩具及原料出口，分别占比 46%、10.2%、6.6%、5%。

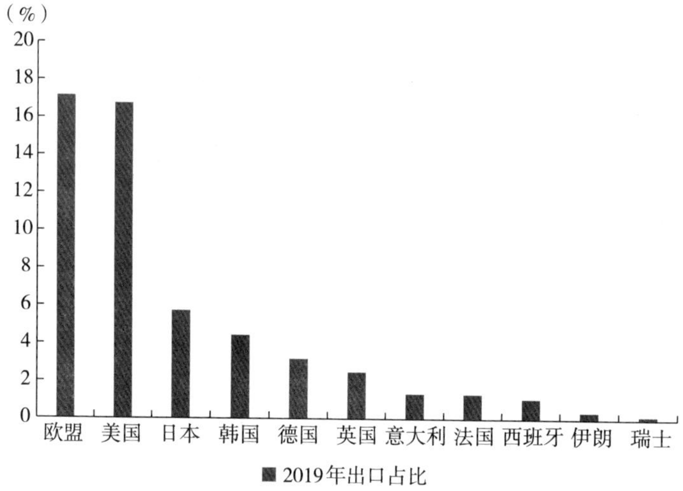

图 1.22　中国对欧、美、日、韩出口合计占比 44.1%

资料来源：Wind，泽平宏观。

二、产业链：下游需求减少，上游减产或断供

经济全球化时代，各国产业高度依赖、密切关联。企业大面积推迟复工时间，工厂关停，物流受阻，对全球制造业的生产、运输、用工都将造成负面影响，并且通过全球供应链网络层层放大。产业链冲击将通过供需两端影响中国。一方面，外需减弱导致国外零售下降，中国生产的零部件、加工品出口等受拖累。2020 年 3 月以来，苹果、

耐克等欧、美零售商闭店抗击疫情，实体经济走弱，对中国上游制造业负面影响持续加深。另一方面，海外产业链上其他国家断供或减产，冲击下游产业。以电子和汽车产业链为例，二者是典型的链条较长的行业，恰好是疫情冲击较大的韩、日两国的重要产业，而韩、日又分别是中国第一大、第三大进口国，短期内国产替代进口有较大难度，冲击显著。

日、韩减产或断供将冲击中国机电产品（电机电器、机械器具）、化学品、塑料和金属制品等中游产业，导致原材料及产成品涨价和断供，对半导体、汽车下游产业产生负面影响。中国与日、韩贸易往来关系密切（2018 年中国对日、韩出口结构见图 1.23）。2019 年中国对日、韩贸易总额合计占中国进出口总额的 13.1%，中国是日、韩的第一大进口国，日、韩对中国出口占其总出口额比重分别为 19.5% 和 26.8%。分产品看，中国向日、韩进口最多的产品为机电产品、医疗设备、化学品和塑料，其中，自日、韩进口机电产品分别占自日、韩进口总额的 45.5% 和 60.3%。2020 年，若日、韩疫情持续发酵，则将导致这些中游产业及其对应的下游行业受到较大冲击。

第一，半导体行业。从产业结构来看，中国主要集中在下游封测行业，2019 年前三季度中国集成电路产业销售额达 5 049 亿元，同比增长 13.2%，设计、制造、封测三大产业占比分别为 42.0%、26.2%、31.8%。由于日、韩在晶圆、光刻胶等原材料，DRAM（动态随机存取存储器）、NAND（计算机闪存设备）、CIS（接触式图像传感器）等核心零部件拥有过半市场份额，一旦产业链输送不畅，将对中国设计、封测等环节造成压力，主要表现为上游材料和零部件短缺而形成的采购成本上升、产品交付延期等。

第二，汽车行业。该行业由于技术含量高、产业链长，涉及工业部门种类仅次于房屋建筑，直接相关的行业为黑色金属冶炼、通用设备制造、橡胶及塑料制品、有色金属冶炼、电气机械、金属制品和化学原料等。其中，金属制品、橡胶等化工原材料以及机电、运输设备与日、韩等国的供应链相关，若出现断供，则将对汽车制造链条造成严重冲击。2020 年 2 月 28 日，现代汽车韩国蔚山工厂由于一名工人被检测出新型冠状病毒呈阳性而关闭。随着德国疫情加重，西门子、博世等公司或将减产、停产，进一步冲击汽车产业链。

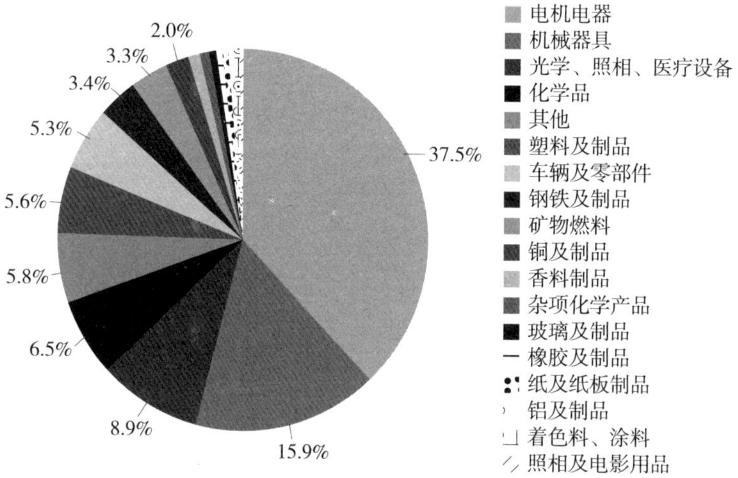

图 1.23　2018 年中国对日、韩出口结构

资料来源：联合国商品贸易统计数据库，泽平宏观。

三、金融市场：外资抽逃、资本流出、情绪传染

美股下跌，海外投资机构流动性紧张，抛售资产，资金回流美国，引发全球金融市场调整。A 股短期面临流动性压力，中期警惕基本面冲击。

第一，海外资金流出施压 A 股。2020 年 3 月 6 日—23 日，陆港通北上资金合计净流出达 866 亿元，日均净流出达 72 亿元，资金流

出规模达到近 5 年来高位水平。同期上证综指、深证综指、中小板综指跌幅均超过 10%。受疫情扩散、避险情绪、资金流出等影响，美股走势尚不明朗，A 股短期流动性压力仍然存在。外资抛盘压力下 A 股进入调整期情况见图 1.24。

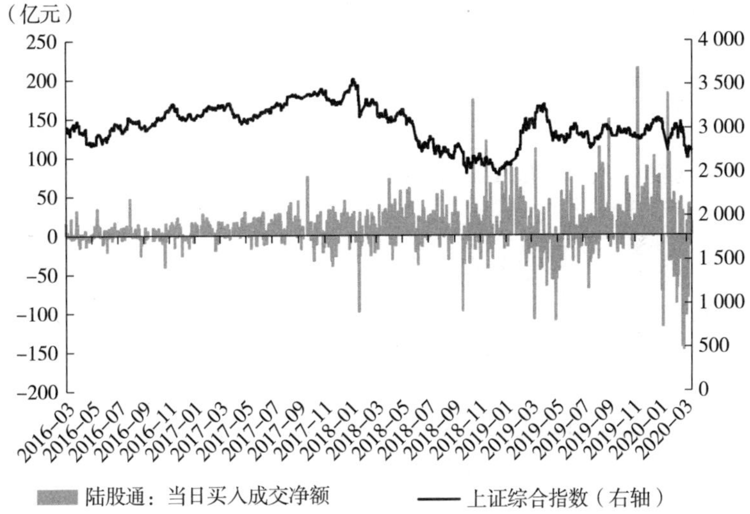

图 1.24　外资抛盘压力下 A 股进入调整期

资料来源：Wind，泽平宏观。

第二，中期来看，海外疫情冲击加剧国内经济下行压力，企业经营受损，警惕基本面风险。复盘次贷危机时期，2007 年 10 月危机爆发，海外需求大幅下滑，受时滞效应影响，2008 年下半年国内经济各项指标增速全面下行。2008 年 5 月—11 月初，上证综指从 3 761 点单边下跌至 1 707 点，跌幅达 55%。直至年末“四万亿”政策强力拉升。当前海外疫情影响或将持续 2~3 个季度。未来外围冲击逐步显现，订单需求下滑，部分原材料面临断供风险，企业生产及盈利能力恢复或低于预期。

新基建

中资美元债收益率上升，信用利差拉大，国内企业偿债压力上升，海外融资难度加大，加剧现金流压力。

第一，美国企业债券方面，2020 年 3 月 6 日—23 日，美银美国投资级企业债、高收益企业债有效收益率分别上升超过 100BP（基点）、350BP 至 3.0%、10.0%，达到近年高位水平，高收益债与投资级企业债信用利差在两周内由 448BP 大幅上行至 700BP 以上。

第二，中资美元债方面，2020 年 3 月 10 日—23 日，分等级看，中资美元债投资级收益率和利差分别上行约 50BP、80BP，投机级收益率和利差均大幅上行超过 600BP，下跌幅度大、速度快。分行业看，3 月 16 日—22 日，地产美元债券收益率和利差上行均超过 400BP，幅度远高于城投、金融等行业。2008 年金融危机期间，中资美元债券指数在两个月内大幅下跌 15%。未来，在海外流动性风险带来的抛售压力下，中资美元债收益率上升、信用利差扩大局面短期或仍将持续，国内企业偿债压力加大，海外融资难度上升，加之疫情外围冲击下收入下滑，现金流压力进一步加大。

四、交叉传染：冲击汇率和房地产

贸易和外需、产业链、金融市场等渠道还可能出现交叉传染，相互强化，或者共同作用，扩大冲击范围。

人民币汇率可能受到冲击。出口减少、外资抽逃、美元指数上升等都会冲击人民币汇率。如图 1.25 所示，2020 年 3 月 4 日—23 日，美元兑人民币汇率由 6.933 1 突破至 7.118 7。

房地产是周期之母，一旦触发房地产市场风险，则波及范围极广。如果出现外需大幅收缩，经济持续下滑，居民收入大降，资本流出，房地产市场也将面临调整风险。商品房兼具投资品和消费品属性，并且产业链条长，因此无论在发达国家还是发展中国家，房地产都在宏观经济中起到至关重要的作用。房地产作为典型的高杠杆部门，历史上较大的金融危机多与房地产相关，“十次危机九次房地产”。2008 年金融危机期间，房价跌幅约 20%，房地产上下游涉及家电、家具、装修、银行、建筑、建材、玻璃、水泥等一系列后周期行业，牵一发而动全身。每次经济繁荣多与房地产带动消费与投资相关，而每次经济衰退多与房地产泡沫破灭相关，比如 1991 年日本房地产崩盘后陷入“失去的二十年”，2007 年美国次贷危机演变为全球金融危机。反观美国 1987 年、2000 年股灾和中国 2015 年股灾，其对经济的影响则相对较小。

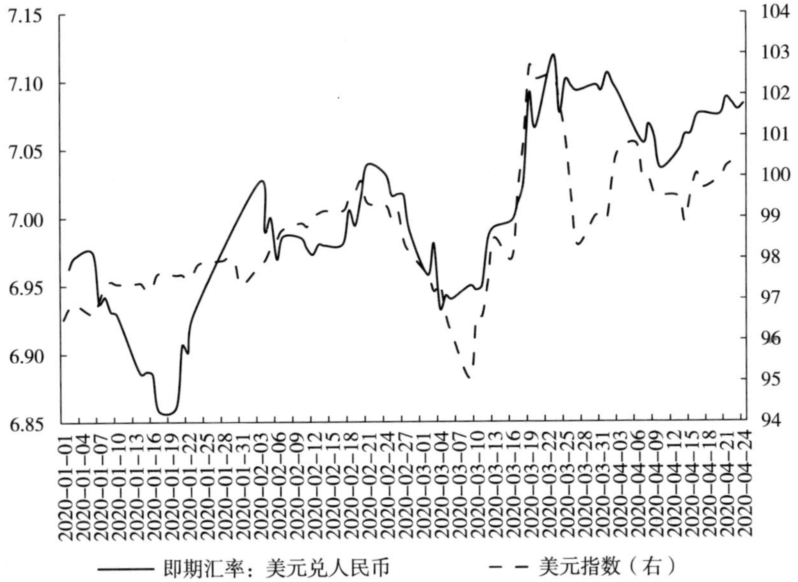

图 1.25　2020 年 3 月人民币汇率跌幅扩大

资料来源：Wind，泽平宏观。

第二章

启动新基建：补短板、稳增长与五大新理念

面对疫情全球大流行、国际金融海啸、中美贸易摩擦、转型升级等重大挑战，我们旗帜鲜明地倡导“新基建”，引发社会各界热议。市场上关于“新基建”的讨论推动了认识的深化、公共政策的形成，以及社会的进步。

“新基建”是应对疫情、对冲经济下行和推动改革创新的最有效办法。需求侧有助于稳增长和稳就业，服务于消费升级，能更好地满足人民美好生活的需要。供给侧为中国创新发展，尤其是抢占全球科技创新制高点创造了基础条件。

中国基建在全球处于什么水平？中国可以在哪些领域发力？“新基建”的发展空间有多大？本章旨在客观、专业、系统、深入地对比中国基础设施与发达国家的差距，探究“新基建”各领域的发展空间和潜力，在此基础上提出“新基建”的五大新理念。要真正起到惠民生、稳增长、补短板、调结构、促创新的重大作用，必须改革创新，防止“新瓶装旧酒”“重走老路”“四万亿重来”，避免沦为又一次纯粹货币超发的饮鸩止渴。治国有常，利民为本。*

---

* 本章作者：任泽平、熊柴、孙婉莹、梁颖、李晓桐。

第一节　中国基建的短板在哪里

一、总体：中国基建助力世界工厂地位

基础设施指为社会生产和生活提供基础性、大众性服务的工程和设施，是社会赖以生存和发展的基本条件。国际上对基础设施的定义共分为三层：狭义指交通运输（铁路、公路、港口、机场）、能源、通信、水利四大经济基础设施，更宽松的定义包括社会性基础设施（教育、科技、医疗卫生、体育、文化等社会事业）、油气和矿产，最广泛的定义延伸至房地产。基础设施的基础地位决定相关建设必须适度超前，基础设施建设必须走在经济社会发展需要的前面，否则将制约经济社会发展。

中国基建存量已居世界第一位，但人均水平和质量与发达国家相比存在明显差距。改革开放以来，通过适度超前的大规模基础设施建设，中国快速成长为基础设施大国，为快速成长为全球第二大经济体和世界制造中心提供了有力的支撑。从数量上看，根据 IMF 数据，2017 年我国公共资本存量达到 48 万亿美元（2011 年不变价格计算），位列世界第一，但人均公共资本存量为 3.5 万美元，在 149 个经济体中居第 37 位，明显低于日本（6.4 万美元）、俄罗斯（5.7 万美元）、美国（4.6 万美元）等。从质量上看，根据世界经济论坛《2019 年全球竞争力报告》，中国经济类基建质量评分为 77.9（百分制），在 141 个经济体中排名第 28 位，低于日本（93.2 分，第 5 名）、美国（87.9

分，第 13 名）等发达国家。中国与美国、日本、英国、法国、德国基础设施全面对比见表 2.1。

表 2.1　中国与美、日、英、法、德基础设施全面对比

领域	指标	中国	美国	日本	英国	法国	德国
能源	发电量（太瓦时）	7 112	4 461	1 052	334	574	649
	人均发电量（千瓦时）	5 106	13 634	8 311	5 022	8 572	7 822
	一次能源消耗（百万吨油当量）	3 274	2 301	454	192	243	323
	一次能源人均消耗（吨油当量）	2.35	7.03	3.59	2.89	3.62	3.91
	清洁能源消费比例	22.2%	46.2%	34.0%	56.0%	64.0%	44.6%
交通运输	铁路营业里程（万千米）	13.17	22.50	2.73	1.68	2.82	3.34
	铁路密度（千米 / 万平方千米）	137.1	246.0	749.1	696.0	515.8	957.2
	公路里程（万千米）	484.7	672.2	121.9	39.4	105.3	62.5
	公路密度（千米 / 万平方千米）	5 049	7 349	33 431	16 303	19 235	17 890
	公共机场（个）	235	380	175	460	464	539
	城市轨道交通里程（千米）	5 767	1 297	886.8	868	1 183	3 148
通信	互联网覆盖面	61.2%	87.3%	84.6%	94.9%	82.0%	89.7%
	移动网速（Mbps）	68.21	41.23	32.12	35.21	46.82	36.39
	宽带网速（Mbps）	99.49	134.77	100.44	65.82	139.65	79.31
水利	供水稳定性评分（百分制）	64.9	86.1	94.6	90.7	90.9	84.9
	接触不安全饮水比例	18.0%	0.3%	1.9%	0.3%	0.5%	0.3%
科技	研发强度	2.1%	2.8%	3.2%	1.7%	2.2%	3.0%
	每百万人研发人员数（人）	1 234	4 256	5 305	4 377	4 441	5 036

续表

领域	指标	中国	美国	日本	英国	法国	德国
医疗卫生	每千人床位数（张）	4.3	2.8	13.1	2.5	5	8
	每千人医生数（人）	2	2.6	2.4	2.9	3.4	4.3
	每千人护士数（人）	2.7	11.7	11.3	7.8	10.8	12.9
	医疗可及性及质量（HAQ）指数	78	89	94	90	92	92
文化	人均博物馆数量（个/百万人）	3.8	92.3	10.2	37.6	18.3	75.4
	人均公共图书馆数量（个/百万人）	2.3	27.7	26.1	62.3	—	76.1
教育	25岁及以上人口平均受教育年限	7.9	13.4	12.8	13.0	11.4	14.1
	学龄儿童平均预期受教育年限	13.9	16.3	15.2	17.4	15.5	17.1
	高等院校数量（所）	2 956	7 236	1 112	162	233	429
	QS世界排名前500数量（所）	24	89	41	50	17	29
	高等教育毛入学率	51.0%	88.2%	63.2%	60.0%	65.6%	70.2%
体育	人均体育场地面积（平方米）	1.9	16	19	—	—	—
养老	每千名老人养老床位数（张）	29.1	34.8	—	—	—	—
环保	单位GDP能耗（千英热/美元）	9.55	4.45	3.63	2.67	3.47	3.26
	耶鲁大学全球环境绩效指数	50.74	71.19	74.69	79.89	83.95	78.37
	PM2.5（$\mu g/m^3$）	53	7	12	10	12	12

资料来源：IMF、CIA、BP、《2018国际统计年鉴》、《2019年全球竞争力报告》、世界银行等。

注：Mbps为兆比特每秒，QS为英国一家国际教育市场咨询公司，PM2.5为细颗粒物。

从区域看，因过去资源长期向欠发达地区倾斜，当前中国基础设施已经发展到基本平衡，欠发达地区尽管密度较低，但人均水平不低，部分人均指标甚至较高。反观东部地区，基础设施由于人口和产业持续流入与聚集而短缺。比如，在交通方面，2018 年东部、中部、西部、东北地区铁路路网密度分别为 342、281、73、234 千米 / 万平方千米，高速公路路网密度分别为 442、351、79、154 千米 / 万平方千米，西部地区确实很低；但从人均长度看，西部地区较高，2018 年四大地区铁路万人均长度分别为 0.59、0.78、1.31、1.70 千米，高速公路万人均长度分别为 0.76、0.97、1.41、1.12 千米。在医疗方面，2018 年东部、中部、西部、东北地区每千人床位数分别为 5.47、6.12、6.49、6.75 张，每千人执业（助理）医师数分别为 2.85、2.38、2.39、2.65 人，每千人护士数分别为 3.10、2.70、2.97、2.80 人，每百万人三甲医院数分别为 1.08、0.85、1.01、1.52 个，可以看到西部地区人均床位数、护士数、三甲医院数均不低，但医师数稍低。

二、经济基建：总量居前，但人均水平和质量不高

（一）能源领域

中国发电量和能源消耗居全球第一，但人均水平低，清洁能源占比低。在发电量方面，根据 2019 年《BP 世界能源统计年鉴》数据，2018 年中国发电量为 7 112 太瓦时，位居世界第一，高于美国（4 461 太瓦时）、日本（1 052 太瓦时），但人均发电量（5 106 千瓦时）远低于美国（13 634 千瓦时）、日本（8 311 千瓦时）。在能源消耗方面，根据 BP（英国石油公司）数据，2018 年中国一次能源消耗总量为 3 274 百万吨油当量，高于美国的 2 301 百万吨油当量和日本的 454 百万吨油当量；人均消耗 2.35 吨油当量，仅为美国（7.03 吨油

当量）的 33.4% 和日本（3.59 吨油当量）的 65.5%。2018 年，中国一次能源对外依存度为 23.1%，而美国仅为 5.7%。在清洁能源消费比例方面，根据 2019 年《BP 世界能源统计年鉴》（见图 2.1），2018 年中国能源消费中煤炭、石油、天然气、水电、核能、可再生能源分别占比约 58.2%、19.6%、7.4%、8.3%、2.0% 和 4.4%，清洁能源合计占 22.2%；而美国的占比分别为 13.8%、40.0%、30.5%、2.8%、8.4% 和 4.5%，清洁能源占 46.2%；日本的占比分别为 25.9%、40.2%、21.9%、4.0%、2.4% 和 5.6%，清洁能源占比 34.0%。

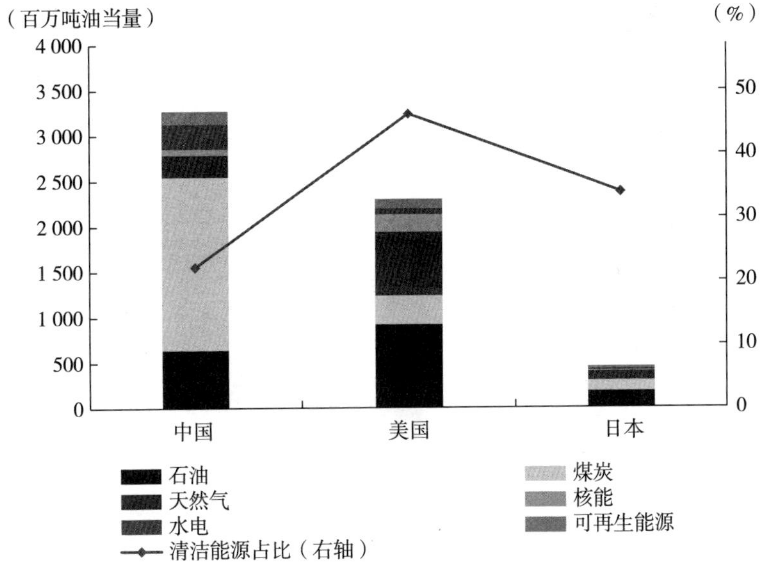

图 2.1　中国清洁能源消费占比远低于美国和日本

资料来源：2019 年《BP 世界能源统计年鉴》，泽平宏观。

（二）交通运输领域

第一，铁路方面。中国铁路里程仅次于美国，但密度大幅低于美、日两国，其中高铁里程世界占比超过 2/3。如图 2.2 所示，2018 年中国铁路营业里程为13.17万千米,位居世界第二,仅次于美国(2016年,22.5万千米);铁路密度为137.1千米/万平方千米,远低于美国(246.0千米/万平方千米)、日本(749.1千米/万平方千米);人均铁路里程为0.95千米/万人,也大幅低于美国(6.88千米/万人)等发达国家。高铁方面,2019年中国高铁营业里程超过3.5万千米,全球占比超过2/3。但根据世界经济论坛《2019年全球竞争力报告》,中国铁路服务效率评分仅59分,在141个经济体中排名第24名,稍高于印度(57.0分,世界排名第30名)和英国(55.2分,世界排名第31名),明显低于日本(96.0分,世界排名第1名)、美国(69.2分,世界排名第12名)。

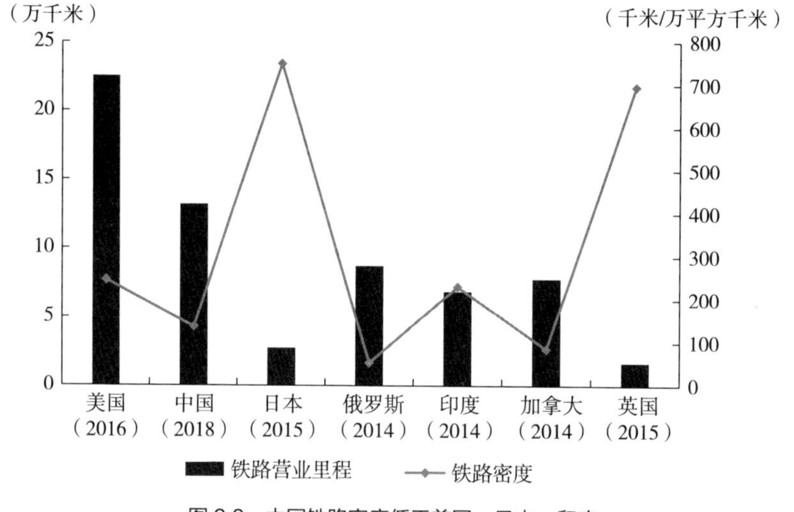

图2.2 中国铁路密度低于美国、日本、印度

资料来源:国家统计局,世界银行,UIC,CIA,泽平宏观。

第二,公路方面。中国公路里程仅次于美国,密度大幅低于美、日两国。2018年中国公路里程为484.7万千米,公路密度为5 049千米/万平方千米;而美国公路里程为672.2万千米,公路密度为7 349

千米 / 万平方千米；日本 2015 年公路里程为 121.9 万千米，公路密度为 33 431 千米 / 万平方千米。中国高速公路和一级公路占比分别为 2.9% 和 2.3%，而美国高速公路占比 1.9%，英国 A 级公路占比 12%。根据世界经济论坛《2019 年全球竞争力报告》，中国道路质量评分为 59.7 分，世界排名为第 45 名，明显低于日本（84.8 分，第 5 名）、韩国（81.6 分，第 9 名）、美国（74.5 分，第 17 名）等发达国家。

第三，机场方面。中国公共机场仅 235 个，大幅低于美国。根据中国民用航空局、CIA（美国中情局）和美国联邦航空局数据，2018 年中国颁证公共机场为 235 个，平均每亿人拥有 16.9 个公共机场；美国公共机场 5 099 个（其中 380 个承担 99% 的航空客运量），私人机场 14 528 个，平均每亿人拥有 116.1 个公共机场；日本公共机场 175 个（2013 年），平均每亿人拥有 138.3 个公共机场。中国航空运输量及注册运营商全球出港量为 436 万次，美国为 964 万次。从航空服务效率看，根据世界经济论坛《2019 年全球竞争力报告》，中国得分仅 60.7 分，位居世界第 66 名，而美国、日本、印度分别为 79.6、86.7、64.3 分，分别位居世界第 10、5、59 名。

第四，城轨方面。中国轨道交通里程居世界第一，人均高于美国，但低于日、英、法、德、俄等国。按照国际较为常用的分类方法，城轨分为地铁、轻轨和有轨电车三类，从总量上看，根据韩宝明等（2019）的研究数据，如图 2.3 所示，我国城轨里程共计 5 766.7 千米，位居世界第一，占全球总里程的 22.1%；其中地铁、轻轨和有轨电车里程分别为 5 013.3、420.8 和 332.6 千米，分别占全球地铁和轻轨里程的 35.3%、32.5% 和 3.1%，地铁、轻轨里程也是世界第一。但从人均来看，中国人均城轨里程 4.1 千米 / 百万人，高于美国（4.0），但低于日本（7.0）、英国（13.1）、法国（17.7）、德国（38.0）和俄罗斯（7.5）。

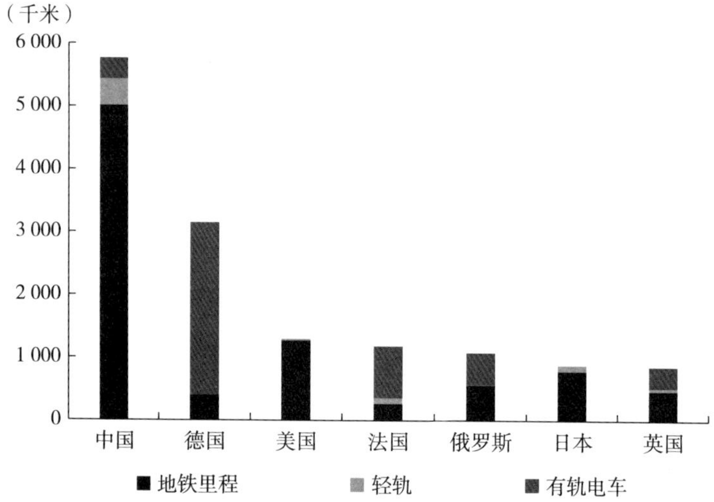

图 2.3　中国城轨总量世界第一

资料来源：韩宝明，代位，张红健 . 2018 年世界城市轨道交通运营统计与分析［J］. 都市快轨交通，2019（1）。

（三）通信领域

中国互联网覆盖面 61.2%，明显低于美国的 87.3%、日本的 84.6%。互联网覆盖面、网速等可反映出各国通信基础设施情况。在覆盖面方面，根据中国互联网网络信息中心和世界经济论坛《2019 年全球竞争力报告》的数据，2019 年 6 月中国网民达 8.54 亿人，覆盖面为 61.2%，2018 年英国达 94.9%，日本达 84.6%，德国达 89.7%，法国达 82.0%，美国达 87.3%。在网速方面，根据测速网 Speedtest 2020 年 1 月全球网速测评数据，中国移动网络网速在 140 个经济体中排名第 6 位，固定带宽网速在 176 个经济体中排名第 27 位，而美国分别排在 35、8，日本分别排在 57、26。此外，根据世界银行数据，2018 年中国平均每百万人拥有安全的互联网服务器 447 个，低于中等收入国家（925 个）和全球平均水平（6 173 个），远低于日本（11 671 个）和美国（65 768 个）。

（四）水利领域

中国接触不安全饮用水的人口占比达 18%。根据世界经济论坛《2019 年全球竞争力报告》，2018 年我国供水稳定性（没有中断和流量波动）评分为 64.9 分，世界排名第 68 位，低于日本（94.6 分，世界排名第 12 名）、美国（86.1 分，世界排名第 30 名）、德国（84.9 分，世界排名第 34 名）等发达国家；接触不安全饮用水人口占总人口的比重为 18%，全球排名第 74 名，远高于并列第一的美国、德国、英国的 0.3%，日本的 1.9%（世界排名第 27 名）。

三、社会基建：与美、日等差距较经济基建更大

第一，科技领域。中国研发总投入为美国的 1/2，人均科研人员数远低于美、日，基础研究薄弱。在研发投入方面，根据世界银行数据，2017 年中国研发支出占 GDP 比重为 2.1%，低于美国（2.8%）、日本（3.2%）、韩国（4.6%）、法国（2.2%），从绝对额看，中国研发总投入为美国的 1/2。在研发人员方面，2017 年中国每百万人口拥有的研发和技术人员数为 1 234 人，美国（2016 年）、英国、日本、韩国为 4 256、4 377、5 305、7 514 人，中国约为美国、英国、日本、韩国的 29%、28%、23%、16%。在研发投入结构方面，中国在基础研究、应用研究、试验发展阶段的投入占比分别为 5%、11%、84%，而美国的占比分别为 16.9%、19.6%、63.5%。可见中国基础研究投入明显薄弱。

第二，教育领域。中国高校数量和质量全面低于美国，高等教育毛入学率较低。在教育程度方面，联合国统计，2018 年中国 25 岁及以上人口平均受教育年限为 7.9 年，而美国、日本、德国分别为 13.4、12.8、14.1 年；2018 年中国学龄儿童平均预期受教育年限为 13.9 年，而美国、日本、德国分别为 16.3、15.2、17.1 年。在高校数量方面，

当前中国的大学有 2 956 所，而美国有 7 236 所，日本有 1 112 所。在高等教育毛入学率方面，中国教育部和世界银行统计，2018 年中国为 51%，美国为 88.2%（2017 年），日本为 63.2%（2015 年），英国为 60%，韩国为 94.3%。在高校水平方面，根据 2020 年 QS 世界大学排名，中国、美国、日本进入全球前 100 名的大学分别有 6、29、5 所，进入前 200 名的大学分别有 7、46、10 所，进入前 500 名的大学分别有 24、89、41 所。

第三，文化领域。中国博物馆、公共图书馆数量分别是美国的 18%、35%。根据国家统计局和美国图书馆协会数据，2018 年中国博物馆、公共图书馆分别为 5 354、3 176 个，每百万人拥有博物馆、公共图书馆数量分别为 3.8、2.3 个；美国现有博物馆 30 168 个，公共图书馆 9 057 个（全美图书馆共 116 867 个，公共图书馆占比 7.7%），每百万人拥有博物馆、公共图书馆数量分别为 92.3、27.7 个；日本拥有博物馆、公共图书馆 1 287、3 296 个，每百万人拥有数量为 10.2、26.1 个。

第四，医疗卫生领域。中国人均护士数差距明显，医疗可及性和医疗质量有待提高。在床位、医生数、护士数方面，根据 OECD 数据，2017 年中国每千人床位数、医生数、护士数分别为 4.3 张、2.0 人、2.7 人，而美国为 2.8 张、2.6 人、11.7 人，日本为 13.1 张、2.4 人、11.3 人（见图 2.4）。其中，在 ICU（重症监护室）床位方面，根据 2015 年第三次 ICU 普查数据，中国华东地区 ICU 床位数占总床位数比例为 1.7%，而美国在 2010 年就已达到 13.4%。根据《柳叶刀》2018 年对全球医疗可及性和医疗质量（HAQ 指数，健康评定问卷）排名，中国得分 78、排名 48，美国得分 89、排名 28，日本得分 94、排名 12，印度得分 41、排名 145；中国在孕产妇安全、消化系统疾病以及慢性呼吸系统疾病等方面得分较高，但肿瘤和心血管疾病、慢性肾功能疾病、非黑色素瘤皮肤癌、卒中以及先天性心脏病等对医疗水平要求较高的疾病上得分较低甚至垫底。从本次应对疫情来看，中国重大疫情防控体制机制、公共卫生应急管理体系存在明显的短板和不足，包括公共卫生法治体系和重大突发公共卫生事件应急响应机制有待完善，传染病医疗机构投入相对不足，部分重大疾病治疗药物自主研发能力仍然相当薄弱等。

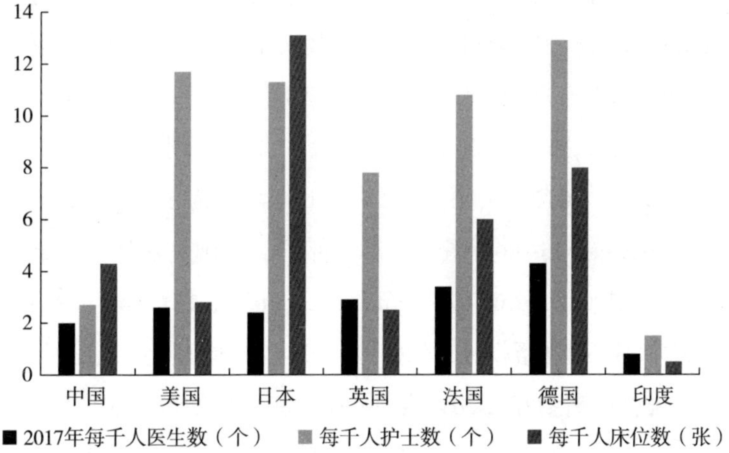

图 2.4　中国每千人医生数、护士数较低

资料来源：OECD，泽平宏观。

第五，体育领域。中国人均体育场地用地不到 2 平方米。根据国家统计局数据，2019 年中国共有体育场地 195.7 万个，体育场地面积 25.9 亿平方米，人均体育场地面积 1.9 平方米，远低于美国（16 平方米）、日本（19 平方米）等发达国家。

第六，养老领域。中国老年人均养老床位数为美国的 84%，并且利用率不高。根据民政部《2018 年民政事业发展统计公报》，2018 年末中国各类养老床位合计 727.1 万张，每千名老年人拥有养老床位 29.1 张。Statista（数据统计资源网站）估算，2015 年美国养老床位合计 166 万张，每千名老年人拥有养老床位 34.8 张。不过，中国现有养老床位尚未得到充分利用，比如 2017 年北京市养老机构实际入住率约为 60.2%。

第七，环保领域。中国单位 GDP 能耗超过美、日的两倍，空气质量居全球第 120 位。在能耗方面，根据 BP 数据，2018 年中国单位 GDP 能耗为 9.55 千英热 / 美元，而美国为 4.45 千英热 / 美元，日本为 3.63 千英热 / 美元。在空气质量方面，根据耶鲁大学《2018 年全球环境绩效指数报告》，中国环境绩效指数为 50.74 分，在 180 个经济体中排名第 120 位,在全球处于中下水平；而美国为 71.19 分,排名第 27 位；日本为 74.69 分，排名第 20 位；瑞士为 87.42 分，排名第 1 位。世界银行数据显示，2017 年中国 PM2.5 的平均浓度为 53 $\mu g/m^3$，高于世界水平（46 $\mu g/m^3$），而美国、日本、韩国、德国和法国 PM2.5 平均浓度为 7 $\mu g/m^3$、12 $\mu g/m^3$、25 $\mu g/m^3$、12 $\mu g/m^3$ 和 12 $\mu g/m^3$。从大城市看，根据中国环境监测总站《2019 年 12 月全国城市空气质量报告》和美国环境保护署数据，2019 年 12 月北京、上海 PM2.5 平均浓度分别为 45 $\mu g/m^3$、50 $\mu g/m^3$，而 2019 年华盛顿都市区和纽约大都市区的 PM2.5 平均浓度分别为 9.5 $\mu g/m^3$、11.1 $\mu g/m^3$。

第二节　新基建的内涵与意义

一、内涵丰富，符合未来新时代经济社会发展的需要

近年来，中央密集点名新基建（见表 2.2）。新基建于 2015 年 7 月第一次出现在国务院文件中，2018 年 12 月第一次出现在中央经济工作会议，2019 年写入国务院政府工作报告，2020 年 1 月国务院常

务会议、2 月中央深改委会议、3 月中央政治局常委会会议持续密集部署。从中央会议内容来看，新基建侧重于 5G 网络、数据中心、人工智能、工业互联网、物联网等新一代信息技术。2020 年 3 月 2 日央视中文国际频道报道，“新基建”指发力于科技端的基础设施建设，主要包含 5G 基建、特高压、城际高速铁路和城际轨道交通、新能源汽车充电桩、大数据中心、人工智能、工业互联网七大领域。在央视频道划分的七大领域中，特高压、城际高速铁路和城际轨道交通、新能源汽车充电桩均非信息领域。2020 年 4 月 1 日，习近平总书记在浙江考察时强调，要抓住产业数字化、数字产业化赋予的机遇，加快 5G 网络、数据中心等新型基础设施建设，抓紧布局数字经济、生命健康、新材料等战略性新兴产业、未来产业，大力推进科技创新，着力壮大新增长点，形成发展新动能。*2020 年 4 月 20 日，国家发改委首次就“新基建”概念和内涵做出解释，新型基础设施是以新发展理念为引领，以技术创新为驱动，以信息网络为基础，面向高质量发展需要，提供数字转型、智能升级、融合创新等服务的基础设施体系。

表 2.2　中央有关新基建的指示内容

时间	类型	相关内容
2020 年 3 月 4 日	中央政治局常务委员会会议	要加大公共卫生服务、应急物资保障领域投入，加快 5G 网络、数据中心等新型基础设施建设进度。要注重调动民间投资积极性
2020 年 2 月 14 日	中央全面深化改革委员会第十二次会议	基础设施是经济社会发展的重要支撑，要以整体优化、协同融合为导向，统筹存量和增量、传统和新型基础设施发展，打造集约高效、经济适用、智能绿色、安全可靠的现代化基础设施体系

* 资料来源于新华网，http: //www.xinhuanet.com/2020-04/01/c_1125799612.htm。

续表

时间	类型	相关内容
2020年1月13日	国务院常务会议	大力发展先进制造业，出台信息网络等新型基础设施投资支持政策，推进智能、绿色制造
2019年3月5日	国务院政府工作报告	再开工一批重大水利工程，加快川藏铁路规划建设，加大城际交通、物流、市政、灾害防治、民用和通用航空等基础设施投资力度，加强新一代信息基础设施建设
2018年12月21日	中央经济工作会议	要发挥投资关键作用，加大制造业技术改造和设备更新，加快5G商用步伐，加强人工智能、工业互联网、物联网等新型基础设施建设，加大城际交通、物流、市政基础设施等投资力度，补齐农村基础设施和公共服务设施建设短板，加强自然灾害防治能力建设
2017年1月15日	中共中央办公厅、国务院办公厅《关于促进移动互联网健康有序发展的意见》	加快建设并优化布局内容分发网络、云计算及大数据平台等新型应用基础设施
2015年7月4日	国务院《关于积极推进“互联网+”行动的指导意见》	固定宽带网络、新一代移动通信网和下一代互联网加快发展，物联网、云计算等新型基础设施更加完备，人工智能等技术及其产业化能力显著增强

资料来源：中国政府网，新华社，泽平宏观。

适应中国社会主要矛盾转化和中国经济迈向高质量发展的要求，能更好地支持创新、绿色环保和消费升级，在补短板的同时为新引擎助力，这是新时代对新基建的本质要求，也是新基建与老基建最大的不同。从根本上讲，基础设施是为经济社会发展服务的，是为人口和产业发展服务的。中国社会主要矛盾已经转化为人民日益增长的美好生活需要和不平衡不充分的发展之间的矛盾，中国经济已由高速增长阶段转向高质量发展阶段，产业链要迈向全球中高端，新时代对基础设施产生了新要求。因此，“新基建”是有时代烙印的，如果说20年前中国经济的“新基建”是铁路、公路、桥梁，那么未来20年支撑中国经济社会繁荣发展的“新基建”则是5G、人工智能、数据中心、工业互联网等科技创新领域基础设施，以及教育、医疗等消费升级重大民生领域。当然，在一般基础设施领域，需注重通过数字化改造和升级进行基础设施建设。

从需求看，新基建应更好地服务于消费升级，更好地满足人民美好生活的需要。从国际经验看，美国居民消费升级有两个明显变化趋势（见图2.5）。一是服务消费逐渐取代商品消费成为主导。1946—2016年美国服务消费、商品消费分别年均增长7.3%、5.6%，服务消费比重从40.3%持续增至69.0%。二是以休闲娱乐、医疗护理为代表的高层次享乐需求持续上升，1946—2019年占比从16.0%升至30.8%。中国已经进入消费主导经济新时代（见图2.6），2010—2018年最终消费率从48.5%持续升至54.3%，2014—2019年消费连续6年成为经济增长的主要动力。2019年中国人均GDP首次超过1万美元，预计将在3年后进入高收入经济体行列。随着中等收入群体规模扩大、人民生活水平不断提高以及老龄化加快，享受型消费在中国快速增长，旅游、文化、健康、养老等新兴消费方兴未艾。从居民消费支出结构看，2012—2019年教育文化娱乐、医疗保健支出占比分别上升1.2、2.5个百分点。

从生产看，新基建需要为中国创新发展、绿色环保发展，特别是抢占全球新一代信息技术制高点创造基础条件。新动能是指在新一轮科技革命和产业变革中形成的经济社会发展新动力，包括新技术、新产业、新业态、新模式等。新旧动能最大的区别在于，由依靠要素和投资驱动转向依靠创新驱动，由高污染、高消耗的粗放型经济增长方式转向绿色环保的集约型增长方式。科技是第一生产力，是国家实力

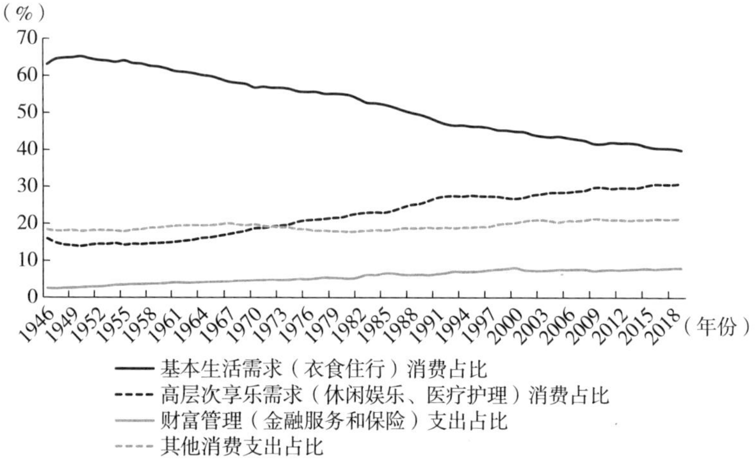

图 2.5 美国消费升级趋势

资料来源：Wind，泽平宏观。

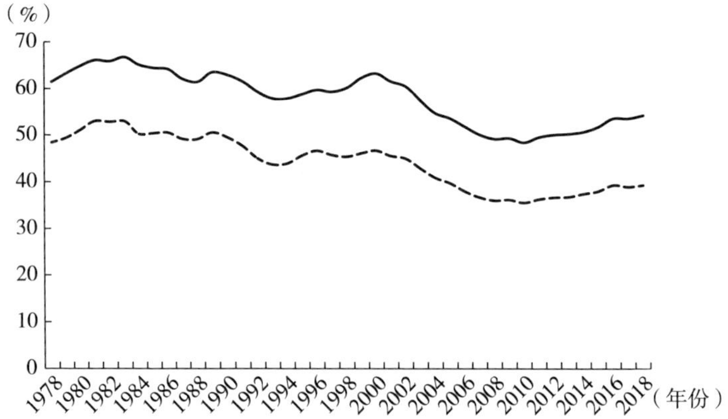

图 2.6 中国进入消费主导经济新时代

资料来源：Wind，泽平宏观。

的关键。从科技发展方向看，从日不落帝国到美元霸权，英国、法国、德国、日本、美国无一不是依靠抓住某次关键的产业革命机遇而成功崛起，最终成为世界的科技与经济中心的。人类在 18 世纪进入蒸汽时代，19世纪进入电气时代，20世纪进入信息与互联网时代，随着未来人工智能技术逐渐成熟，21世纪将步入智能时代。智能社会由三个战略核心组成：一是芯片/半导体，即信息智能社会的心脏，负责信息的计算处理；二是软件/操作系统，即信息智能社会的大脑，负责信息的规划决策、资源的调度；三是通信，即信息智能社会的神经纤维和神经末梢，负责信息的传输与接收。ICT（信息与通信技术）产业是智能社会的基石，对经济社会发展具有明显的辐射作用，也是当前及未来各国科技竞赛的制高点。能否抓住智能时代变革的机遇，是中国建设现代化强国的关键。习近平总书记在2018年两院院士大会上的重要讲话指出："世界正在进入以信息产业为主导的经济发展时期。我们要把握数字化、网络化、智能化融合发展的契机，以信息化、智能化为杠杆培育新动能。"*

二、意义重大：惠民生、稳增长、补短板、调结构、促创新

新基建惠民生，满足人民美好生活的需要。基础设施是提供公共服务的载体，不管是经济基建还是社会基建，都为人民群众提供公共服务。通过当前基建存量的国际比较可以发现，中国虽然已经成为基础设施大国，但人均基础设施存量、质量与发达国家相比还存在明显差距。由于中国过去长期注重投入推动能够快速促进经济增长的能源、交通运输、通信等经济基建，对社会基建重视相对不够，所以医疗、环保、文化、体育等社会基础设施与发达国家相比差距更为明显。

新基建短期可拉动大量需求，对冲疫情和经济下行压力，稳投资、稳增长、稳就业。当前中国经济处于增速换挡、跨越中等收入陷阱的

* 资料来源于人民网，http://scitech.people.com.cn/n1/2019/0301/c1007-30951004.html。

关键时刻，2019 年中国 GDP 实际增速降至 6.1%，创 1991 年以来新低（见图 2.7）；2020 年 2 月中国制造业 PMI 和非制造业商务活动指数分别大降至 35.7%、29.6%，创历史新低，短期影响超过 2008 年国际金融危机。

图 2.7　中国经济持续下行

资料来源：Wind，泽平宏观。

中国经济持续下行，既有潜在增长率下降、内部改革不到位的因素，也有外部性、周期性和政策性因素的叠加，当前还叠加疫情冲击，总需求不足。在外部环境方面，主要面临全球经济见顶回落和中美贸易摩擦影响，2019 年中国出口（以美元计）增长 0.5%，较 2018 年下滑 9.4 个百分点；其中对美出口 –12.5%，大幅下滑 23.8 个百分点。中美贸易摩擦具有长期性和日益严峻性，当前中美贸易摩擦只是再次阶段性缓和，2020 年依然存在摩擦再起的可能。对冲疫情和经济下行最简单有效的办法是基建，这是政府唯一可快速有效发力的工具（公开数据的基建投资数据一般限于水电燃气、交运邮政仓储、水利环保公用事业三大行业），近年基建投资增速处于低位（见图 2.8）。从内需看，2019 年中国固定资产投资、社会消费品零售总额分别增长 5.1%、8.0%，分别下滑 0.8、1 个百分点。在投资中，房地产、基建、制造业投资分别增长 9.9%、3.3%、3.1%，分别变化 +0.4、+1.7、−6.4 个百分点。房地产投资在 2019 年对稳增长发挥了重要的压舱石作用，但前期拿地增速大幅放缓预示 2020 年将高位回落；制造业投资与出口、企业利润有关，2019 年规模以上工业企业利润为 −3.3%，较 2018 年下滑 13.6 个百分点，短期难以依靠。

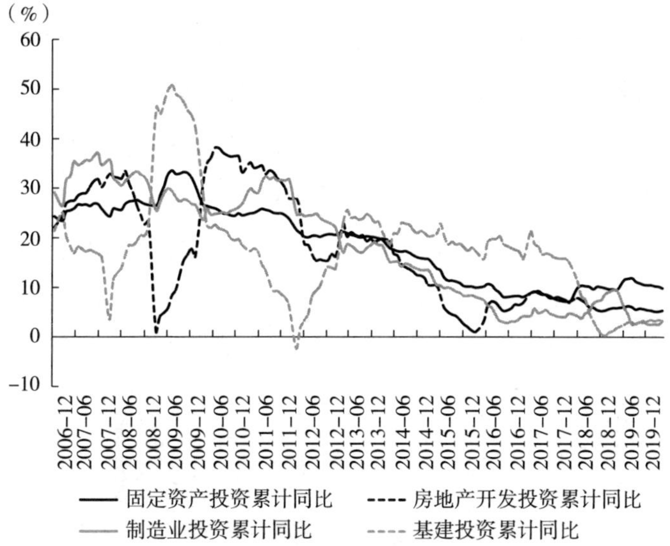

图 2.8　基建投资处于低位

资料来源：Wind，泽平宏观。

新基建将长期推动新动能供给，推动中国经济转型升级，提升增长潜力。从历史看，1929 年大萧条时，美国总统罗斯福推出著名的“罗斯福新政”，其中一项重要政策是政府主导的大规模基础设施建设，不仅提高了就业，增加了民众收入，还为后期美国经济大发展打下了坚实的基础。1998 年亚洲金融危机时，中国增发特别国债加强基建。

新基建

2008 年全球金融危机时，中国推出“四万亿”投资，尽管当时争议很大，但现在看来意义重大：大幅降低了运输成本，提升了中国制造的全球竞争力，释放了中国经济高增长的巨大潜力。而作为对比，印度受制于基础设施短缺等因素，工业化进程缓慢，经济发展潜力和人口红利无法有效释放。根据 IMF 数据，2017 年印度公共资本存量为 9.8 万亿美元，排名第 3 位；人均公共资本存量为 7 305 美元，排名第 102 位。当前中国新动能发展迅速，启动新基建将进一步推动新动能发展。从投资看，2019 年高技术产业和社会领域投资分别增长 17.3%、13.2%，增速较整体投资分别快 12.2、8.1 个百分点。从生产看，2019 年高技术制造业、工业战略性新兴产业增加值分别比上年增长 8.8%、8.4%，增速分别较规模以上工业快 3.1、2.7 个百分点；服务机器人、太阳能电池和移动通信基站设备分别比上年增长 38.9%、26.8% 和 14%。战略性新兴服务业企业营业收入增长 12.7%，快于规模以上服务业 3.3 个百分点；信息服务业增加值增长 18.7%，持续一枝独秀（见图 2.9）。

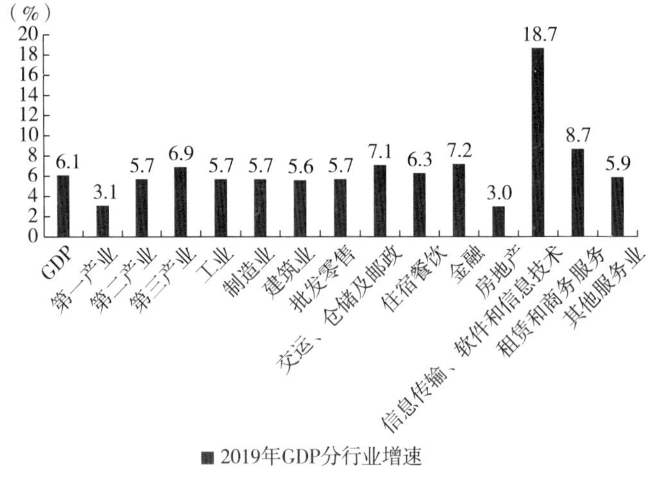

图 2.9　信息服务业一枝独秀

资料来源：Wind，泽平宏观。

第三节　新基建的五大新理念

启动“新”一轮基建，关键在于“新”，要用改革创新的方式推动新一轮基础设施建设，而不是简单地重走老路，导致产能过剩、资源浪费和“鬼城”现象。未来“新”一轮基建主要应有五“新”。除新领域外，新基建还应有新地区、新主体、新方式，以及涉及深层次体制机制改革的软基建。

一、新领域：新型科技基建 + 传统领域补短板

新领域指调整投资领域，在补齐铁路、公路、轨道交通等传统基建的基础上大力发展 5G、特高压、人工智能、工业互联网、智慧城市、城际高速铁路和城际轨道交通等新型基建。以下以央视报道的部分领域为例，分析其应用领域。

新一代移动通信技术将赋能未来，驱动人类社会进入万物互联时代。5G 与云计算、物联网、人工智能等领域深度融合，将形成新一代信息基础设施的核心能力。5G 网络较 4G 具有高传输、低延迟、广连接的显著提升（见图 2.10）。5G 具有跨界融合的天然属性，与新一代 ICT 技术、传统行业、新兴终端融合，未来将产生更多新产业、新业态和新模式。其应用场景主要包括增强型互联网，应用于 8K（超高清视频技术）视频、3D（三维）视频、云办公、云游戏、增强现实等；海量连接物联网，应用于智慧城市、智慧家居；超低时延、高可靠通信，应用于工业自动化、自动驾驶等。在数字经济浪潮下，5G 如同

“信息高速公路”，为庞大的数据量和信息量的传递提供了高速传输信道，补齐了制约人工智能、大数据、工业互联网等在信息传输、连接规模、通信质量上的短板；人工智能如同云端大脑，依靠“高速公路”传来的信息学习和演化，完成机器智能化进程；工业互联网如同“桥梁”，依靠“高速公路”联结人、机、物，推动制造走向“智造”。

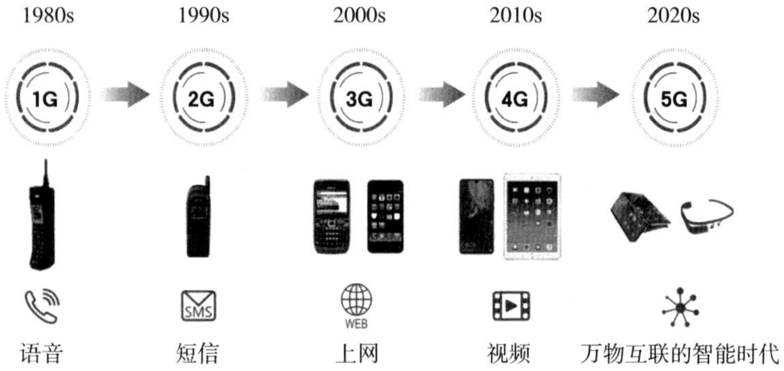

图 2.10　十年一代，5G 将开启移动通信新纪元

资料来源：华为，泽平宏观。

特高压是建设能源互联网、保障能源供应安全的关键一环。中国发电量、能源生产总量位居世界第一，但人均耗能与发达国家有较大差距，随着人民生活水平的提高，未来还有较大的提高空间。同时，以 5G 基站、大数据中心为代表的信息新基建领域均是耗电大户。从区域看，中国 80% 以上的煤炭、水能、风能和太阳能资源分布在西部和北部地区，70% 以上的电力消费集中在东中部地区，资源分布消费严重不均。上述情况迫切需要中国进一步开发新能源以保障能源供应，而风电、太阳能等新能源发电具有的随机性、波动性亟须建立清洁能源大规模开发、大范围配置、高效利用的能源互联网，即“智能电网＋特高压电网＋清洁能源”。特高压的输电能力是现有直流电网的

5~6倍，具备输送容量大、送电距离长、走廊利用率高、线路损耗低的特点。特高压能更好地连接电力生产与消费，并变输煤为输电，改善生态环境。此外，特高压工程建设能够推进包括换流阀、电力电子、新材料等高端装备制造的发展，符合国家产业转换和升级的趋势。

充电桩是中国新能源汽车发展的重要基础设施，新能源汽车是推进制造强国和网络强国建设的重要支撑和融合载体。如图2.11所示，中国新能源汽车行业快速发展。2019年12月工信部发布《新能源汽车产业发展规划（2021—2035年）》（征求意见稿），规划到2025年新能源汽车销量占比达20%，有条件自动驾驶智能网联汽车销量占比30%；到2030年，新能源汽车销量占当年汽车总销量的40%，有条件自动驾驶智能网联汽车销量占比70%。截至2020年1月底，中国已建成公共充电桩53.1万台，私人充电桩71.2万台，私人充电桩建设远不及预期。假设2025年中国新能源乘用车销量达450万辆，保有量达2 300万辆，即使按照目前车桩比3.5计算，国内仍需新建约530万台充电桩，如果考虑车桩比提升，则市场空间更大。2020年预计我国将新增公共充电桩16万台，其中公共直流桩6万台，公共交流桩10万台；新增私人桩30万台。参考国家电网充电桩中标价格，按照公共直流桩8万元/台、交流和私人充电桩3 000元/台的成本计算，2020年投资规模将超百亿元。

城际高铁、城际轨道交通是推进城市群一体化、都市圈同城化的"血脉"。中国高铁里程、城市轨道交通里程已居世界前列，但人均水平仍较低，未来仍有很大发展空间。根据2016年版《中长期铁路网规划》，2030年基本实现内外互联互通、区际多路畅通、省会高铁连通、地市快速通达、县域基本覆盖。从国内外经验看，城市发展的高级形态是都市圈和城市群。2014年《国家新型城镇化规划（2014—2020年）》提出规划建设19个城市群；2019年2月国家发改委《关于培育发展现代化都市圈的指导意见》要求，打造1小时通勤圈，促进都市圈内同城化。2019年9月国务院发布《交通强国建设纲要》，要求到2035年基本形成“全国123出行交通圈”（都市区1小时通勤，城市群2小时通达，全国主要城市3小时覆盖）和“全球123快货物流圈”（国内1天送达，周边国家2天送达，全球主要城市3天送达）。通过加强城际高速铁路和城际轨道交通建设投资，促进基础设施互联互通，是推进城市群和都市圈发展的基础。

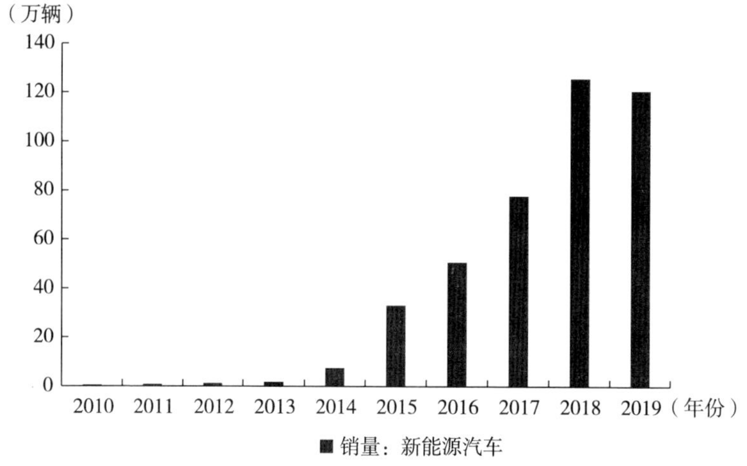

图 2.11　中国新能源汽车行业快速发展

资料来源：Wind，泽平宏观。

二、新地区：在人口流入的城市群和都市圈适当超前基建，最大化经济社会效益

随着人口负增长临近，未来越来越多的地区面临人口收缩，但城市群和都市圈人口仍将持续流入。由于生育率持续低迷，出生人口持续下滑，中国人口总量将在“十四五”时期见顶，即进入人口存量博

弈时代。与此同时，2019 年中国城镇化率为 60.6%，而发达国家平均约 80%，中国还有很大的发展空间，但未来新增城镇人口将更多地向都市圈和城市群集聚。我们通过几十个代表性经济体上百年城市化历史研究发现，人口流动的基本规律是“人往高处走，人随产业走”，在城镇化中后期，人口迁移将从城镇化转为都市圈化和城市群化。我们预测，到 2042 年中国城镇人口达到峰值时，新增 1.9 亿城镇人口约 80% 将分布在 19 个城市群，约 60% 将分布在长三角、珠三角、京津冀、长江中游、成渝、中原、山东半岛七大城市群。

一方面，基础设施最终是为人和产业服务的，对人口流入地区，要适当放松地方债务要求，不搞终身追责制，以推进大规模基建。都市圈和城市群是中国经济和人口的主要载体，当前轨道交通、城际铁路、教育、医疗等基础设施短板明显，并且伴随人口持续流入，未来问题将更为突出。当前 19 大城市群，以全国 1/4 的土地集聚 75% 的人口，创造 88% 的 GDP，其中城镇人口占比 78%；24 个人口超过 1 000 万的大都市圈，以全国 6.7% 的土地集聚 34.7% 的人口，创造 53.8% 的 GDP。有观点认为，应该通过控制大城市规模而不是加大改善城市基础设施来治理“大城市病”。过去“小城镇派”的“控制大城市规模、积极发展中小城镇、区域均衡发展”的计划经济思想，导致人地错配、供求分离，一、二线城市高房价，三、四线城市高库存。2019 年 12 月，习近平总书记在《求是》发表文章《推动形成优势互补高质量发展的区域经济布局》，要求尊重产业和人口向优势区域集中的客观规律，经济发展条件好的地区要承载更多产业和人口。

以北京为例，1983 年《北京市城市建设总体规划方案》要求 2000 年常住人口控制在 1 000 万左右，但 1986 年即被突破；1993 年《北京城市总体规划（1991—2010 年）》要求 2010 年常住人口控制在 1 250 万，但 2005 年即被突破；2005 年《北京城市总体规划（2004—

2020年)》要求2020年常住人口控制在1 800万，但2010年即被突破。2019年北京市常住人口2 154万人，大数据测算的实际管理服务人口可能已超过2 500万人。当前北京的大城市病主要缘于过去城市规划长期刻意控制人口，从而导致土地、轨道交通、公路、教育、医院等均供给不足。比如，在交通方面，北京市2019年有机动车637万辆、私人汽车497万辆，而东京圈2014年机动车和私人汽车分别有1 602万辆、1 200万辆；虽然东京圈汽车保有量远超过北京，但通过大规模轨道交通建设、高额停车费降低汽车出行比例等改善交通，2019年北京市轨道交通运营长度仅699千米，而纽约都市区、东京圈、首尔圈高达3 347、2 705、1 098千米（见图2.12）。如图2.13所示，在轨道交通、公共（电）汽车、小汽车、出租车四种主要出行方式中，当前东京圈轨道交通出行比例为61.1%，东京都区更是高达80.8%，而北京中心城区仅为27.8%。

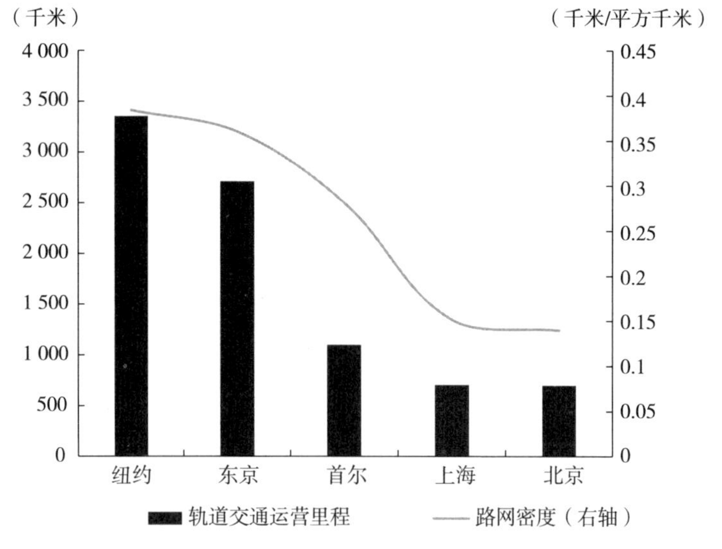

图2.12　中国大城市轨道交通建设明显滞后

资料来源：中国城市轨道交通协会，泽平宏观。

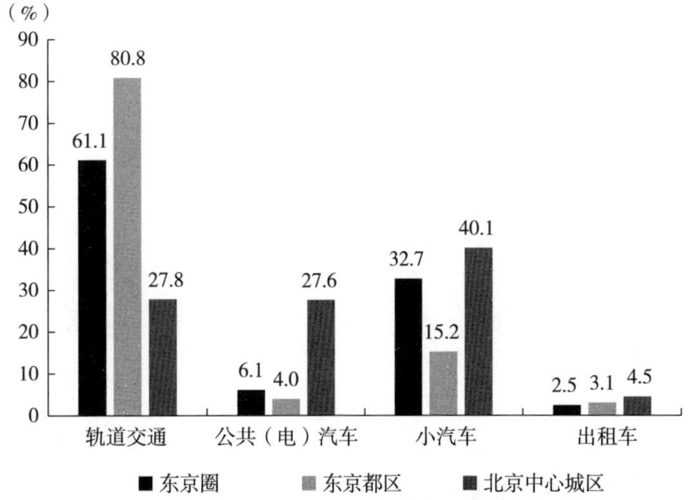

图 2.13 北京轨道交通出行比例明显较低

资料来源：日本总务省统计局，泽平宏观。

另一方面，对人口流出地区，要区别对待，避免因大规模基建造成明显浪费。当前中国地区收缩、城市收缩现象已经出现，未来这种现象将越来越多，并且主要是欠发达地区、中小城市。从地级行政单元来看，扣除数据缺失地区外，2001—2010 年、2011—2018 年人口减少的收缩地区从 87 个降至 46 个，占比从 25.8% 降至 13.6%，这主要是因为东部农民工回流中西部；人口正增长但低于自然增长的净流出地区从 87 个升至 160 个，占比从 25.8% 增至 47.5%；人口正增长且高于自然增长的净流入地区从 162 个降至 116 个，占比从 48.1% 降至 34.4%。随着自然增长率逐渐下行乃至转负，人口减少地区必将越来越多。从现实看，不少地区政府债务水平比较高，2018 年末西部、东北地区地方政府债务余额与 GDP 比值高达 30.5%、34.5%，而东部、中部分别为 15.1%、18.7%（不含未公开债务数据的河北、湖北），其中青海、贵州分别为 64.2%、57.6%。2018 年西部、东北地区政府债务余额与 GDP 比值见图 2.14。因此，对于人口流出地区，基建要从促公平、保基本，“一带一路”倡议，国家军事安全，能源安全等角度考虑，防止无效投资造成明显浪费，加剧政府债务压力。

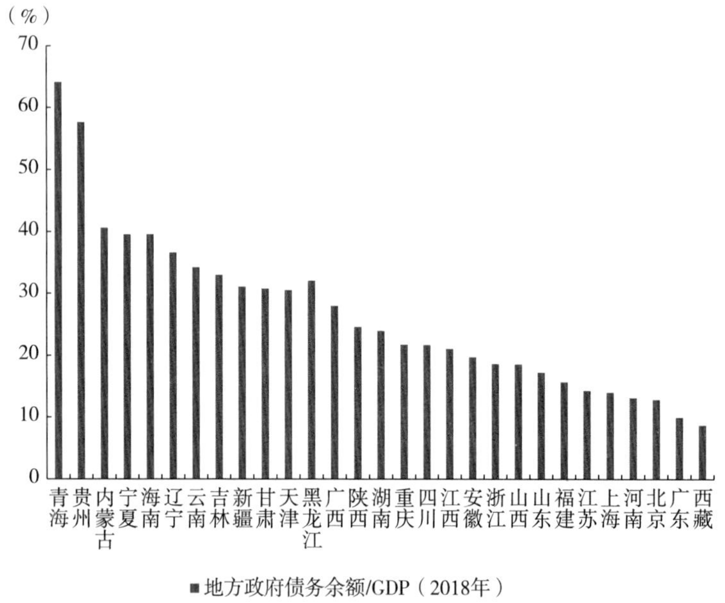

图 2.14　西部、东北地区政府债务水平较高

资料来源：Wind，泽平宏观。

三、新主体：进一步放开基建市场准入，对民间资本一视同仁

一是建议进一步放开基建投资领域的市场准入，尤其是为民营企业参与基建投资拓展渠道、消除限制。全面实施市场准入负面清单，对于清单之外的所有行业、领域，都要给予各市场主体公平参与的机会，真正做到非禁即入、平等竞争。要合理确定投资资格，不得设置超过基础设施项目实际需要的注册资本金、资产规模、银行存款证明

或融资意向函等条件，不得设置与项目投融资、建设、运营无关的准入条件。

在传统基建领域，当前民间投资仍存在较高的准入门槛。以统计局最后公布分行业固定资产投资绝对额的2017年为例，民间投资在全部固定资产投资中占比60.4%；其中，在制造业、农林牧渔业、文体娱乐业中分别占比87.2%、76.0%、57.3%，但在水电燃气、交运仓储邮政业、水利环保公用事业三大基础设施领域中仅分别占比38.2%、20.3%、22.6%，合计占比24.5%（见图2.15）。

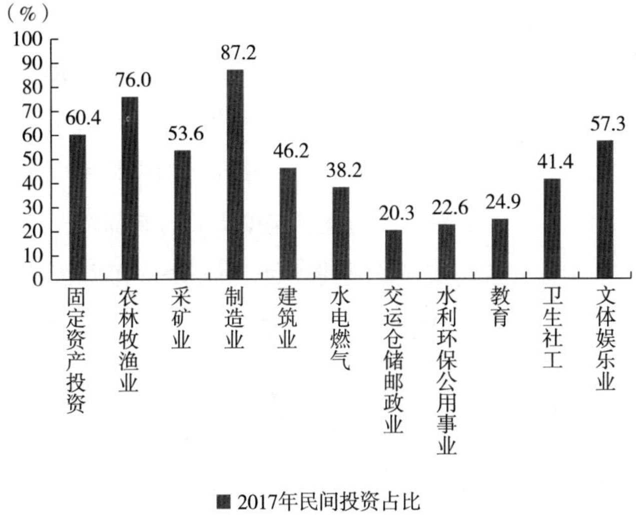

图2.15　三大基建领域民间投资合计占比仅24.5%

资料来源：Wind，泽平宏观。

二是在信息类新基建领域，除5G基站、公共大数据中心等项目外，政府应充分让市场发挥资源配置的决定性作用，主要通过制定行业规则、设施标准、产业规划布局等，推进市场有序运行。信息领域基础设施与传统基础设施不同，不少项目具有明显的商业化价值，一些企业已经进入或正考虑进入。对商业化价值低但又非常有必要的，涉及公共信息的，或市场整合难度比较大的信息类新基建，政府应积极主导或牵头。

四、新方式：规范推动 PPP 引入私人资本，对信息类新基建给予专项配套政策支持

一是在资金来源方面，要规范并推动 PPP 融资模式，引进私人资本提高效率，拓宽融资来源。同时实行积极的财政政策，平衡财政转向功能财政，上调赤字率和专项债发行规模。要适当扩大赤字率，赤字率可以突破 3%，赤字总额可以达到 3 万亿元，为减税降费以及扩大基建的支出腾挪出空间。增加专项债额度，建议从 2019 年的 2.15 万亿元上调至 3 万亿 ~3.5 万亿元。当前中国政府杠杆率可控，并且背后有庞大的国有资产支撑，政府尤其是中央政府有加杠杆空间，可通过发行特别国债支持特定阶段基建项目。据 BIS（国际清算银行）数据，2019 年第三季度中国政府总杠杆率为 52.5%，较 2018 年提高 4.4 个百分点，远低于 G20（20 国集团）的均值 82.7% 和发达国家的均值 99.0%，与发展中国家的均值 49.9% 相当。

二是对信息类新基建给予专门的财政、金融、产业等配套政策支持。因信息类新基建大多属于新技术、新产业，需要不同于旧基建的财政、金融、产业等配套政策支撑。财政政策方面，研发支出加计扣除，高新技术企业低税率；货币金融政策方面，在低息融资、专项贷款、多层次资本市场、并购、IPO、发债等方面给予支持；产业政策方面，纳入国家战略和各地经济社会发展规划中。

三是做好统筹规划，防止“一拥而上”和重复建设，或“新瓶装旧酒”，造成大量浪费。要充分吸取过去基建的经验与教训，做好统

筹规划，明确发展重点和次序，地方制定投资项目需要充分考虑实际，不能盲目硬上，防止造成无效投资、产能过剩等。

有观点认为，大搞减税基建将增加地方债务负担，财政收支平衡压力大。我们认为，这种观点目光短浅，在经济下行压力大的时候财政还要保证收支平衡，将使企业和居民雪上加霜，财政应该搞跨期平衡，从平衡财政转向功能财政。只要中国经济繁荣发展，人民安居乐业，何愁未来财政问题。如果百业萧条，财政何谈平衡。

还有观点认为，财政政策对民间投资有挤出效应。我们认为，不能只讲挤出效应，财政政策还有外溢效应、带动效应、规模效应。同时，在推进新基建的过程中，要优化财政投资方向和结构，更好地发挥财政资金的撬动作用，提高财政资金的使用和配置效率。

中国过去有两轮大的刺激计划，一次是 1998 年应对亚洲金融危机，另一次是 2008 年应对全球金融危机。这两轮刺激计划最大的不同是，2008 年是短时间一次性投入，而 1998 年是陆续投入。2008 年 11 月宣布在 2010 年底前投入资金 4 万亿元，2009 年基建投资增速达 42% 的历史峰值，政策用力过猛，虽然总体以成绩为主，但是出手太快、太重带来很多负面效果。而 1998 年中期启动以增发国债为主要内容的积极财政政策，到 2004 年连续七年，实际赤字率从 1997 年的 0.7% 上升到 2002 年 2.6% 的阶段峰值，随着后续经济复苏和财政政策从积极逐渐转为稳健，2005 年赤字率回落到 1.2%。1998 年财政部发行 2 700 亿元特别国债（期限为 30 年），用于向工、农、中、建四大国有银行补充资本金，并且为加强基建等，当年增发长期国债 1 000 亿元，1999 年为 1 100 亿元，2000—2002 年均为 1 500 亿元，2003 年为 1 400 亿元，2004 年为 900 亿元。因此，对这一轮新基建，绝不要一年干完，而应做一个中期投资规划，有节奏地、分批有序地推进。

五、软基建：推进深层次体制机制改革，提高治理能力，优化营商环境

新时代不仅需要硬的新基建，还需要软的新基建。从广义的角度讲，基础设施除物质性的“硬”基建，还包括涉及深层次体制机制改革、反映国家治理能力的“软”基建。

近年经济社会领域“疫”情频发，经济持续下行，先后遭遇2015年股灾，2018年中美贸易摩擦，2019年民营经济离场论、猪价大涨，2020年新冠肺炎疫情等重大挑战，暴露出经济社会大转型背景下，一些政策一刀切、层层加码、误伤民企与中小企业，部分领域改革进程缓慢、民生投入不足、科技创新短板、舆论监督缺位、社会治理无序等问题，制度短板凸显，值得深思，深层次体制机制改革的紧迫性提升。

对此，我们建议：加强舆论监督和信息公开透明，建立“吹哨人保护法案”，补齐医疗短板，改革医疗卫生体制，加强公共卫生应急体系建设，加大汽车、金融、电信、电力等基础行业开放，加大知识产权保护力度，改善营商环境，大幅减税降费，尤其是社保缴费费率和企业所得税，落实竞争中性，建立居住导向的新住房制度和长效机制，发展多层次资本市场，建立新激励机制调动地方政府和企业家积极性等。

比如，在营商环境方面，近年来中国进步明显，但仍有较大的提高空间。根据世界银行《2020年营商环境报告》，2019年中国营商环境全球排名再度提升15位至第31位，跻身全球前40，连续两年入列全球优化营商环境改善幅度最大的十大经济体。在国际上，新西兰、新加坡名列前两位，韩国、美国、英国分别位居第5、6、8名，德国位居第22名，日本位居第29名。从分项指标看（见图

2.16)，2018—2019 年中国在开办企业（27/190）、获得电力（12/190）、登记财产（28/190）、保护少数投资者（28/190）和执行合同（5/190）方面均好于美国，其他排名如获得信贷（80/190）、纳税（105/190）、办理破产（51/190）与美国存在较大差距。比如，中国开办企业时间是美国的约 2.0 倍，2019 年中国开办企业时间为 8.6 天，美国为 4.2 天。

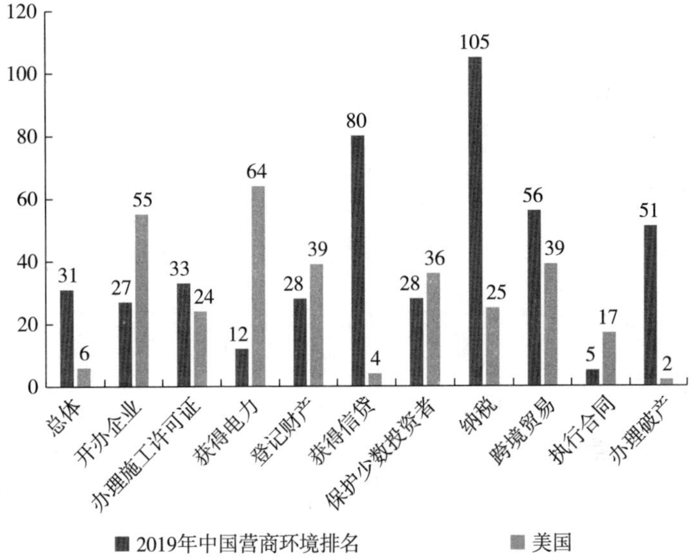

图 2.16　中国在获得信贷、纳税等方面与美国差距明显

资料来源：世界银行，泽平宏观。

第三章

5G：引领新一轮产业革命和大国竞争

通信基础设施为数字经济提供底层支撑，是各国发展高科技和保障战略安全的必争之地。欧、美主导了 1G 到 4G 的发展，美国在 4G 的领先地位累计带动了 1 万亿美元的产出及年均 4 750 亿美元的 GDP 增长，巩固了其科技霸主地位。未来 5G 将以万亿美元级的投资拉动十万亿美元级的下游经济价值，是中美博弈的关键领域。

中国移动通信行业经历了 1G 空白、2G 落后、3G 追随、4G 同步的发展历程，终于在 5G 时代走在了前沿。历史经验表明，前瞻性的基础设施建设可转化为产业生态优势，从而占领新一轮全球科技竞争的制高点。我们建议应推动以 5G 为代表的新型基础设施建设，深化产学研融合，并促进 5G 与工业互联网、车联网、人工智能等垂直行业应用融合发展，加速形成 5G 创新生态。*

---

* 本章作者：任泽平、连一席、陈栎熙。

第一节　5G时代来临

一、5G有三大应用场景

5G是第五代移动通信技术的简称。与4G相比，5G在用户体验速率、连接设备数量、时延方面具备明显优势。速率上，5G基站峰值速率和用户体验速率达到20Gbps（千兆比特每秒）、100Mbps，分别为4G的20倍、10倍；连接设备数量可达100万终端/平方千米，为4G的10倍；网络时延可由4G时代的10ms（毫秒）降低到1ms。5G与4G关键性能指标对比见表3.1。

表3.1　5G与4G关键性能指标对比

指标	5G	4G
基站峰值速率	20Gbps	1Gbps
用户体验速率	100Mbps	10Mbps
频谱效率	3x	1x
流量密度	10Mb/s/m	0.1Mb/s/m
移动性能	500km/h	350km/h
网络能效	100x	1x
连接密度	100万终端/平方千米	10万终端/平方千米
时延	1ms	10ms

资料来源：C114通信网，泽平宏观。

注：Mb为兆比特。

根据ITU（国际电信联盟）的愿景，5G将主要面临三大应用场景：eMBB（增强移动带宽）、mMTC（大规模物联网）、uRLLC（超高可靠与低时延通信）。eMBB场景要求大带宽，对应的是人与人之间极致的通信体验，对应的是3D/超高清视频等大流量移动宽带业务；mMTC和uRLLC则是物联网的应用场景，mMTC要求广连接，满足物与物之间的通信需求，面向智慧城市、环境监测、智能农业、森林防火等以传感和数据采集为目标的应用场景；uRLLC对时延和可靠性具有极高的指标要求，面向如车联网、工业控制等垂直行业的特殊应用需求。我国亦为5G定义了四大应用场景——连续广域覆盖、热点高容量、低功耗大连接和低时延高可靠，主要是进一步把移动宽带划分为连续广域覆盖和热点高容量。

二、移动通信经过1G到4G的演进，正式向5G迈进

移动通信技术每十年更新一代，目前经过1G到4G的演进。第一代无线通信技术发展于20世纪50—60年代，70年代推出，80年代正式投入使用。根据行业发展规律，移动通信技术每隔10年就会出现一次代际变更，如今经过几十年的发展，已经完成1G到4G的演进，2020年伊始正在向着5G全面迈进。

1G到4G传输效率不断提高，应用场景不断扩展。1G网络为模拟信号，仅具备语音通信能力，传输速度仅为2.4kbps（千比特每秒）；2G网络发展于20世纪90年代，由1G时代的模拟信号转换为数字信号，支持文本和语音通信，传输速度提升至64kbps；3G被视为移动通信新纪元的关键，3G网络拥有高频宽和稳定的传输，并实现了互联网接入，视频电话和大数据传输变得更加普遍，移动通信有了更加广阔的应用，支持移动网络的平板电脑也是在这个时代出现的；

4G 时代网络应用全 IP（国际互联协议）组网，传输速度是 3G 的 10 倍，实现智能手机、平板电脑等无线终端设备的普及，孕育了直播、移动购物、移动社交等多种广阔的应用场景。

5G 网络具有低时延、广连接、大带宽三大特点，后续将会促进物联网、车联网、VR、AR 等应用场景的不断成熟，推动社会进步和人类生活方式的变革。1G 到 5G 的演化见表 3.2。

表 3.2　1G 到 5G 的演化

移动通信技术	1G	2G	3G	4G	5G
发展时间	20 世纪 80 年代	1990 年	2003 年	2009 年	2019 年
技术特征	FDMA（频分多址）	TDMA（分时多址）	CDMA（码分多址）	OFDMA（正交频分多址）	NFV（网络功能虚拟化）
应用场景	语音通信	文本语音通信	音乐、图片、视频	直播、移动购物、移动社交	AR/VR、车联网、智慧城市
体验速率	2.4kbps	64kbps	2~10Mbps	10Mbps	100Mbps

资料来源：C114 通信网，泽平宏观。

第二节　5G 是全球新一代信息技术制高点

一、5G 将以万亿美元级的投资拉动十万亿美元级的下游经济价值

5G 对经济的贡献可分为直接和间接两个方面。5G 的直接贡献为带动电信运营商、相关设备企业和信息服务业务的快速增长。在 5G

商用的初期，电信运营商首先投资于5G基站等网络基础设施，拉动对于5G设备的投资；在5G商用的中后期，大量社会资本涌入，成立相关互联网企业提供5G相关信息服务，带来大量收入。5G的成熟会激活现有行业并创造新的场景与需求，间接刺激经济的增长。5G技术首先能达到eMBB标准，促成AR/VR等家庭娱乐需求的率先成熟，带动终端设备及内容的爆发。随着网络建设的逐步完善，达到低时延高可靠和大带宽的标准后，工业4.0、车联网、智慧城市、智慧医疗等广阔的应用场景也会逐步被激发。

参考4G发展历史，美国在4G时代的领先地位为其带来了巨大的经济贡献和就业机会。2010年12月，美国最大的移动运营商Verizon Wireless（威瑞森无线公司）开始大规模商用FDD-LTE（长期演进技术），标志着美国开始主导4G技术。无线通信行业具有乘数效应，每投入1美元可以带动3.2美元GDP增长，每增加1个工作岗位可以带动7.7个相关工作岗位。CITA（美国无线通信和互联网协会）统计，2010年以来，无线通信行业累计创造了470万个相关工作岗位，累计带动了1万亿美元的产出，每年为美国GDP增长贡献了4 750亿美元。

中国有最广阔的无线通信市场，在5G时代掌握主动权可以带来巨大的经济利益，同时5G也是决定中国在全球新一代信息技术竞争地位的关键。中国信通院统计，预计到2030年，中国5G直接贡献的总产出、经济增加值分别为6.3万亿元、2.9万亿元；间接贡献的总产出、经济增加值分别为10.6万亿元、3.6万亿元。5G对中国经济产出和GDP的贡献见图3.1及图3.2。

二、5G产业安全对国家安全具有重要意义

5G被广泛应用于国民经济、军事等领域，5G安全对国家安全具

有重要意义。电信业作为战略性行业，对于国家战略安全具有重要意义。而随着5G的不断成熟并在各个领域逐步应用，移动通信网络、社会关系网络、国家治理高度融合，5G产业安全与国家总体安全的联系越发密切。

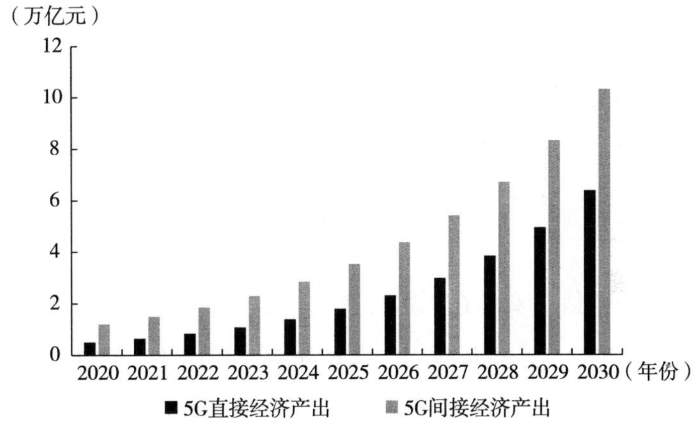

图3.1　5G对中国经济产出的贡献

资料来源：中国信通院，泽平宏观。

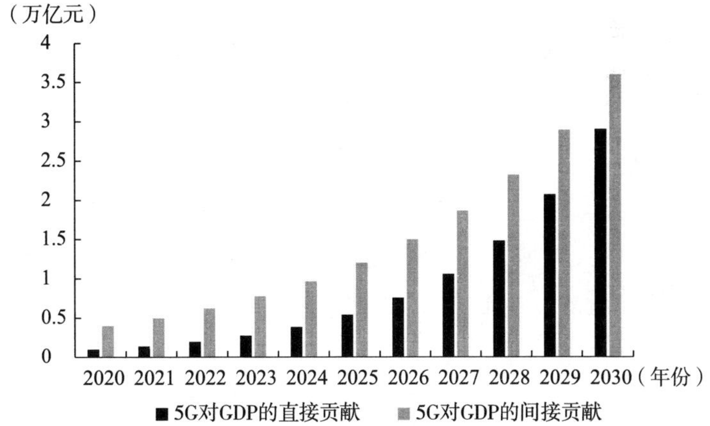

图3.2　5G对中国GDP的贡献

资料来源：中国信通院，泽平宏观。

5G 产业安全体现在 5G 产业链安全、信息安全、网络安全等多个领域。

第一，5G 产业链的安全又可具体分为技术安全、设备安全和终端安全。在 5G 发展过程中，我国通信行业遭遇了以美国为首的相关国家以 5G 安全问题为由进行的全方位打压。2018 年 4 月，美国禁止中兴购买美国公司敏感产品，中兴业务一度陷入停摆，随后美国又多次对华为进行打压，对其 5G 设备进行封杀。中国只有在 5G 技术积累、设备制造以及终端操作系统、技术标准等方面取得优势，才能在层层重压下保证 5G 产业链的安全，赢得 5G 产业正常与稳定发展的环境。

第二，5G 信息安全在万物互联时代面临更大的考验。未来随着物联网技术进一步成熟与应用，人际互联网和物际互联网并行发展，高度融合。未来每平方千米范围内终端连接数量可达百万量级，社交网络、无人驾驶、远程医疗产生的海量信息将给 5G 信息安全带来前所未有的挑战。

第三，5G 网络安全对保障国家安全与经济社会稳定具有重要意义。网络功能虚拟化、网络切片等新技术的应用会使 5G 网络更易受到攻击。未来 5G 将广泛应用于工业制造、物联网、车联网等重点行业，此时一旦遭遇网络攻击，经济社会稳定和人民生产生活将会遭受严重损失。

在未来的大国博弈中，5G 是否领先决定了一个国家能走多快，而 5G 安全防御能力则注定了一个国家能走多远。

第三节　5G 的国际竞争格局

通过对频谱可用性、5G 部署进度、政府相关政策扶持与财政支持、行业企业投入情况、市场空间等多方面因素的对比，可见中美两国处于领先地位。中国在各方面准备均较为充分，美国由于缺乏丰富的 Sub-6［频率范围为 450~6 000MHz（兆赫兹）］频段，在频谱资源可用性上较落后。韩国对于 5G 的重视程度高，在 5G 的研发投入、技术储备、商用部署上均较为领先，然而受到自身人口的限制，韩国 5G 市场空间较小，不足以培育 5G 广阔的应用场景。日本在标准贡献、企业及商用进度上落后于中、美、韩，5G 研究上重点针对以 eMBB 为主的应用研究。欧盟区的目标不是赢得 5G 竞争，而只是力求保持竞争力。在欧盟区内部，5G 战略主要基于国家层面，欧盟只能扮演一种协调角色。欧盟各成员国 5G 建设参差不齐，整体进度较慢。全球 5G 竞赛国家排名见图 3.3。

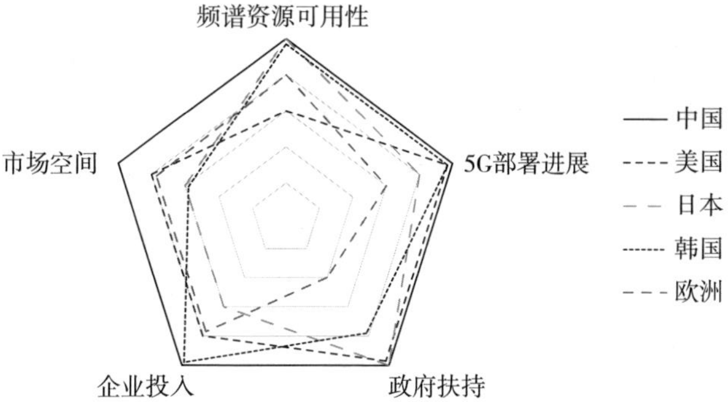

图 3.3　全球 5G 竞赛国家排名

资料来源：泽平宏观。

一、战略之争：中国将 5G 引领纳入国家战略，美国不断施压遏制中国崛起

（一）中国：政府主导，企业攻坚，研发、网络建设、产业化全面推进

我国 5G 布局以政府为主导积极推动产业发展。我国政府高度重视 5G 发展，提出“5G 引领”的发展目标，将 5G 纳入国家战略，在《中华人民共和国国民经济和社会发展第十三个五年规划纲要》（简称《“十三五”规划》）、《国家信息化发展战略纲要》等规划中对 5G 发展做出明确部署，要求在 5G 方面成为技术、标准、产业、服务与应用的领先国家之一，综合竞争实力和创新能力进入世界前列。为实现该目标，在国家层面支持下，从制定标准、研发、发展网络基础设施技术、建立产业链到参与重点应用情景等方面全面推进。

中国政府积极扩大标准制定的影响力。2013 年，我国工信部、发改委及科技部联合成立了 IMT（国际移动通信）–2020（5G）组织，积极推进标准的编制，后续国内及国际的移动通信运营商及设备商均纳入组织。目前我国 5G 方面标准必要专利达到全球第一的水平。研发方面，政府积极推动 5G 产学研一体化。在推进组框架下，政府规划并指导完成了全球首个 5G 测试项目，并在 2018 年底提前完成第三阶段的 5G 研发测试。在网络基础设施建设上，中国倡导新基建并利用财政政策大力扶持。2019 年 12 月初，中国 5G 基站数量已经达到 12.6 万个。工信部表示，2020 年底争取实现全国所有地级市覆盖 5G 网络。产业化方面，政府一方面积极推动 5G 商用，另一方面培育成熟的生态环境，促进下游应用的开发。2019 年 6 月，我国工信部正式向三大运营商及中国广电下发了 5G 商用牌照。2019 年 10 月，三大运营商纷纷推出了 5G 套餐，我国正式进入 5G 商用元年。积极的

政府支持和产业资本投资，帮助中国形成了一个自给自足的5G环境。我国致力于打造由设备制造商、芯片供应商、电信运营商、应用和平台提供商组成的丰富生态系统。随着对5G服务需求的增加，应用程序开发商等新公司和设备销售将会蓬勃发展。这将为电信和硬件制造商带来新的收入，并使互联网公司和应用程序开发商在较长时期内受益。

（二）美国：政府推动，私营部门主导，更新落后法规促进5G投资

美国5G发展主要依靠私营企业投入、研发和推动，在迅速推进5G建设的同时关注网络安全，力求在5G网络竞赛中获得主导权。2018年9月，FCC（美国联邦通信委员会）发布“5G加速计划”，其作为一个全面的5G发展战略，包括三大重要内容：采取措施为5G服务提供更多频谱，向市场投放近5 000MHz的5G高频频谱，并在中低频段以及免许可频段为5G进行有针对性的改变；加快对小型蜂窝设施的各级政府审查，鼓励私营部门投资5G网络；更新5G相关法规，鼓励投资和创新，并确保美国5G通信供应链的完整和安全。

（三）日、韩、欧：政府与企业合作，共同推进5G发展

日本积极布局5G，前瞻性地开展应用研究。2014年，日本设立5G移动论坛，推动5G的研究和发展。2016年，日本内政和通信部发布了《2020年实现5G的无线电政策》，提出三项措施：一是举办5G移动峰会，组织协调各机构工作促进5G发展；二是推进政产学研协作，完成频谱分配工作和5G演示；三是在国际电信联盟和第三代合作伙伴计划指导下开展标准制定工作。2018年，日本总务省提出积极推动以eMBB为主的应用研究，重点研究车联网、远程医疗、智能工厂、应急救灾等应用的新型商业模式，要求在2025年前后使“后5G”标准实现商业化，并公布以2030年为设想的频谱利用战略方案。

2019 年 4 月，日本向四家运营商完成了中频段频谱及毫米波的分配。

韩国制定清晰的 5G 发展规划，基础设施建设和商用推进突出。2014 年，韩国未来创造科学部发布了以 5G 发展总体规划为主要内容的“未来移动通信产业发展战略”，决定投入 15 亿美元支持 5G 发展，并在 2020 年推出全面 5G 商用服务。同年，韩国政府设立由公立及私营部门，电信服务商和制造商代表、专家组成的 5G 论坛，推动 5G 标准化及全球化。2017 年，韩国发布 5G 频谱规划，对 5G 中频段及毫米波频谱资源进行划分。2018 年韩国冬季奥运会期间，韩国电信联合国内外多家运营商和设备商推出 5G 服务，开创了 5G 全球首次商用。2019 年 2 月，韩国公布《5G 应用战略推进计划》，致力于建设基础环境，提出提前分配 5G 频谱资源，为新建 5G 网络减税等政策。同年 4 月，韩国三大运营商正式推出 5G 服务，韩国成为全球首个启用民用 5G 网络的国家。韩国还发表了“5G+ 战略”，选定五项核心服务和十大“5G+ 战略产业”。

欧洲注重欧盟内部标准统一，力求在 5G 竞赛中保持竞争力。欧盟 5G 建设战略主要有三点。一是北欧五国充当“先锋”，领跑欧盟 5G 发展进程。二是英、法、德等国将 5G 研究和发展作为争夺未来工业 4.0 制高点的战略举措。三是重点突出 5G 的网络安全举措。为达到战略目标，欧盟主要采取以下三大举措。第一，全力支持 5G 移动通信标准化活动。“标准”是 5G 将来取得市场化成功的关键。欧盟以直接出资或政策扶持的形式刺激民间资本投入 5G 标准制定工作，并为各标准制定组织之间的相互协调提供支持。第二，制定统一的 5G 试验路线图。根据欧盟发布的《5G 行动计划》，欧洲 5G 试验共分为两个阶段：第一阶段截至 2018 年，欧洲各国以“独立试验联盟”的形式开展 5G 试验，验证新兴的 5G 能力，并培育相应的 5G 生态系统；第二阶段为首批 5G 国际标准冻结后，欧洲移动通信业需就 5G 试验规范达成一致，而且要在进行 5G 试验时尽可能地采用符合 5G 标准的系统。第三，推动5G生态系统的建设。欧盟5G PPP除了对5G研究与创新项目给予财政资助外，欧盟委员会还应该考虑分配一部分资金给进行5G技术试验与验证的垂直行业，并建立“5G创投基金”，以培育新一波与5G相关的创业与创新。

二、部署之争：中国Sub-6频段丰富，领跑5G部署

丰富的Sub-6频段资源是5G部署取得先发优势的关键。国家5G部署受到国家战略、运营商投资、频谱资源分配等多方面影响。其中频谱资源分配是最关键和基础的因素。目前世界主流国家主要采用Sub-6和毫米波两个频段对5G进行部署，其中Sub-6具有覆盖范围广、建设成本低的特点，而毫米波作为5G新开发频谱，覆盖范围小，相关技术尚不成熟，部署成本远高于Sub-6频段，因此，世界主流国家均选择Sub-6作为5G初期建设的主要频段。

（一）频谱分配：中国优先发展中频段，美国中频资源不足，转向毫米波

中国和欧洲在5G发展初期率先布局中频段，美国优先发展毫米波，日本和韩国完成三重频谱分配。中国在中频段向移动业务分配了300MHz频谱，分布在3.4~3.6GHz和4.8~4.9GHz两个频段，并向三家移动运营商颁发了实验用频许可。中国2019年正式开始5G商用。2019年6月6日，工信部向中国电信、中国移动、中国联通、中国广电发放了5G商用牌照。10月31日，三大运营商共同宣布启动5G服务，并发布了5G相应的套餐。欧盟也在《5G行动计划》中提出3 400~3 800MHz频段为欧盟2020年前5G部署的主要频段。从欧盟角度来看，5G部署没有偏重毫米波频段，而是从不同的低、中、高频段

满足不同的5G需求。韩国抢跑毫米波，低频资源分配不足。韩国在2018年6月成功拍卖了3 420~3 700MHz频段频谱共280MHz，26.5~28.9GHz频段频谱共2.4GHz，成为第一个完成毫米波分配的国家。但韩国低频资源分配相对不足，共分配低频谱资源477MHz，在国际主流国家中排名倒数第二。由于低频资源稀缺，韩国在2016年进行700MHz频段的2×20MHz频谱拍卖时，由于价格昂贵而流拍。日本高、中、低频段均分配了丰富的频谱资源，已经为四家运营商分配5G频谱，涉及39GHz、28GHz、4.5GHz、3.7GHz等多个频段。

美国中段频谱主要是军用或商用，在划分上比较困难，因此美国在5G建设上采取毫米波优先的战略，把拍卖高频频谱作为优先发展规划，分配了丰富的高频谱资源。美国频谱分配情况如表3.3所示。美国于2016年、2017年连续两年发布了5G频谱规划，授权包括24.25~24.45GHz、24.75~25.25GHz、47.2~48.2GHz、27.5~28.35GHz、37~40GHz、64~71GHz等频段用于5G，共计12.55GHz。目前，美国已经完成三次全国性频谱拍卖，24GHz、28GHz、37GHz，39GHz、47GHz多个波段均已分配。中频段拥挤，短期难以协调。3.5GHz为国际主流5G建设波段，而美国3.45GHz波段被军用雷达系统占用，很难清理。3GHz和4GHz频谱大部分是美国国防部广泛使用的频段，可用于5G部署的中频段资源非常有限。美国政府提出FCC在2020年底前出售至少280MHz频谱，但实际效果还未可知。积极释放低频资源。FCC对600MHz、800MHz和900MHz频段用途变更，扩大5G业务低频段使用。目前，美国累计释放716MHz低频频谱。

表3.3 美国频谱分配情况

频段	部署规划
低频段	释放了716MHz频谱
	探索2.6GHz频段的共享，以及1.3GHz和1.7GHz频段的开发

续表

频段	部署规划
中频段	目前没有中频释放，美国 Sub-6 频段多为军用或非民用，2019 年底前能进行拍卖的 3.5GHz 频谱只有 70MHz，美国短期内要提高中段频谱可用性面临很大障碍
	要求 FCC 在 2020 年底之前出售 C 波段至少 280MHz 的频谱，远期对 3.7~4.2GHz 频段及更多中频频谱的规划还在进行
高频段	分配了 2.5GHz 毫米波。美国毫米波频段共 12.55GHz 授权频率用于 5G（包括 24.25~24.45GHz、24.75~25.25GHz、47.2~48.2GHz、27.5~28.35GHz、37~40GHz、64~71GHz），其中 37.6~38.6GHz、38.6~40.0GHz 和 47.2~48.2GHz 频段等已完成拍卖
	远期将会征询 26GHz、32GHz、42GHz、50GHz 和 70/80GHz 频段以及 95GHz 以上的频段使用意见

资料来源：美国国防部，泽平宏观。

美国毫米波建设难度较大，成本收益不匹配。毫米波短波长和窄光束的特性限制了传播距离，因此对基站数量要求较高，建设成本成倍于 Sub-6。另外，毫米波很容易被墙壁、树叶和人体等障碍物阻挡，这进一步加剧了基站部署的难度。全球大多数国家未来 5G 生态系统是建立在 Sub-6 中频频谱之上的，美国也将面临毫米波设备通用性的挑战和 Sub-6 基础设施安全问题。无线网络的领导地位要求全球市场认可并遵循领导者制定的频谱频段规范，因此，如果美国继续探索与世界其他国家不同的频谱范围，一方面，会导致 5G 组网缺乏全球供应链基础；另一方面，美国即使在毫米波取得较强的技术优势，由于缺乏追随者，也仍然无法主导 5G 标准话语权，美国本土供应商无法投资研发未来的 5G 产品，会进一步失去市场主导权。

（二）商用进展：5G 商用进度超预期，中、日、韩正式商用

全球来看，5G 商用进展超预期。5G 商用在 2019 年正式启动，

截至 2020 年 1 月，全球共有 121 个国家和地区的 356 家运营商正在进行 5G 计划、试验、部署或已经实现 5G 商用，其中 34 个国家和地区的 62 家运营商已经宣布提供 3GPP（第三代移动通信合作计划）标准下的 5G 商用服务（包括固定接入服务和移动服务），目前运营商公布的 5G 商用规划基本都在 2020 年、2021 年。

如表 3.4 所示，目前中国、韩国、美国及欧洲部分国家均已经实现 5G 商用，日本软银于 2020 年 3 月正式推出 5G 服务。韩国在 5G 商用上走得最快，在 2019 年 4 月率先开展 5G 商用，截至 2019 年底，韩国三家运营商在 5G 网络方面合计部署约 19 万站 AAU（有源天线单元），覆盖了 85% 的城市和 93% 的人口，5G 用户规模达到 500 万。美国部分运营商在 2018 年初期就开始进行小规模 5G 部署，但由于缺乏中频资源，存在信号差、覆盖差的问题。中国在 2019 年 11 月 1 日开始提供 5G 服务，计划在 2020 年底实现全国所有地级市覆盖 5G 网络。

表 3.4　各个国家与地区 5G 商用进展

指标	5G
中国	中国三大运营商在 2019 年 11 月正式推出 5G 商用服务 中国移动提出“5G+”计划，“5G+4G”满足用户数据业务和话音业务需求，“5G+AICDE”推动人工智能、物联网、大数据、边缘计算等新技术紧密结合，提供更多、更丰富的应用 “5G+Ecology”联合设备厂商，通过垂直行业应用构建 5G 生态 中国联通与中国电信达成 5G 共享共建协议，双方合计开通共建共享基站 5 万站，并就各自建设的地理范围做出了详细规划
美国	美国通信企业 AT&T（美国电话电报公司）在 2018 年 12 月采用毫米波推出 5G，计划在 2019 年底实现全国 21 个州覆盖，2020 年初实现全美覆盖 美国通信企业威瑞森 2019 年 4 月在芝加哥的市中心部分地区使用毫米波推出 5G，计划在 2019 年底前完成 30 个城市的 5G 覆盖，尚未发布全美覆盖时间表

续表

指标	5G
美国	美国通信企业 T-Mobile 和 Sprint 合并，T-Mobile 原计划在 2020 年前采用 600MHz 频谱实现 5G 网络全美覆盖，在城市热点区域采用毫米波，2019 年下半年在 30 个城市推出 5G 服务。Sprint 拥有 2.5GHz 频段频谱是其实现广覆盖的竞争力所在
韩国	2018 年 12 月，韩国三大移动通信运营商共同宣布提供 5G 网络服务，韩国成为首个 5G 网络商用国家 韩国三大运营商注重打造 5G 服务生态圈：（1）SK 集团注重 5G 产品广覆盖，致力于高清视频、移动通信、互联网及大数据等诸多领域；（2）KT 公司制订了在智能城市、智能工厂、车联网、传媒、B2B（公司对公司业务）等 5G 领域推出 5G 服务的计划；（3）LG 集团 U+ 推出“U+ 棒球”“U+ 高尔夫”“U+ idol（偶像）”等产品，为用户提供体育赛事和演唱会直播等视频服务
日本	日本计划在 2020 年东京奥运会和残奥会上开展 5G 商用，各运营商将率先在东京都地区启动 5G 商业服务；另外，日本在远程医疗、移动办公、观光领域、8K 影像传输上开展相关实验 2019 年 4 月，日本为四大运营商分配了 5G 中高段频谱，四大电信运营商将在今后 5 年向 5G 建设投入近 3 万亿日元，在全日本分阶段推进 5G 基站建设 软银于 2020 年 3 月 27 日开始 5G 商用服务
欧盟	根据欧盟规划，2020 年各成员国至少选择一个城市提供 5G 服务，2025 年各成员国在城区主要公路、铁路沿线提供 5G 服务 2019 年，英国、瑞士、意大利、芬兰、西班牙等国已经率先实现 5G 商用

资料来源：根据有关新闻资料整理，泽平宏观。

三、标准之争：中国 SEPs 数量领先，华为 Polar 码在关键领域取得突破

5G 标准制定权决定产业话语权，具体体现在标准必要专利的数量与分布领域。5G 作为新一代移动通信网络，其网络架构发生了较大变革，调制、编码、空口等都需要运用新的技术方案。为保证无线通信的通用性，实现规模效应，各国加入 3GPP 组织，以 3GPP 选

定的最优技术方案作为标准进行 5G 网络建设。5G 关键技术相关的 SEPs（标准必要专利）的分布和构成，体现了各企业在不同关键技术及其产业实践中的话语权。SEPs 在 5G 领域是指经 3GPP 认定的实施某一技术标准无法避免、无替代方案、必须使用的专利。企业向 3GPP 提交的提案为标准的技术方案，经过 3GPP 采用、写入标准中，并同时申请专利，形成了标准必要专利。企业技术方案被采用为 SEPs 后，可以向任何使用该专利的企业收取专利许可费，扩大自身产品市场份额，不断提高产业链地位与话语权。

（一）移动通信发展史表明，标准制定权即产业链主导权

一般来说，拥有标准制定权的企业可以获得丰厚的专利费、巨大的市场价值，实现全球产业链的主导。移动通信行业作为一个专利密集型行业，每个通信产品都离不开其所依赖的通信协议标准，拥有标准制定权的国家可以进一步推广其技术、架构和设备。标准的垄断促进芯片等设备销售，带来巨大的市场价值。

全球通信标准存在十年一代的规律，高通是 2G 到 4G 时代的霸主，高通带领美国完成对 GSM（全球移动通信系统）标准的逆风翻盘，成就了全球领导地位。2G 时代，欧洲电信标准组织（ETSI）推行的 GSM 是行业主流标准；高通后期研发 CDMA 技术，并利用各大巨头争夺 GSM 标准的时机，大量注册 CDMA 技术专利。3G 时代，高通联合诸多厂商成立 3GPP2，制定 CDMA2000 标准，奠定了其在 CDMA 生态圈中的霸主地位。据不完全统计，高通目前拥有的专利超过 13 000 项，主要集中分布在 3G 和 4G 的核心领域，其中 3 900 多项是 CDMA 的专利。

高通营业收入占比见图 3.4。

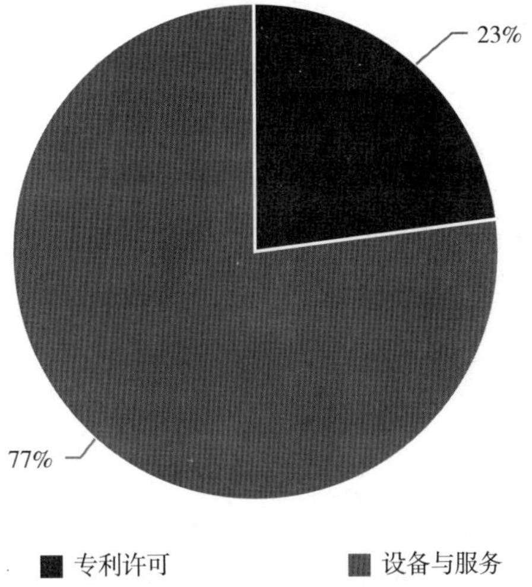

图 3.4 高通营业收入占比

资料来源：公司年报，泽平宏观。

高通对 CDMA 技术标准的垄断为其带来了巨额专利费。CDMA 技术作为移动通信的底层技术，端到端的通信涉及基站设备、运营商网络、手机终端等，整个通信产业都要向底层核心技术专利所有者缴纳数额不菲的专利费。高通的专利费可以分为两个部分：一方面，高通向使用其芯片的手机、平板电脑等厂商收取专利费；另一方面，高通还向其他使用高通专利的芯片生产厂商收取专利授权费，专利授权费采用整机收费的方式，向使用其他芯片的手机厂商收取。这些手机厂商每年需要向高通缴纳几十万至几百万美元不等的固定授权费和产品销售价格的 3%~5% 的专利许可费。专利业务成为高通的利润"奶牛"，2018 年专利授权业务贡献了高通总收入的 23%、总利润的 54%（见图 3.5）。

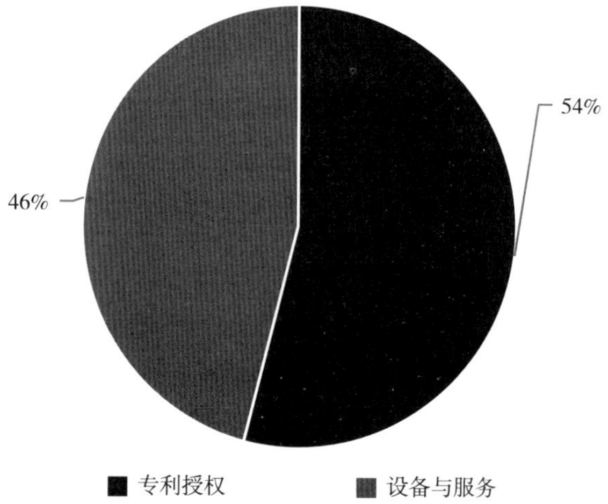

图 3.5 高通利润占比

资料来源：公司年报，泽平宏观。

（二）中国经过 1G 到 4G 时代的追赶，5G 时代终获领先优势

如表 3.5 所示，中国在无线通信标准上实现了从 1G 空白、2G 落后、3G 追随、4G 同步到 5G 领跑的过程，目前中国在 5G SEPs 数量上遥遥领先，在移动通信最关键的底层编码技术上也取得了突破。2G 时代，国外企业主导技术标准，在市场上占据主导地位。3G 时代，中国推出了自主网络制式 TD-SCDMA（即时分同步的码分多址技术），但行业话语权依然很低，国内企业逐步开始与欧美企业在市场上直接竞争。4G 时代，中国企业对于标准的话语权增大，TD-LTE 迅猛发展，我国通信技术走在了世界前列。5G 技术标准研发是我国赶超世界先进水平的历史机遇，也是中国通信业的一个必争之地。

表 3.5　中国无线通信发展

通信制式		2G	3G	4G	5G
技术标准		GMA CDMA	WCDMA CDMA2000 TD-SCDMA	FDD-LTE TDD-LTE	5G NR
调制技术		TKMA	CDMA	OFDMA+ SC-FDMA	OFDMA NOMA
标准确定时间		—	2000 年	2008 年	2018 年
商用进度	中国		2009 年	2013 年	2019 年
	美国		2003 年	2010 年	2018 年底
	欧洲		2003 年	2009 年	2020 年
	日本		2001 年	2010 年	2020 年
	韩国		2001 年	2011 年	2019 年

资料来源：C114 通信网，泽平宏观。

从数量上看，中国 5G SEPs 数量遥遥领先。近年来，5G SEPs 数量急剧增加，主要来自中国、美国、韩国、欧洲和日本。根据 IPlytics（德国专利数据库公司）数据，截至 2019 年 11 月，中国标准必要专利已申报组数 6 783 组，对 5G 标准贡献达到 32 103 个，参加 3GPP 会议的工程师数量累计 6 512 人，均位列世界第一的水平。具体到企业，华为标准必要专利已申报组数 3 325 组，对 5G 标准贡献达到 19 473 个，参加 3GPP 会议的工程师数量为 3 098 人，超过所有参会企业。中兴和中国移动也对中国标准必要专利储备和标准的制定做出了重要贡献。5G SEPs 相关专利情况见图 3.6。各国 5G 技术贡献数量见图 3.7。

从质量上看，中国在 5G 信道编码这一关键技术上已取得突破。5G 网络可以分为接入网和核心网，其中接入网相应的无线接口协议又可分为物理层、数据链路层和网络层。物理层是整个系统设计中最核心的部分，占到了 5G 接入网标准必要专利申请量的 67%，其中，新型

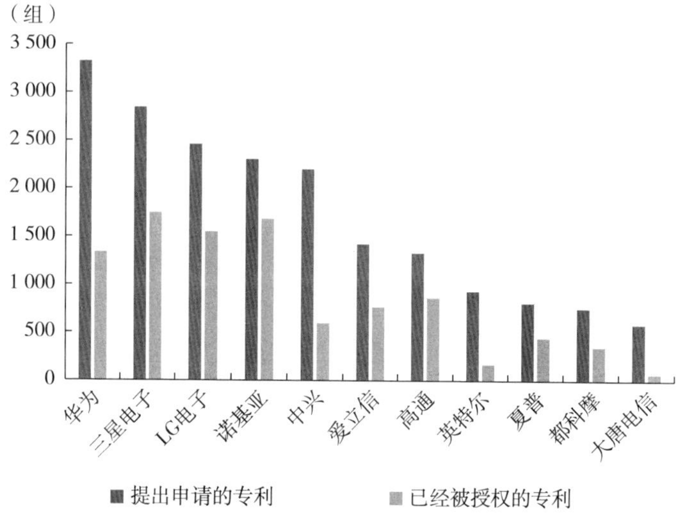

图 3.6　5G SEPs 相关专利情况

资料来源：IPlytics，泽平宏观。

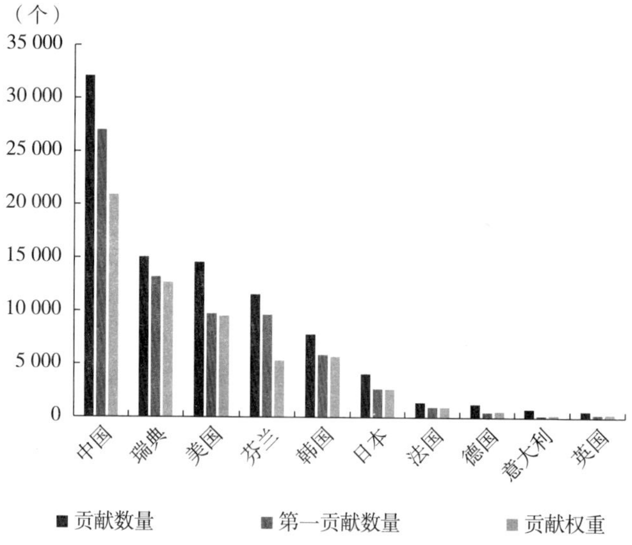

图 3.7　各国 5G 技术贡献数量

资料来源：IPlytic，泽平宏观。

调制技术、信道编码技术是物理层设计中最核心、最深奥的部分。在5G通信技术标准制定中，华为主推的Polar Code（极化码）方案成了5G控制信道eMBB场景编码方案。

四、设备之争：中欧企业四强争霸，华为、中兴异军突起

（一）5G产业链主设备价值量大，产业地位高

在5G产业链中，通信网络设备是价值量最大、产业链地位最高的一环。通信网络设备是移动通信系统的核心环节，涉及无线、传输、核心网及业务承载支撑等系统设备，而主设备商在整个网络建设中类似于总承包商的角色，为运营商提供完整的解决方案，处于统筹地位。5G产业链价值量占比见图3.8。

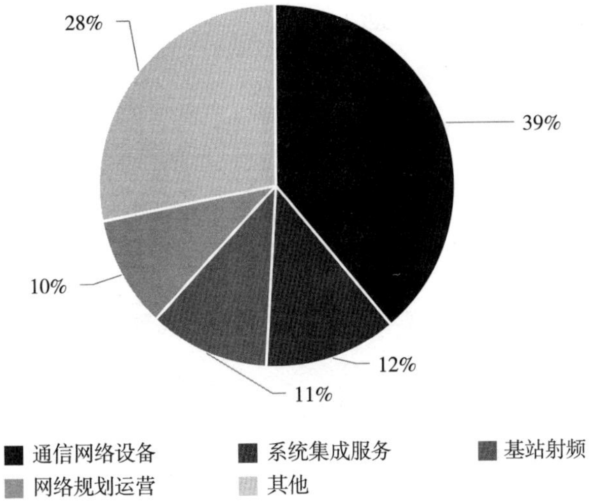

图3.8　5G产业链价值量占比

资料来源：C114通信网，泽平宏观。

（二）全球设备厂商四强争霸，中国企业优势明显

全球网络通信设备厂商经过多年兼并整合，目前呈现四强争霸格局。随着通信网络的代际演进，主设备厂商格局不断变化。1G 时代设备市场由美国摩托罗拉、AT&T 主导。2G 时代欧洲国家取得先手，美国厂商逐渐没落，欧洲企业崛起，诺基亚、爱立信成为行业两大巨头。3G、4G 时代，原有设备厂商不断兼并整合，同时中国企业开始崛起。3G 时代全球共有九家主要的通信设备商：爱立信、诺基亚、西门子、阿尔卡特、朗讯、北电网络、摩托罗拉、华为、中兴。2006 年，阿尔卡特与朗讯宣布合并，诺基亚与西门子将电信设备业务合并。2009 年，北电网络申请破产。2010 年，诺基亚、西门子收购摩托罗拉无线部门。2013 年，诺基亚收购西门子持有的诺基亚西门子 50% 股份。2016 年，诺基亚收购阿尔卡特－朗讯。在全球通信设备市场中，华为、爱立信、诺基亚和中兴 2018 年累计市场份额达到近 70%，呈四强争霸的格局（见图 3.9）。

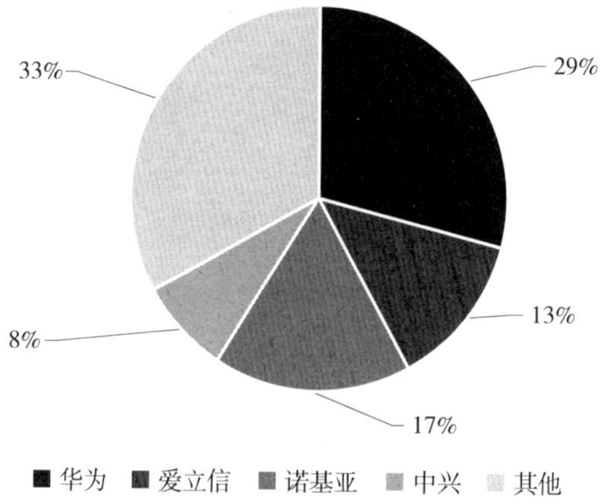

图 3.9　2018 年全球电信设备市场份额

资料来源：Dell'Oro Group，泽平宏观。

华为赶超，中兴紧咬，欧洲设备商市场份额不断被挤压。2013—2018 年，华为市场份额由 20% 上升到 29%，每年上升接近两个百分点。中兴除 2018 年受到美国制裁因而市场占有率小幅下降外，2013—2017 年市场占有率由 7% 稳步提升至 10%。与此同时，爱立信和诺基亚市场占有率以每年 1% 的速度不断下降。从业绩情况来看，华为 2018 年营业收入 7 212 亿元，高于其他三家的收入总和；净利润 600 亿元，为四大设备厂商中唯一盈利的企业。其中，爱立信和诺基亚已连续两年亏损，中兴 2017 年净利润为 6.8 亿元，2018 年亏损主要是受美国制裁而缴纳罚款所致。

5G 时代，华为在技术和产品等多个维度实现全面领先，5G 商用合同订单居首位且超半数位于欧洲市场。全球 ICT 行业权威咨询公司 GlobalData 发布的《5G 接入网（RAN）竞争力分析报告》指出：前五大设备商中，华为在 5G RAN（无线接入网）竞争力综合排名中位列第一，而其他设备商各有优劣，并列处于第二梯队。华为在基带容量、射频产品组合、部署简易度及技术演进能力这四个运营商看重的关键维度中均保持第一。基带容量方面，华为 5G RAN 产品基带容量最大，能更好地帮助运营商应对 5G 海量的连接需求；射频产品覆盖频谱最多，体积小，重量轻，从而让运营商在各种场景中能够灵活部署；在技术演进方面，华为产品能够支持运营商平滑地向 5G 演进，节约 5G 网络建设成本。根据 2020 年 2 月华为伦敦产品与解决方案发布会数据，目前华为获得了 91 个 5G 商用合同，超过爱立信、诺基亚，位居世界第一（见表 3.6）。在合同的地域分布上，欧洲有 47 个，亚洲有 27 个，其他地区有 17 个。截至 2019 年底，全球已有 34 个国家及地区的 62 家运营商正式宣布 5G 商用，而华为支持了其中的 41 家，占比达 2/3。

表 3.6 通信厂商 5G 订单数量

设备商	时间节点	合同数量	基站出货量（万）	主要客户
华为	2020 年 2 月	91	40+	测试：俄罗斯、德国、葡萄牙。商用伙伴：土耳其、葡萄牙、部分中东国家。其中供货有韩国、英国（英国需要华为做出流程调整）。IOT(物联网）合作：印度
爱立信	2020 年 2 月	81	—	测试：俄罗斯、日本。使用：新加坡、泰国、印尼。商用伙伴：瑞士。其中供货有美国、韩国。IOT 合作：印度、意大利
诺基亚	2019 年 2 月	67	—	商用伙伴：中国、南非等国家。其中供货有美国、韩国。IOT 合作：印度、西班牙
中兴	2019 年 9 月	35	10+	IOT 合作：印度

资料来源：C114 通信网，泽平宏观。

第四节 展望与建议

以 5G 为代表的新型信息基础设施为智能经济的发展和产业数字化转型提供了底层支撑。人类在 18 世纪进入蒸汽时代，19 世纪进入电气时代，20 世纪进入信息与互联网时代，随着未来人工智能技术逐渐成熟，21 世纪将步入智能时代。智能社会由三个战略核心组成：芯片 / 半导体，即信息智能社会的心脏，负责信息的计算处理；软件 / 操作系统，即信息智能社会的大脑，负责信息的规划决策、资源的调度；通信，即信息智能社会的神经纤维和神经末梢，负责信息的传输与接收。

在数字经济浪潮下，5G 就如同“信息高速公路”，为庞大的数据量和信息量的传递提供了高速传输信道，补齐了制约人工智能、大数据、工业互联网等在信息传输、连接规模、通信质量上的短板；人工智能如同云端大脑，依靠“高速公路”传来的信息学习和演化，完成机器智能化进程；工业互联网如同“桥梁”，依靠“高速公路”联结人、机、物，推动制造走向“智造”。5G 使万物互联成为可能，将推动整个社会生产方式的改进和生产力的发展，对经济社会发展具有明显的辐射作用，也是当前及未来各国科技竞赛的制高点。

因此提出政策建议：用改革创新的方式加快推动 5G 等新一轮基础设施建设，而不是简单地重走老路。

一是建议进一步放开基建投资领域的市场准入，尤其是为民营企业参与基建投资拓展渠道，消除限制。全面实施市场准入负面清单，对于清单之外的所有行业、领域，都要给予各市场主体公平参与的机会，真正做到非禁即入、平等竞争。要合理确定投资资格，不得设置超过基础设施项目实际需要的注册资本金、资产规模、银行存款证明或融资意向函等条件，不得设置与项目投融资、建设、运营无关的准入条件。

二是对信息类新基建，给予专门的财政、金融、产业等配套政策支持。信息类新基建大多属于新技术、新产业，需要不同于旧基建的财政、金融、产业等配套政策支撑。财政政策方面，研发支出加计扣除，高新技术企业低税率；货币金融政策方面，在低息融资、专项贷款、多层次资本市场、并购、IPO、发债等方面给予支持；产业政策方面，纳入国家战略和各地经济社会发展规划中。

三是推动产学研结合，完善 5G 产业生态，促进融合发展。5G 作为社会进步的基础设施，产业生态的成熟需要各方共同参与。5G 是未来人工智能、物联网、车联网等其他技术的基础，以 5G 为平台的全方位信息生态系统将为通信、制造业、汽车、市政建设等各行各业的融合铺路。因此，5G 的发展与创新不仅事关电信业，更需要科研机构、高校、行业、企业等多元主体的积极参与合作。建议有关部门通过加强产业政策的扶持与引导，建立多主体共同参与、平等对话的窗口。联合产学研各方力量和产业链各方资源参与，引导资金链、人才链和创新链的深度融合，完善创新网络，培育 5G 创新生态。5G 正在不断演进中，其下游应用场景与商业模式尚未成熟。唯有加快推动 5G 工业互联网、车联网、智能交通、智慧医疗、超高清视频等垂直行业应用融合发展，才能充分发挥 5G 的赋能作用。建议电信运营商、设备制造商、终端厂商、互联网企业建立新兴合作伙伴关系，最大限度地开发 5G 在社会发展与经济建设中的作用。

四是做好科学统筹规划，防止“一拥而上”和重复建设，或“新瓶装旧酒”，造成大量浪费。要充分吸收过去基建的经验与教训，做好统筹规划，明确发展重点和次序，地方制定投资项目需充分考虑实际，不能盲目硬上，防止造成无效投资、产能过剩等。

第四章

数据中心：抓住数字经济新机遇

在新一轮科技革命和产业变革中，以互联网、大数据、人工智能和实体经济深度融合为特征的数字经济重要性日益突出。按照中国信通院对数字经济的定义，数字经济包括数字产业化和产业数字化两部分。数字产业化指数字技术创新和数字产品生产，主要包括电子信息制造业、信息通信业、互联网行业和软件服务业等行业增加值。产业数字化指国民经济其他非数字产业部门使用数字技术和数字产品带来的产出增加和效率提升（增加值）。2018 年我国数字经济规模占 GDP 比重达 34.8%，就业人数占比达 24.6%，成为经济和就业的重要支柱。2020 年，数字经济在抗击新冠肺炎疫情和复工复产中发挥了巨大作用。

数字经济的快速发展催生了海量的数据需求，数据中心应运而生，成为数据集中计算、传输、存储的“图书馆”。数据中心建设受到政府和企业的高度重视，成为新基建的核心领域之一。在数字经济时代，新基建意味着新机遇。*

---

* 本章作者：任泽平、连一席、郭双桃。

第一节　抓住数字经济新机遇

一、数字产业发展迅速，成为我国经济和就业的重要支柱

数字经济是以数字化的知识和信息为关键生产要素，以数字技术创新为核心驱动力，以现代信息网络为重要载体，通过数字技术与实体经济的深度融合，不断地提高传统产业数字化、智能化水平，加速重构经济发展与政府治理模式的新型经济形态。

在新一轮科技革命和产业变革浪潮之下，以互联网、大数据、人工智能和实体经济深度融合为特征的数字经济重要性日益突出，亦受到政府高度重视。2016 年 10 月，中共中央政治局会议上，习近平总书记强调“加快数字经济对经济发展的推动”。2017 年 10 月，党的十九大报告强调，“发展数字经济，助推实体经济与传统产业数字化转型成为信息通信业肩上的新使命与面前的新机遇”。2018 年 11 月，习近平总书记在第五届世界互联网大会致贺信中再次强调“为世界经济发展增添新动能，迫切需要加快数字经济发展”。2020 年，我国将数据中心列入“新基建”。

国家统计局披露，我国 GDP 规模从 2002 年的 12.17 万亿元增长到 2018 年的 90.03 万亿元，累计增长 639.77%，复合增速 13.32%。中国信通院披露，我国数字经济规模从 2002 年的 1.22 万亿元增长到 2018 年的 31.29 万亿元，累计增长 2 464.75%，复合增速 22.47%；数字经济增速远高于 GDP 增速，对应数字经济占 GDP 比重从 2002 年的 10.04% 提升到 2018 年的 34.76%（见图 4.1）。此外，国家统计局披

露，2018 年我国就业总人数 7.76 亿，同比下滑 0.07%；中国信通院披露，2018 年我国数字经济产业就业总人数 1.91 亿，同比增长 11.38%；数字经济就业人数增速远超总就业人数增速，对应就业人数占比从 2007 年的 5.86% 提升到 2018 年的 24.62%（见图 4.2）。

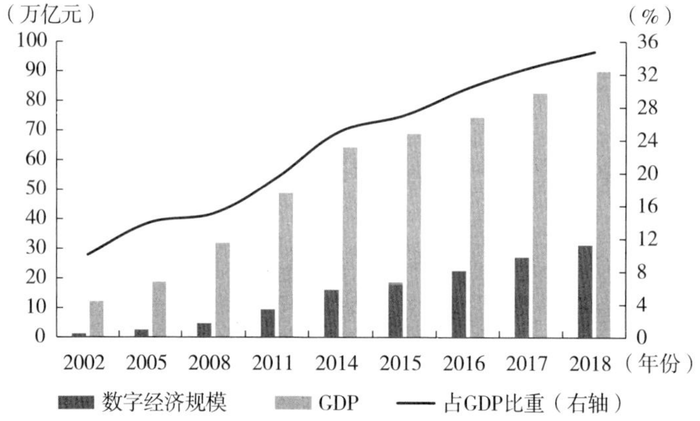

图 4.1　2002—2018 年我国数字经济规模、增速及占比

资料来源：国家统计局，信通院，泽平宏观。

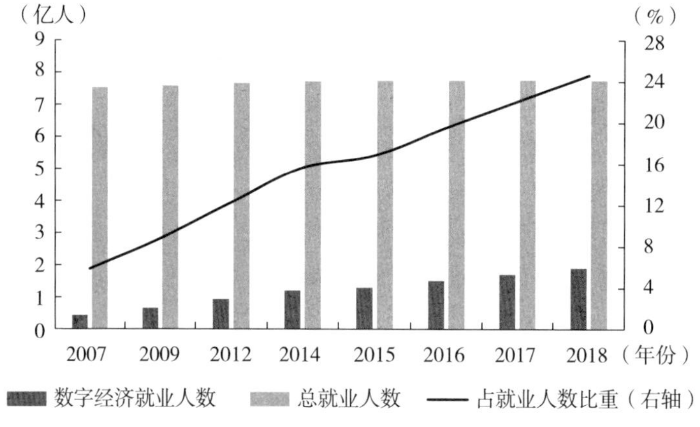

图 4.2　2007—2018 年我国数字经济产业就业、增速及占比

资料来源：国家统计局，信通院，泽平宏观。

二、数据成为数字经济时代的新型生产要素，5G、云计算催生数据爆发式增长

数据是发展数字经济的关键生产要素，我国数字经济的飞速发展离不开海量的数据支撑。生产要素的形态随着经济发展不断变迁，土地、劳动力是农业时代的重要生产要素，资本是工业时代的重要生产要素，还催生出技术、管理等更多生产要素；随着信息化、智能化的发展，以大数据为代表的信息资源向生产要素的形态演进。数据对其他要素效率有倍增作用，对生产力发展有广泛影响。2019 年十九届四中全会首次将数据与劳动力、技术、资本等一起作为要素。2020 年 4 月 9 日，党中央、国务院发布的《关于构建更加完善的要素市场化配置体制机制的意见》提出，“推进政府数据开放共享，提升社会数据资源价值，加强数据资源整合和安全保护，研究根据数据性质完善产权性质，制定数据隐私保护制度和安全审查制度”。如图 4.3 所示，IDC（互联网数据中心）统计，2018 年全球和中国数据规模分别为 33ZB（泽字节）、7.6ZB，其中中国占比 23.0%；预计到 2025 年全球和中国数据规模分别为 175ZB、48.6ZB，对应全球和中国复合增速分别为 26.91%、30.35%。

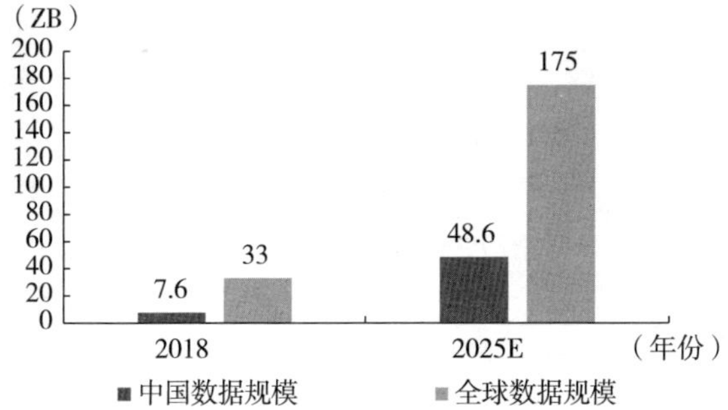

图 4.3　2018—2025 年全球 / 中国数据规模及预测

资料来源：IDC，泽平宏观。

5G、云计算、人工智能、互联网、线上娱乐等是我国数据爆发的核心驱动力。以互联网为例，工信部统计，我国固定宽带用户从2011年的1.6亿户提高到2019年的4.49亿户，八年增长近三倍，年复合增速达13.8%，其中2019年光纤用户达4.17亿户，渗透率超过90%；如图4.4所示，我国移动电话用户从2011年的9.9亿户增加到2019年的16.0亿户，八年增长近两倍，年复合增速达6.2%，其中2019年4G用户达12.8亿户，渗透率超过80%。互联网基础设施的完善和内容的丰富是上网人数剧增的主要推动因素，反过来，上网人数的剧增又对互联网基础设施和内容提出了更高的要求。双重因素驱动下，我国互联网数据规模不断攀升，尤其是移动互联网。工信部披露，2019年我国移动互联网接入流量消费达1 220亿GB（十亿字节），同比增长71.6%，其中，手机上网流量达到1 210亿GB，同比增长72.4%，流量占比99.2%。

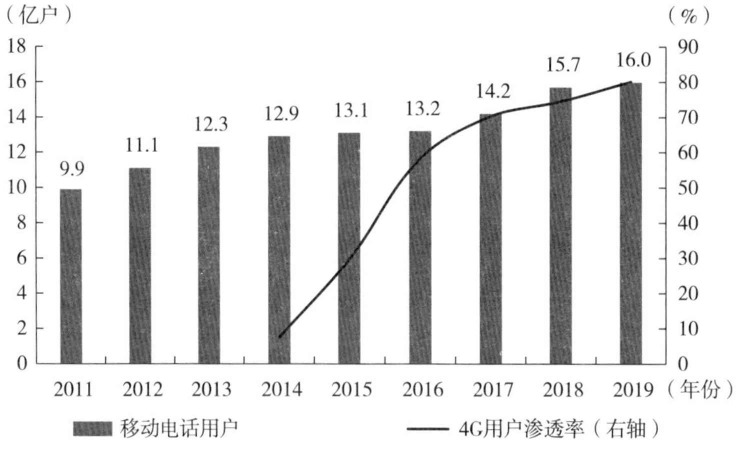

图4.4　2011—2019年我国移动电话用户及4G占比

资料来源：工信部，泽平宏观。

第二节　数据中心建设正当其时

数据的发展离不开数据中心的同步配套，数据中心是海量数据的承载实体。数据中心通常是指可实现数字信息的集中计算处理、传输交换以及存储管理的物理空间，可理解成数据集中存储和运作的“图书馆”；其核心设备为服务器及网络交换设备，其关键运营辅助设备有供电、制冷、消防、监控等系统。

数据中心产业链包括：第一，上游提供土地、设备、软件等，主要有IT（信息技术）设备商、电力设备商、软件商、网络许可商、土地、机架供应商等；第二，中游提供IDC集成、运维、云计算等服务，包括三大运营商、第三方IDC厂商、云服务厂商；第三，下游主要是用户，主要有互联网企业、金融机构、制造及软件企业、政府机构等。

一、政策导向：数据中心被列入新基建领域，政策持续加码

政策持续推动数据中心建设。如表4.1所示，2010年国务院发布《关于加快培育和发展战略性新兴产业的决定》，强调要加快信息网络基础设施建设。2012年政府降低IDC市场准入门槛，引入民间资本。2015年提出加快推进实施“宽带中国”战略。2017年强调优先支持工业互联网、数据中心、大数据、云计算等新增领域创建国家示范基地。2020年数据中心被列为新基建核心领域之一，数据中心的重要性日益凸显。

表 4.1　我国数据中心历年政策梳理

发布时间	发布部门	文件名称	主要内容
2010.10.18	国务院	《关于加快培育和发展战略性新兴产业的决定》	加快建设“宽带、融合、安全、泛在”的信息网络基础设施，发展数字虚拟等技术
2012.6.28	工信部	《关于鼓励和引导民间资本进一步进入电信业的实施意见》	支持民间资本在互联网领域投资，引导民间资本参与 IDC 和 ISP（互联网服务提供商）业务经营
2012.11.30	工信部	《关于进一步规范因特网数据中心（IDC）业务和因特网接入服务（ISP）业务市场准入工作的实施方案》	监管政策降低了 IDC 市场准入门槛，进一步明确 IDC、ISP 申请企业资金、人员、场地、设施等方面的要求
2015.1.30	国务院	《关于促进云计算创新发展培育信息产业新业态的意见》	加快推进“宽带中国”战略，到 2017 年，新建大型云计算数据中心 PUE（数据中心消耗的所有能源与 IT 负载消耗的能源之比）值优于 1.5
2017.8.8	工信部	《关于组织申报 2017 年度国家新型工业化产业示范基地的通知》	年度优先支持工业互联网、数据中心、大数据、云计算、产业转移合作等新增领域集聚区积极创建国家示范基地
2019.11.8	工信部	《绿色数据中心先进适用技术产品目录（2019 年版）》	开展了绿色数据中心先进适用技术产品筛选工作，对先进示范予以公告
2020.3.4	中央政治局常务委员会会议	—	会议强调“加快 5G 网络、数据中心等新型基础设施建设进度”

资料来源：国务院，发改委，工信部，国家能源局，泽平宏观。

二、市场规模：2019 年我国数据中心机架数量超过 200 万个，市场规模超过 1 500 亿元

数据中心按规模可分为超大型、大型、中小型三种。2013 年 1 月，工信部等五部委联合发布的《关于数据中心建设布局的指导意见》规定：第一，超大型数据中心是指规模≥10 000 个标准机架（功率 2.5 千瓦）的数据中心；第二，大型数据中心是指规模≥3 000 个标准机架，并且 <10 000 个标准机架的数据中心；第三，中小型数据中心是指规模 <3 000 个标准机架的数据中心。

由于不同等级之间数据处理能力的差别很大，因此实际中一般用机架数量来衡量国家数据中心规模。工信部直属中国电子信息产业发展研究院统计，2016、2017、2018、2019 年我国数据中心机架数量分别为 124 万个、166 万个、210 万个、227 万个（见图 4.5）。中国 IDC 圈统计，2016、2017、2018、2019 年我国数据中心市场规模分别为 714.5 亿元、946.1 亿元、1 228.0 亿元、1 562.5 亿元。

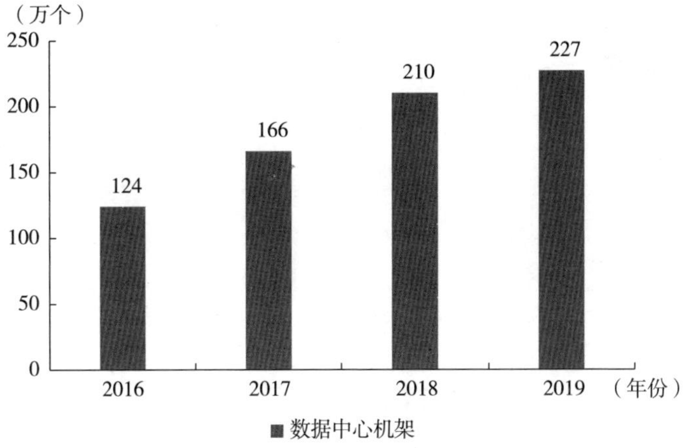

图 4.5　2016—2019 年我国数据中心机架数量

资料来源：电子信息产业发展研究院，泽平宏观。

三、地域分布：北京、上海等城市及周边地区占数据中心总机架的六成以上

2019年5月，工信部发布《全国数据中心应用发展指引（2018）》，测算到2019年，北京及周边（河北、天津、内蒙古）、上海及周边（浙江、江苏）、广州及周边（广东、福建）、中部地区（安徽、湖北、湖南、河南、江西、山西）、西部地区（广西、宁夏、新疆、青海、陕西、甘肃、四川、西藏、贵州、云南、重庆）、东北地区（黑龙江、吉林、辽宁）的可用机架数量分别为64.7万个、61.8万个、33.3万个、29.8万个、45.6万个、9.2万个，对应占比26.5%、25.3%、13.6%、12.2%、18.7%、3.8%；其中北京、上海及周边和西部是2019年的主要增长点（见图4.6）。

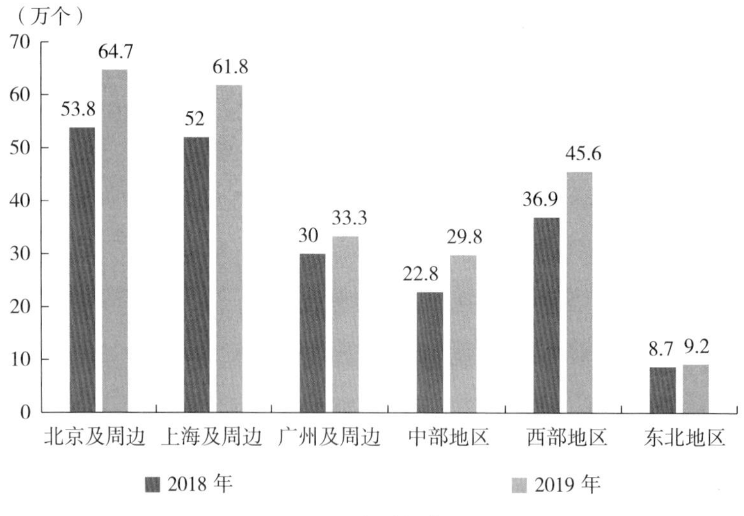

图4.6　2018—2019年数据中心测算可用机架

资料来源：工信部，泽平宏观。

四、结构分布：大型及以上数据中心能耗更低，机架增速更快

2019 年 5 月，工信部发布《全国数据中心应用发展指引（2018）》披露：数量方面，2016、2017 年我国大型及以上数据中心所含机架总量分别为 49.3 万个、82.8 万个，其中 2017 年大型及以上数据中心机架占比近一半，同比增长 68.0%，是增长主力（见图 4.7）；利用率方面（见图 4.8），2017 年我国超大型、大型、中小型数据中心利用率分别为 34.4%、54.9%、56.0%；能耗效率方面，2017 年我国超大型、大型、中小型数据中心 PUE 分别为 1.41、1.48、1.54。

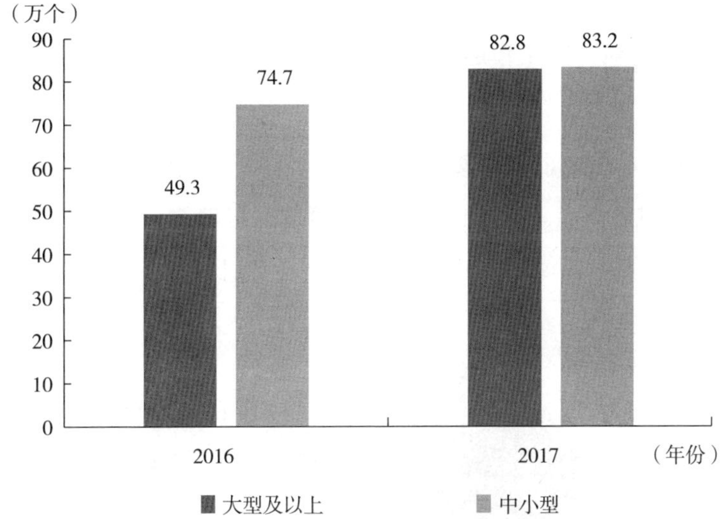

图 4.7　2016—2017 年我国数据中心机架数量分布

资料来源：工信部，泽平宏观。

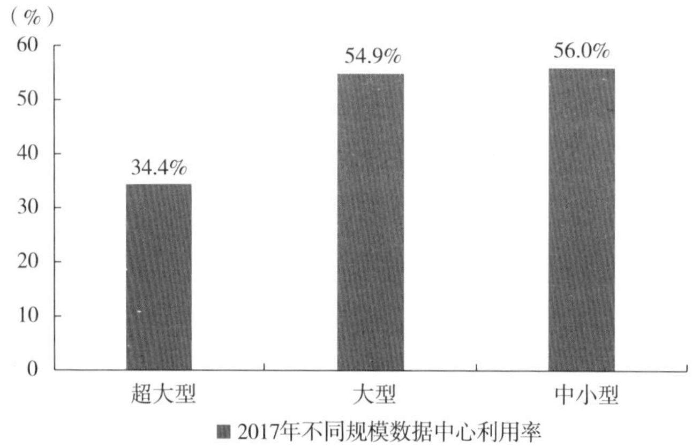

图 4.8　2017 年不同规模数据中心利用率

资料来源：工信部，泽平宏观。

五、竞争格局：三大运营商占据主流，合计市场份额占比达七成

数据中心 IDC 市场主要服务商有三类：三大运营商、第三方 IDC 厂商、云服务厂商。其中云服务厂商可选择自建或者租用数据中心，对外提供云服务。如图 4.9 所示，中国产业信息网统计，2018 年我国

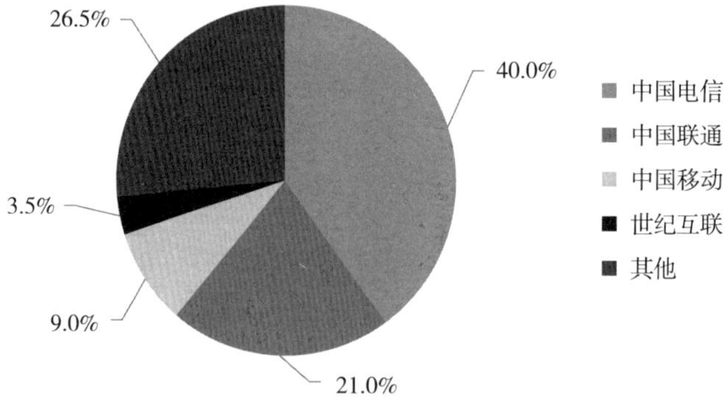

图 4.9　2018 年中国 IDC 各厂商市场份额

资料来源：中国产业信息网，泽平宏观。

数据中心厂商中，电信、联通、移动三大运营商分别占据 40.0%、21.0%、9.0% 的市场份额，合计占比达 70%。

第三节　行业面临的挑战

一、能耗水平有所改善，但仍比目标值偏高

数据中心耗电量大，降低 PUE 既节能环保，又可降本增效。第一，节能环保。中国三峡集团、国家能源局统计，2018 年我国三峡发电量、上海市用电量、数据中心总用电量分别为 1 016 亿、1 567 亿、1 609 亿千瓦时；数据中心总用电量相当于 1.6 个三峡发电站（见图 4.10）。假设 2018 年我国数据中心 PUE 在 1.6~2.0（工信部披露，2017 年我国在用超大型、大型数据中心平均 PUE 分别为 1.63、1.54），如果我国数据中心的 PUE 较当前下降 0.1，就可节省用电 53.5 亿 ~ 100.6 亿千瓦时。第二，降本增效。以第三方数据中心厂商光环新网为例，其年报披露，2018、2019 年公司 IDC 业务成本中，电费分别占比 46.8%、44.8%，远高于其他项目（见图 4.11）。降低数据中心 PUE 不仅可以降低电费消耗，减少制冷用水，提高设备使用寿命，而且可极大地降低企业运维成本。

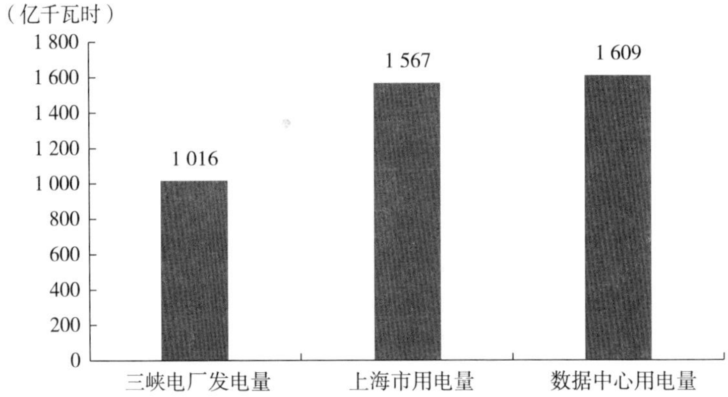

图 4.10　2018 年我国三峡电厂发电量，上海市和数据中心用电量规模

资料来源：中国三峡集团，国家能源局，泽平宏观。

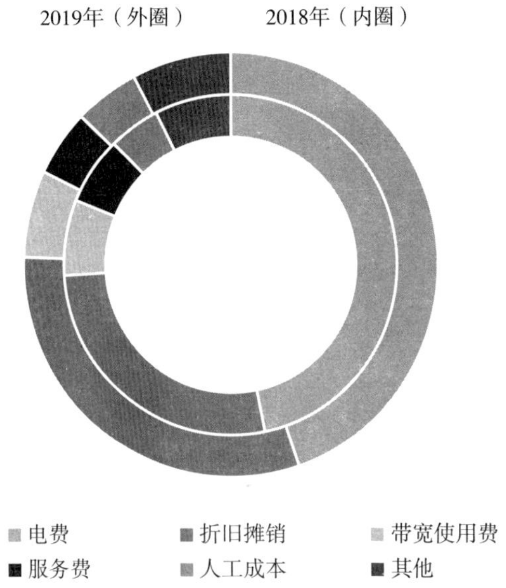

图 4.11　2018—2019 年光环新网 IDC 业务成本分布

资料来源：光环新网年报，泽平宏观。

如图 4.12 所示，IDC 通过对 200 家企业调研后发布的《2019 中

国企业绿色计算与可持续发展研究报告》指出，2019 年我国数据中心受访对象中只有 12.9% 的数据中心 PUE 小于 1.5，39.1% 企业数据中心 PUE 为 1.5~1.8，48% 的企业数据中心 PUE 高于 1.8。这与我国工信部提出的“到 2020 年，新建大型、超大型数据中心的能耗效率值达到 1.4 以下”仍有一定差距。

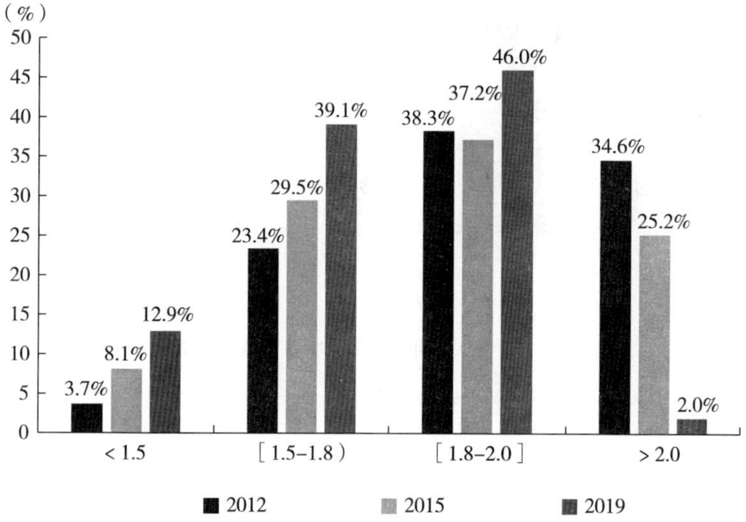

图 4.12　2012—2019 年中国企业数据中心 PUE 值调研

资料来源：IDC，泽平宏观。

二、地域结构性供需失衡

由于我国不同城市在经济、人口、产业结构、消费特征等方面存在差异，故其数据总量和结构亦存在较大区别，反映到数据中心上即存在部分结构性失衡。中国信通院统计，2017 年我国数据中心各地区上架率如下：西部地区为 30%，河南、浙江、江西、四川、天津等地区为 60% 以上，是西部地区的约两倍，二者上架率差异极大。此外，中国信通院测算，2018 年北京地区数据中心可用机架、需求机架分别为 17.2 万个、22.0 万个，超过 1/5 的需求得不到满足（见图 4.13）。

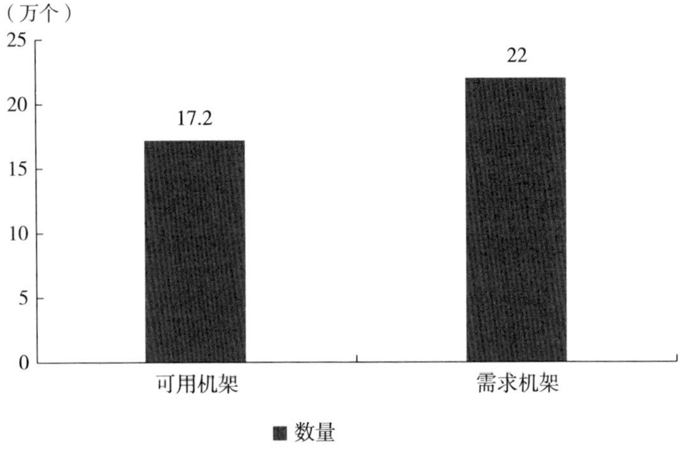

图 4.13 2018 年北京数据中心机架供需预测

资料来源：中国信通院，泽平宏观。

出现供需失衡主要有三方面原因。

第一，需求快速爆发。工信部 2020 年 2 月发布的《2019 年通信业统计公报》披露，2019 年全国移动互联网接入流量共 1 220.5 亿 GB，其中东部、中部、西部、北部分别为 531 亿、262 亿、355 亿、72.5 亿 GB，同比增速分别为 67.8%、75.2%、76.7%、62.4%，对应占比分别为 43.5%、21.5%、29.1%、5.9%。东部地区数据流量需求大，并且增速快。

第二，供给相当受限。数据需求大的省市由于资源有限，限制新增数据中心的数量。而数据中心作为高能耗产业，需要大量的电力、水力及空间资源。一线城市电力、水力资源紧张，碳排放、标煤等考核指标严格。近几年北京、上海、深圳、浙江等地区纷纷出台政策，限制新建数据中心规模，一线省市新建数据中心数量逐步减少。以北京、上海为例，2018 年 9 月，北京经信局发布《北京市新增产业的禁止和限制目录（2018 年版）》规定，北京市中心城区全面禁止新建和扩建数据中心。2019 年 1 月，上海市发改委和经信委联合发布《关于加强本市互联网数据中心统筹建设的指导意见》要求，到 2020 年全上海市互联网数据中心新增机架数严格控制在 6 万架以内。

第三，时延的存在导致跨区域建设只能解决部分痛点。跨区域调用数据中心资源进行远程服务是一个解决办法，但是对当前状况的改善程度有限，核心原因在于，远距离提供数据服务会存在时延，并且随着距离和网络切换的增加而增加。如表 4.2 所示，工信部 2018 年 3 月发布的《全国数据中心应用发展指引（2017）》中披露了不同业务的时效性要求，其中网络游戏、付费结算等业务对时延要求较高，在 10 毫秒以内，建议布局地域范围在骨干直联点城市或周边 200 千米范围内。此外信号时延与距离、网络跳转具有直接关系：每 1 000 千米产生 10 毫秒传输网络时延，不同运营商城域网间每次跳转产生 40 毫秒网络时延。

表 4.2　数据中心各项业务时延要求与地理布局

<table>
<tr><th>业务类型</th><th>时延要求</th><th>地域范围</th><th>不同因素对时延的影响</th></tr>
<tr><td>时延要求较高的业务（如网络游戏、付费结算等）</td><td>10 毫秒以内</td><td>骨干直联点城市或周边 200 千米范围内</td><td rowspan="3">信号传输时延：每 1 000 千米产生 10 毫秒网络时延
同一运营商网络内部跳转：每次跳转产生 2~3 毫秒网络时延
不同运营商骨干网间跳转：每次跳转产生 10 毫秒网络时延
不同运营商城域网间跳转：每次跳转产生 40 毫秒网络时延</td></tr>
<tr><td>时延要求中等的业务（如网页浏览、视频播放等）</td><td>50 毫秒以内</td><td>骨干直联点城市或周边 400 千米范围内</td></tr>
<tr><td>时延要求较低的业务（如数据备份存储、大数据运算处理等）</td><td>200 毫秒以内或更长</td><td>骨干直联点城市或省级节点周边 1 000 千米范围内</td></tr>
</table>

资料来源：工信部，泽平宏观。

第四节　展望与建议

一、短期高清视频等驱动中时延数据爆发，中长期以 5G、智能驾驶为核心，低时延数据占比提升

数据中心是一个由需求决定的市场，其下游需求变化决定了数据中心产业链的未来走势。5G、云计算、大数据、移动互联网、人工智能等新技术与新模式的发展和应用无不以海量数据为支撑，反过来又带动了数据量的爆发式增长和新的数据需求。我们认为，短期以高清视频、AR/VR、线上会议为代表，将带来中时延数据需求的爆发；中长期以自动驾驶、移动医疗、付费结算为代表的低时延实时性数据占比将会持续提升。

短期：以视频为主要驱动的中时延数据需求爆发。随着我国信息基础设施的完善和信息技术的进步，信息传播也从文字、语音、图片逐渐过渡到信息更为立体和丰富的视频，视频已成为我国信息呈现和传播的主要载体，带来数据量的暴增，并且得到国家高度重视。工信部统计，我国移动互联网数据流量从 2014 年的 20.6 亿 GB 提升到 2019 年的 1 220 亿 GB，五年增长了近 60 倍。中国互联网络信息中心统计，2019 年我国移动互联网应用使用时长中，网络视频、短视频、网络直播分别占比 13.4%、11.5%、4.3%，合计占比 29.2%，比 2018 年提高了 2.3 个百分点。2019 年 2 月，工信部、广电总局、中央广播台联合发布的《超高清视频产业发展行动计划（2019—2022 年）》提出，到 2020、2022 年我国实现超高清节目制作能力分别超过 1 万小时 / 年、

3 万小时 / 年，4K 超高清视频用户数分别达 1 亿、2 亿。

中长期：以 5G、智能驾驶为核心的低时延数据需求占比持续提升。国际标准化组织 3GPP 为 5G 定义了三大应用场景：eMBB、mMTC、uRLLC。按照商用化规划，第一阶段是以 eMBB 为特征的 3D/ 超高清视频等大流量移动宽带业务，第二阶段是以 mMTC 为特征的智能交通、智慧城市等大规模物联网业务，第三阶段是以 uRLLC 为特征的自动驾驶、工业互联网等低时延、高可靠应用（见图 4.14）。

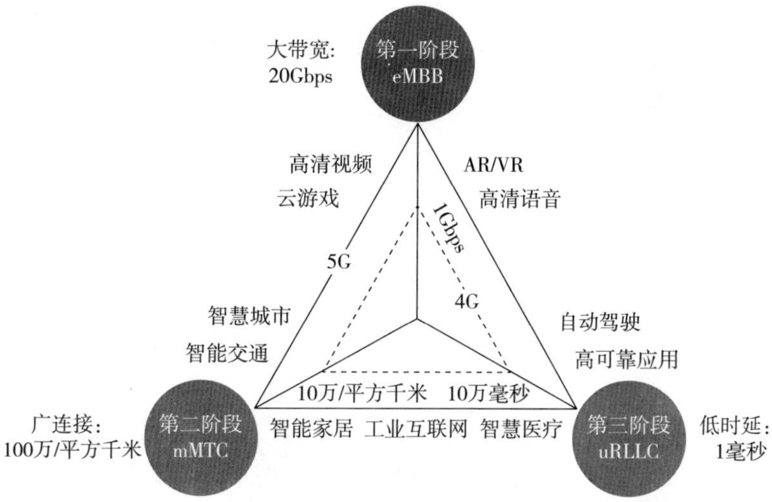

图 4.14　5G 三大应用场景及相关领域商用化进程

资料来源：中国信通院，华为，泽平宏观。

当前我国智能驾驶业务发展迅速，2019 年 9 月，电动车百人会发布的《中国自动驾驶产业发展报告（2019）》披露，我国主流辅助驾驶功能覆盖率从 2016 年的不到 1% 迅速提升到 2018 年的 20% 左右。而根据 2019 年 12 月工信部发布的《新能源汽车产业发展规划（2021—2035 年）》（征求意见稿）最新版本，到 2025 年我国智能网联汽车新车销量将占比 30%，高度自动驾驶智能网联汽车实现限定区域和特定场景商业化应用。智能驾驶业务发展确定性强、前景广阔，亦将带动大量的实时性数据需求。

二、企业上云率提升，云计算成为数据中心发展的重要推动力

近年来我国企业上云率增加迅速，推动我国云服务市场规模快速增长。中国数据中心产业发展联盟统计，2018 年我国云计算用户占比 37%，位列第一。国务院发展研究中心预测，2019—2023 年我国政府和大型企业上云率将从 38% 提升到 61%（见图 4.15）。

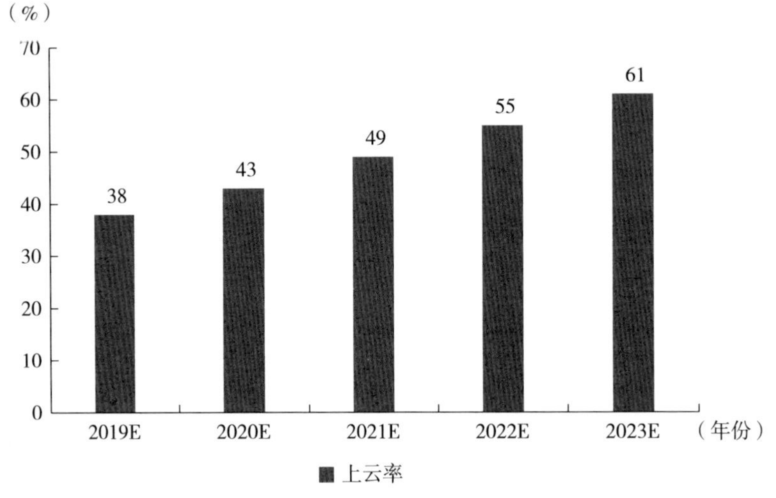

图 4.15　2019—2023 年我国政府 / 大型企业上云率预测

资料来源：国务院发展研究中心，泽平宏观。

企业上云率持续提升有三个原因：国家推动、行业趋势、企业降本提效。2015 年 1 月国务院发布的《关于促进云计算创新发展培育信息产业新业态的意见》指出，云计算是推动信息技术能力实现按需供给、促进信息技术和数据资源充分利用的全新业态，是信息化发展的

重大变革和必然趋势。阿里云披露，企业上云后可实现成本下降 1/2，效率提高 3 倍，数据稳定性提升 10 倍，安全性提升 50 倍。

三、单个数据中心规模将呈哑铃状发展

如图 4.16 所示，由于下游需求不同，未来单个数据中心的规模将呈现哑铃状发展。第一，数据中心向更大规模发展以实现规模效应，降低运营成本。部分地区具有气候、地理、资源优势，可大幅度降低数据中心的运营成本，企业将会集中建设超大规模数据中心实现占位。以贵州为例，贵州因常年低温、雨水充足等优势，吸引了大量的明星企业入驻，企业纷纷在此建立旗下最大的数据中心，因此如今贵州成为全国最大的数据中心。代表项目有：中国电信云计算贵州信息园，总投资 70 亿元，占地约 39 公顷，可提供 80 万台服务器，利用贵州的低温优势，PUE 综合为 1.3；华为七星湖数据存储中心，总投资 80 亿元，占地约 101 公顷，可安装存储服务器约 40 万台，综合 PUE 低于 1.3，极限值可达 1.125。第二，数据中心向更小规模发展，以实现边

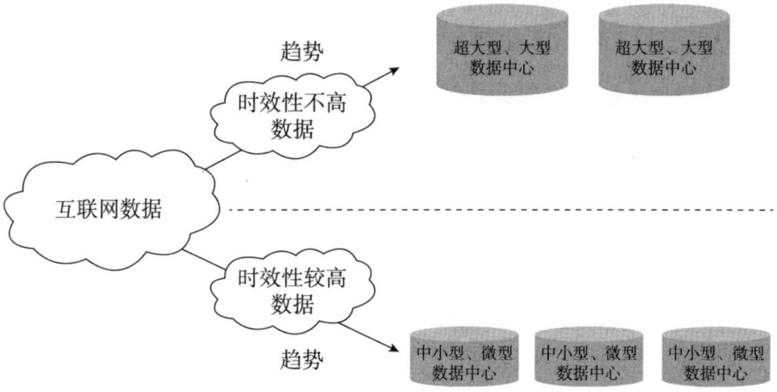

图 4.16　不同规模数据中心未来趋势预测

资料来源：中国信通院，泽平宏观。

缘计算为目的，靠近终端提供实时服务。未来实时性业务需求爆发，占比持续提升，云数据中心需要将时延敏感型业务卸载，交由边缘数据中心处理，减少网络流量和往返延迟，提升效率。

四、政策建议

第一，深入推进数据要素市场化改革。我国数据要素市场尚处于发展的起步阶段，数据确权、开放、流通、交易等环节相关制度尚不完善，数据存不下、流不动、用不好等问题依旧存在，成为大数据产业乃至数字经济发展的制约因素。建议完善数据标准，推动人工智能、车联网等领域的数据采集标准化建设，优化数据库结构，建立统一的数据共享平台，优先推动政府部门、交通、医疗等公共领域实现数据互通共享。

第二，加强数据安全防护。数据产业健康发展应该以安全为前提。世界各国每年因数据泄露问题而损失惨重。建议加强数据专利、产权制度，制定数据隐私和安全审查制度，建立数据分类、分等级制度，不同类别、不同等级数据适配不同客户需求；加强数据脱敏、安全多方计算等数据安全技术开发。

第三，加强数据全生命周期监管。我国数据产业仍处于早期阶段，新技术和新应用的发展应用给产业带来的变化，既蕴藏着机遇，也潜藏着巨大的风险。建立数据采集、运输、计算、储存、交易等全生命周期监管制度，建立数据检测、预警体系，实现早发现、早处理，建立数据评价体系，并针对性地建立数据奖惩制度，对数据综合评价较低的厂商进行罚款并公示。

第四，数据中心服务商扶优扶强。以年收入或机架数量等划分优先级，为数据中心服务商税收、补贴、贷款、建设等提供支持，鼓励国内数据中心服务商借助“一带一路”倡议等实现全球化布局，鼓励地方政府引导构建以地方优质数据中心服务商为核心的产业生态，推进国内数据中心产业规模化、分工精细化进程。

第五，合理引导数据中心布局。中央制定区域发展政策，建立统筹规划协调制度，强化中部、西部等区域与东部数据互联互通、信息资源共享，制定数据跨城市、跨地区制度；鼓励资源、土地、气候优势省市进行大数据中心建设；对于供需失衡的省市，政策上要引导绿色数据中心建设。

第六，加强数据人才建设，集中攻克关键技术。加强数字经济宣传，开发数字经济相关线上培训课程和平台，向信息技术等数字重点产业推广数字经济线下培训，强化劳动者数据技术和素养；推进产学研结合，鼓励以联盟形式集中资源推进服务器、存储、CPU（中央处理器）、GPU（图形处理器）、分布式云计算创新，同时加强国际合作，优势互补，实现共赢。

第五章

人工智能：迎接智能新时代

人工智能是新一轮产业变革的核心驱动力量，将推动数万亿元数字经济产业转型升级。三次工业革命的历史表明，不论是机械技术、电力技术，还是信息技术，都可以极大地促进生产标准化、自动化、模块化，具有很强的通用性，人工智能技术同样具有类似的特征，应用潜力巨大。国务院发布的《新一代人工智能发展规划》指出，到 2025 年中国人工智能核心产业规模将超过 4 000 亿元，带动相关产业规模将超过 5 万亿元。

人工智能是新一轮科技竞赛的制高点，对经济增长和国家安全至关重要。在这场全球竞争中，中国的优势在于百度、华为、阿里巴巴等平台型公司积累了扎实的技术基础、丰富的应用场景和海量数据，在新基建大战略下，这将为国家发展打造竞争新优势，注入增长新动能，有望成为人工智能新基建的领军力量。当然，在基础科研、基础算法、核心芯片、高端人才等方面，我国仍存在短板。大国科技实力是国家实力的核心，能否抓住智能时代的变革机遇，是中国建设现代化强国的关键。*

---

* 本章作者：任泽平、连一席、谢嘉琪。

第一节　迎接智能新时代

一、人工智能是数字经济时代的“新电能”

人工智能是第四次工业革命的重要组成部分，将推动数字经济产业转型升级。自 18 世纪以来，人类社会共发生过三次大型的技术革命，分别是蒸汽机革命、电力革命和信息互联网革命。每一次的技术革命均伴随着相关学科的发展，理论知识又在实际应用中得到完善，“技术突破—知识学科进步”形成良性循环，并且成为后续其他技术发展的支撑，对社会的影响力也随之增强。得益于互联网信息时代的数据积累，半导体行业设计、制程工艺进步和芯片运算能力提升，深度学习结合强化学习带来的计算机视觉、语音技术、自然语言处理技术应用更精准，人工智能将是第四次技术革命中的重要技术，如同人工智能和机器学习领域国际权威学者吴恩达所说的：“人工智能是新电能，正改变医疗、交通、娱乐、制造业等主要行业，丰富充实着无数人的生活。”

自 1956 年达特茅斯会议上首次提出人工智能以来，人工智能已经发展了 60 多年。一般认为，计算机需要通过不断的自我学习、扩充知识库，进而掌握人类拥有的画画、唱歌、读书、设计等众多技能，这便是“智能”的表现。中国信通院在《人工智能发展白皮书（2018 年）》中提到，人工智能可以理解为用机器不断感知、模拟人类的思维过程，使机器达到甚至超越人类的智能，即人工智能需具备类人的感知、思考和决策能力。

人工智能基础层、技术层和应用层快速发展，诸多应用已经深入日常生活。如图 5.1 所示，人工智能大致可以分为基础层、技术层和应用层。基础层包括硬件、算法和海量数据三部分。其中硬件的核心是具备高运算能力的芯片，例如 CPU、GPU、ASIC（专用集成电路）、FPGA（现场可编程逻辑门阵列）等。算法的核心是机器学习，包括深度学习、浅层学习和强化学习等。技术层包括计算机视觉、语音、自然语言处理等技术。应用层则是人工智能产品、服务和解决方案，适用于家电、金融、机器人、汽车、医疗等领域。近 10 年来，人工智能快速发展，面对日益增长的需求，百度、华为、阿里巴巴等具备长期研发经验的企业也陆续推出人工智能开发平台或人工智能系统，有望成为人工智能新基建的领军力量。尽管与科幻小说和电影里对人工智能

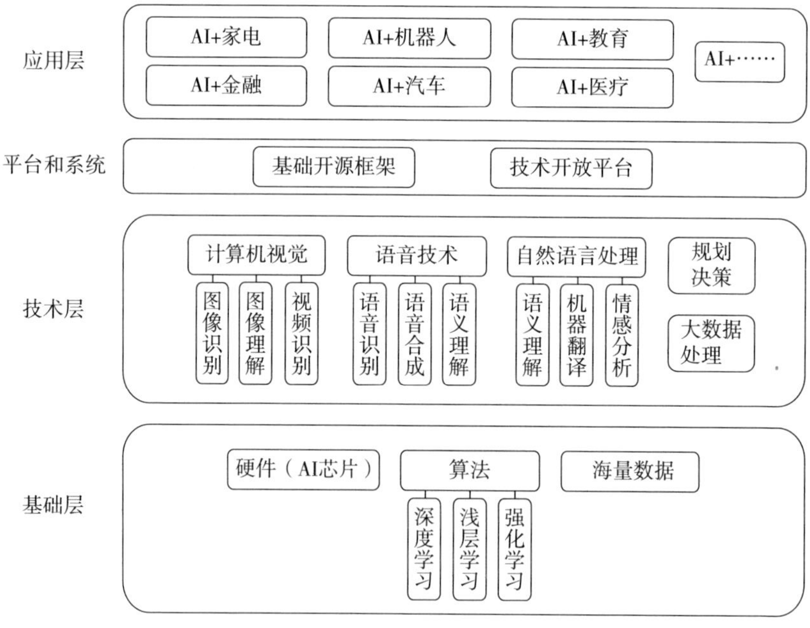

图 5.1　人工智能行业结构

资料来源：泽平宏观。

的构想有较大差距，但人工智能产品和服务已经普遍存在于我们的生活中，小到多语言翻译软件、智能音箱，大到自动驾驶系统、城市安防系统、城市大脑等，人工智能的发展已经远远超出早期构想，政府、企业、非营利机构都开始积极拥抱这项技术。

二、从“+ 人工智能”走向“人工智能 +”

人工智能已经在众多垂直领域实现应用，目前较为成熟的领域包括家居、金融、交通、医疗等。通过与诸多垂直领域相结合，人工智能技术可以通过两方面进行产业赋能：一是提高生产效率，降本增效，即“+ 人工智能”；二是创造新的需求和增长点，即“人工智能 +”。

（一）“+ 人工智能”

快速高效处理数据，同时兼顾普通和长尾用户，提高生产效率，实现降本增效。以金融行业为例，目前人工智能主要用于风控、支付、理赔、投顾等方面，其中智能投顾应用最为成熟。智能投顾在 2008 年诞生于美国，由于专业素养和人工服务性质，美国各大金融机构的投顾门槛较高，平均投资门槛约为 5 万美元，平均管理费用为所管理资产规模的 1.35%，服务对象主要为中高收入人群。但随着千禧一代的成长，以及传统投顾用户逐渐饱和，金融机构对争取这群长尾用户的需求日益提高。人工智能通过海量数据学习、精准算法分析，结合用户提供的风险承受水平、收益目标、市场的动态，进行个性化定制服务。对比人工服务，智能投顾投资门槛最低至 500 美元，管理费率为 0.02%~1%。目前，例如招商银行、工商银行等国内主流金融机构推出智能投顾产品，其他机构也加强研发具备类似功能的产品和服务。

在此次新冠肺炎疫情防控中，人工智能也发挥了巨大的作用，主要覆盖疫情监控、体温检测、病毒检测、复工复产等方面。2020 年春节时期疫情暴发，给病毒检测、追踪、隔离防控等工作带来巨大挑战，人工智能的应用以数据为支撑，主要帮助实时追踪和疫情研判。以百度解决方案为例。第一，体温监测和疫情地图加强疫情监控。对比“非典”时期，新冠病毒暴发的春节假期正逢全国人员高速流动时期，而病毒高感染特性加大了早期的人工排查难度。人工智能计算机视觉的运用，一方面满足了机场、高铁等公共场合的体温监测，另一方面满足了对疑似病例和携带病毒人员的身份排查记录，增强疫情排查力度和效率。第二，在线问诊和病毒检测减缓了医疗服务压力。中国医疗资源不足且分布不均，疫情早期因恐慌造成的多例医院门诊交叉感染病例更是给医疗资源带来了极大的压力。在线问诊工具的开发，一方面降低了医护人员接触感染概率；另一方面聚集医疗资源，减轻了临床医生的负担，提升了诊断效率和服务质量，弥补了人力短缺。此外，人工智能极大地提高了新型病毒的检测速度，百度开发线性时间算法 LinearFold，将新冠病毒 RNA（核糖核酸）结构检测从 55 分钟缩短至 27 秒，速度提高了 120 倍以上。第三，远程办公与在线教育助力复工和教育。百度 Hi 企业智能远程办公平台和空中课堂提供企业通信、语音视频会议、协同办公、线上教学等服务，在保障员工和学生健康的同时，加速恢复办公和教学。

（二）“人工智能 +”

创造新需求、新商业模式、新的经济增长点。以汽车为例，其中智能网联是人工智能在汽车行业应用最受关注的领域。智能网联一方面可以提升汽车的智能化，包括自动驾驶、智能语音、智能座舱等；另一方面与 5G 相结合，提高汽车信息沟通能力，实现网联化，包括人员和车辆安全管理、城市道路交通规划等。第一，汽车将成为各种服务和应用的入口，催生新的商业模式。智能网联汽车可以在生命周期内通过 OTA（空中下载）升级持续更新应用，界面交互将赋予汽车更多应用场景——在无人驾驶的情况下，司机将有更多的自由时间，而车联网技术使汽车随时与办公室、家、公共设施相关联，实现远程控制。与智能手机行业发展类似，随着智能网联汽车发展成熟，数据增值（包括共享出行、汽车保险、金融服务）、娱乐休闲、智能规划等应用环节的重要性和产业价值将超过单纯的汽车生产和制造环节。第二，汽车电子、汽车软件等需求提升。汽车电子和软件对汽车的重要性提高，自动驾驶、计算平台、车载操作系统等前沿技术成为新的价值增长点。

2020 年 4 月 19 日，百度 Apollo Robotaxi（自动驾驶出租车服务）上线百度地图及百度智能应用小程序 Dutaxi，向长沙市民全面开放试乘服务。这意味着在相关法律法规的指导下，百度率先推动 Apollo Robotaxi 在湖南湘江新区进入常态化的测试试乘阶段。在场景端，Apollo Robotaxi 开放的打车范围约 130 平方千米，行车路线覆盖长沙当地的居民区、商业休闲区及工业园区等多维度实用生活场景。在产品端，Apollo Robotaxi 的可视化界面能够还原 360 度视野范围内的障碍物及动态预测，呈现途经车辆、车道、路口、红绿灯等路况，并伴有限速提示及变道提醒，用户可通过屏幕实时关注时速、剩余里程等驾驶信息。百度等企业在自动驾驶、车路协同、智能车联等平台技术的研发积累，有望进一步复制到智能信控、智能公交、智能停车、智能货运等应用场景，不仅带动传感器、芯片、自动驾驶算法、智能座舱、车云服务等产业发展，而且可以提升出行效率，降低出行成本，有望成为智慧出行的重要增长点。

第二节　人工智能技术制高点之争

人工智能产业竞争是各国政策、基础研究、技术、资本等各方面综合实力的竞争。目前各国政府高度重视人工智能，在基础设施搭建、基础科研、人才培养、资助研发、合作交流等方面给予支持鼓励。资本和企业也积极寻求商业落地场景，协助技术转化。技术落地于垂直领域，继而产生新的数据，促进算法更新迭代，还可以进一步服务于垂直领域，如此循环往复、不断发展。在这场全球竞赛中，中国的优势在于拥有海量数据和实践经验，但在基础科研、基础技术、前沿拓展方面仍存在薄弱环节。

一、政策：全球主要国家和地区均高度重视

以 AlphaGo（阿尔法围棋）事件为分水岭，人工智能获得了空前的关注，主要国家和地区纷纷加入这场事关未来大国科技实力的竞争当中。因为基础设施尚未普及、技术超前、理论分支众多等，人工智能的发展经历过三次潮起潮落，直到 2016 年 DeepMind（深度思考）公司研发的 AlphaGo 挑战世界顶尖围棋选手李世石，并获得最终胜利，才让全球重新感受到人工智能所带来的魅力。AlphaGo 在人机大赛中表现出的与人类相似甚至更胜一筹的观察、思考、决策能力，吸引了世界各国和地区着手并加强人工智能领域的研发。据不完全统计，目前全球包括美国、中国、欧盟、日本、韩国、印度、丹麦、俄罗斯等近 30 个国家和地区发布了与人工智能相关的战略规划和政策部署。

其中，约 80% 的国家在 2016 年之后密集发布相关政策和官方计划，例如美国《国家人工智能研究与发展战略规划》，英国《机器人技术与人工智能》，中国《“互联网 +”人工智能三年行动实施方案》等。

从发布的政策规划来看，各国和地区认同人工智能对未来的人才、产业升级、社会福祉、全球影响力的重要性，并作为国家级战略进行推进。根据各国科研实力、人才汇集程度、基础设施完备度、国情等因素，各国和地区的侧重点有所不同。

美国致力于维持全球科技霸主地位，人工智能位于其科技版图的核心。从奥巴马时期到特朗普时期，美国一直积极支持人工智能的研究，并将政策态度从“引导和扶持”转为“必须领先”。2019 年，美国陆续颁布《维护美国在人工智能领域领导地位》《国家人工智能研发战略计划》《美国人工智能时代：行动蓝图》三部重要政策，表现美国政府对人工智能技术的高度重视和维持领先地位的决心，主要措施包括：加强联邦政府资助，美国认为政府资金支持是参与推动科研进步的重要环节，但官方资助力度逐渐减弱，1976—2018 年，联邦政府的研发支出占 GDP 比重从约 1.2%下降为约 0.7%；此外，通过减税来鼓励企业加大研发投入；发挥硅谷创新力量，建立包括计算机视觉、语音语义、开源框架平台等在内的技术和产业生态链；重视以芯片为主的硬件层，包括促进国内半导体制造产业、建立多边出口管制、保护供应链等；重视全球性人才，包括对国内人才的培育和国际人才的吸引，认为有必要简化相关人才的 H-1B 工作签证申请程序；加强合作，包括国内外组织研发中心或联合实验室、举办创新比赛等；开展前沿技术研究。

欧盟重点关注工业、制造业、医疗、能源等领域，强调发挥创新创造力，应用人工智能使制造业及相关领域智能升级。与美国类似，欧盟较早对人工智能进行研发，并通过颁布政策、扶助资金、推出国家级计划、建立重点科研实验室等行为支持人工智能技术和产业发展，例如2018年颁布的《人工智能合作宣言》。此外，作为“数字欧洲”计划和“地平线2020”计划中的重要环节，人工智能相关项目也将接受数十亿欧元的投资。首先，与美国对比，欧盟更加重视人工智能的道德和伦理研究，并在多份文件中表明人工智能发展需要符合人类伦理道德，例如2020年3月颁布的《走向卓越与信任——欧盟人工智能监管新路径》明确提出，为解决能力不对等和信息不透明问题，保障人民相关权利，需要建立人为监督的监管框架，重视数据安全和隐私保护。其次，欧盟对人工智能的应用侧重更细化，不同于美国的全方位领先，欧盟希望借助自身在制造业、工业、汽车等领域的优势，利用人工智能技术进行产业强化升级，例如颁布《通往自动化出行之路：欧盟未来出行战略》。

日本由于面临严峻的少子化与老龄化问题，着重研究人工智能在机器人、医疗、汽车交通等领域的应用。

如图5.2所示，日本生育率长期低迷，老龄化水平长期位居世界第

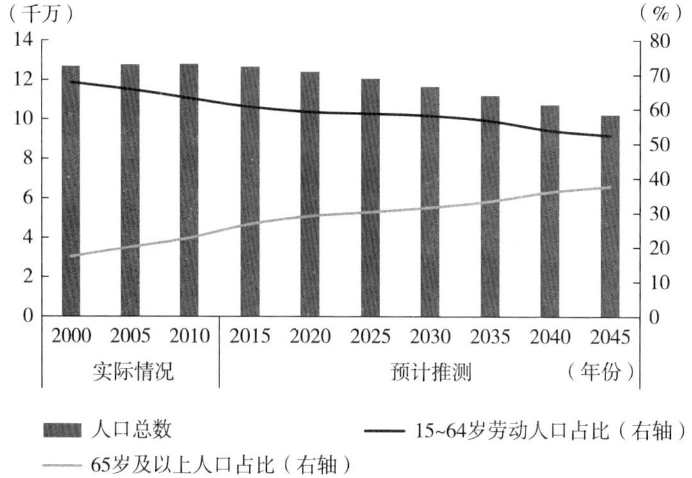

图5.2 日本人口结构情况

资料来源：《日本下一代人工智能促进战略》，泽平宏观。

一。1992 年日本劳动年龄人口占比见顶，2008 年日本人口总量见顶，这对日本经济和社会发展产生了深远的负面影响，日本面临着例如养老、健康等问题的挑战。在这一背景下，人工智能被认为是日本经济增长的“第四次产业革命”，以 2016 年发布的《日本下一代人工智能促进战略》为起点，不断推出相关政策规划，围绕“基础研究、应用研究、产业化”三个方面，其中日本总务省下设的信息通信技术研究所和文部科学省进行人工智能理论和技术研发，经产省解决应用场景问题，经产省建立的人工智能研究中心促进产学研合作，主要承担成果转化和推广。

中国人工智能呈三阶段逐步推进，重视与制造业和服务业的融合。自 2015 年起，我国人工智能相关政策从智能制造时期、“互联网 +”时期（以《“互联网 +”人工智能三年行动实施方案》为代表），到“智能 +”国家战略时期（以《新一代人工智能发展规划》为代表）演变。政策重心从核心技术攻克到实际场景应用，从特定行业到跨界融合，从单项技术到人机协同。与美国和欧盟类似，我国也强调建立相关试点项目，包括技术示范试点、政策试验、社会实验。

二、基础科研：美国最强，中国快速追赶

中国人工智能领域论文数量增长较快，但论文质量与美国依然存在差距。如图 5.3 所示，近年全球累计发布人工智能论文超过 70 万篇。中美两国是论文发表大国，2018 年中美两国分别发表人工智能论文 2.5 万篇和 1.6 万篇，合计占全球比重达 46.5%。从增长趋势来看，美国保持匀速增长，中国自 2014 年后增长较快，中国人工智能论文数量占全球总量比重从 1998 年的 8.9% 上升为 2018 年的 28.2%。从代表

论文质量的 FWCI（平均加权引用影响）指数来看，如图 5.4 所示，中国论文质量也在稳步提升，从 1998 年的 0.43 提升至 2018 年的 1.39。美国保持全球最高水平，长年保持在 2 左右，2018 年 FWCI 指数达 2.38。

从论文发表机构类型来看，包括中国、美国、欧盟 27 国等在内的各国和地区均以高校为核心科研力量，2018 年三者高校论文产出占各自总产出的 92.1%、84.6%、90.7%。除高校外，中美两国的主力科研主体有所不同。如图 5.5 所示，2018 年中国科研机构产出约为中国企业产出的 3 倍。如图 5.6 所示，同期美国企业产出约为美国科研机构产出的 1.6 倍。

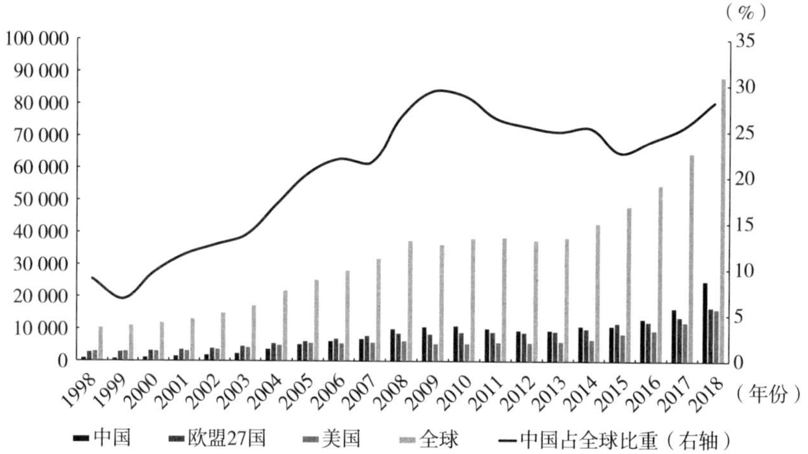

图 5.3　全球人工智能论文数量情况

资料来源：*Artificial Intelligence Index Report 2019*，Stanford University，泽平宏观。

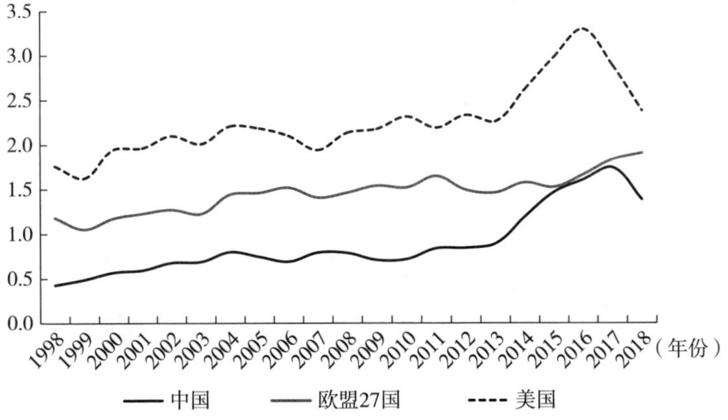

图 5.4　全球人工智能论文 FWCI 指数情况

资料来源：*Artificial Intelligence Index Report 2019*，Stanford University，泽平宏观。

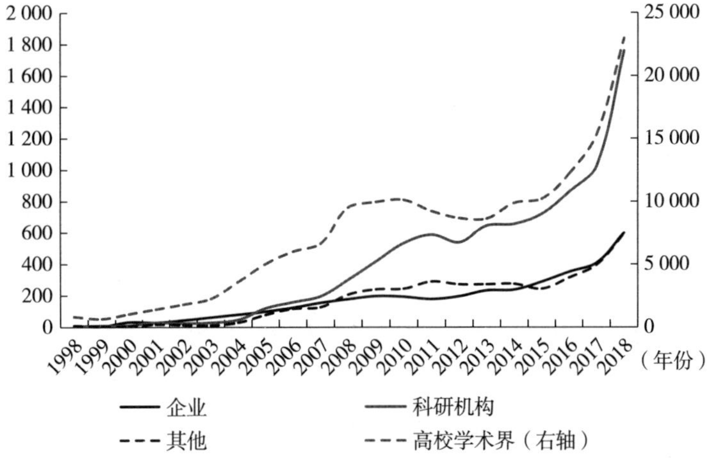

图 5.5　按人工智能论文发表机构分类的中国情况

资料来源：*Artificial Intelligence Index Report 2019*，Stanford University，泽平宏观。

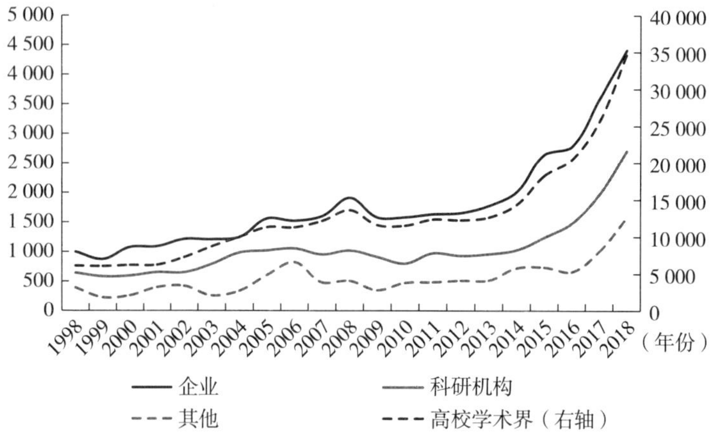

图 5.6　按人工智能论文发表机构分类的美国情况

资料来源：*Artificial Intelligence Index Report 2019*，Stanford University，泽平宏观。

三、数据量：人工智能时代的“原材料”，中国具有规模优势

电脑和智能手机的普及、互联网和移动互联网所累积的数据爆发，是促进人工智能技术和应用突破的重要原因之一。人工智能需要做到“感知、思考、决策”，首先就需要足够多、足够好的原始数据对计算机进行训练，犹如培育良驹，必须喂足新鲜的牧草。“足够多”代表数据的数量要多，电脑的发明使运算简化，并让信息以电子化形式保存，智能手机的普及使全球网民渗透率大幅提高，两者令大量的数据被保存。“足够好”代表数据的质量要佳，互联网的诞生极大地缩短了信息交流的物理距离，提高了传播速度，各类互联网类服务应用程序诞生，其产生的数据类型也更加多样，包括浏览网页喜好、外卖点单频率、行程记录等，只有多元丰富的数据才能应对各种训练人工智能的要求。数据增长和应用依赖于信息及物理的基础设施构建，中国将成为全球最大的数据中心。得益于人口数量、互联网渗透率、智能手机渗透率、网速等因素，如图 5.7 所示，2018 年中国拥有数据量

7.6ZB，占全球数据总量的 23.4%。随着 5G、物联网等的发展，通信设备接入数量和承载能力的提高，终端消费者的增多，预计中国的数据量将在 2025 年达 48.6ZB，占全球数据总量的 27.8%（见图 5.8），成为全球最大的数据集中地，这将极大地促进和丰富人工智能训练，相关模型结构和结果也会更精准。

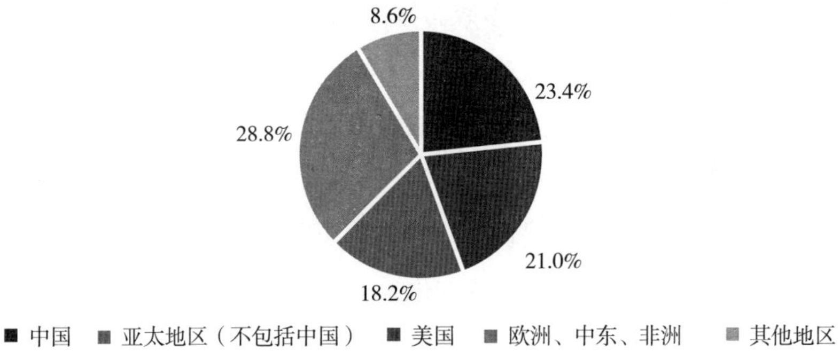

图 5.7　2018 年全球数据量分布情况

资料来源：*Data Age 2025*，泽平宏观。

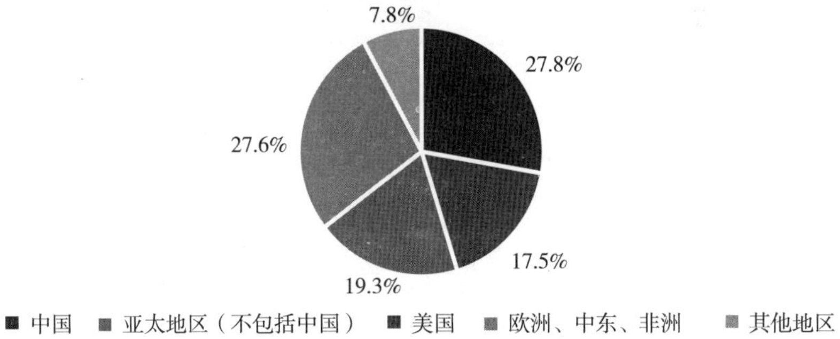

图 5.8　预计 2025 年全球数据量分布情况

资料来源：*Data Age 2025*，泽平宏观。

四、技术：深度学习推动本次人工智能热潮

足够多、足够好的数据支撑人工智能“感知”阶段，而人工智能算法使计算机拥有思维，从而达到“理解、决策”，深度学习在此过程中做出了巨大贡献。深度学习是一类模式分析方法的统称，计算机通过学习样本数据来掌握内在逻辑和规律，从而拥有分析能力，这项研究最早可以追溯到 1958 年弗兰克·罗森布拉特发明的感知机（Perceptron）。利用感知机，可以进行图像区分训练，例如，最常见的是从水果堆中选出“苹果”或者“香蕉”。然而由于当时缺少足量的数据，该项研究陷入瓶颈，并出现过度拟合（Overfitting）问题。例如学生希望通过练习相似的题目来掌握一种题型，但是训练量不够大，学生并没有理解题型背后的知识点，因此试题一旦发生些许变化，学生便无法解出答案。后来，科学家通过研究人脑，试图模仿脑神经网络机制来进行图像、声音等分类工作，逐渐演化成如今的深度学习（见图 5.9）。

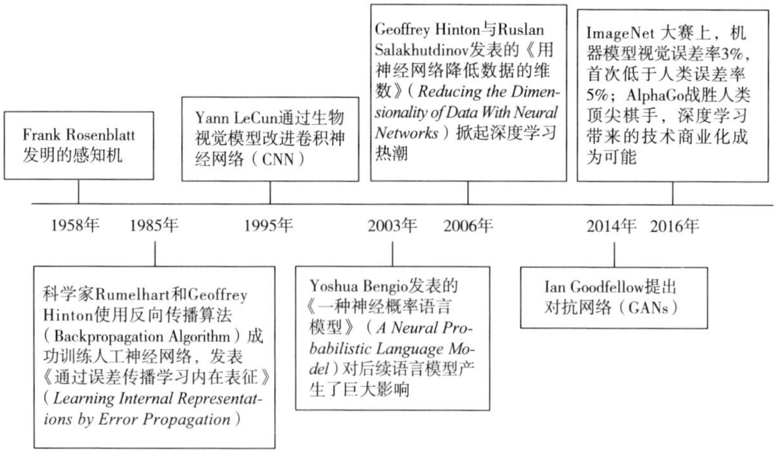

图 5.9　深度学习发展史

资料来源：泽平宏观。

深度学习的发展推动了人工智能基础应用技术的突破，自 2010 年起，全球包括计算机视觉、语音语义等基础应用技术的专利申请量急速增长。

计算机视觉技术主要是让计算机拥有人类的眼睛，学会“看”图片、文字、视频等，经常用于图像识别、人脸识别等，适用于自动驾驶、安防、人脸支付等领域。从计算机视觉和图像识别相关的技术申请情况来看，截至 2018 年 12 月 31 日，全球共申请 14.3 万项同族专利，中国、美国、韩国成为全球申请数量排名前三的国家，分别为 5.3 万项、2.4 万项、2.3 万项。从技术授权情况来看，美国技术授权量全球最高，达 1.3 万项，日本和中国排名为第二、第三，分别为 1.04 万项和 1 万项。从申请人来看，佳能、东芝、三星为前三位申请人，申请数量分别为 2 900 项、2 700 项、2 300 项。

语音语义技术主要是让计算机学会“听、读”文字、段落、文章等，经常用于文字识别、语音情感分析、人机对话、声音定位等，适用于翻译软件、车载操作系统、智能音箱、语音助手等领域。从语音语义技术相关的技术申请情况来看，如图 5.10 所示，截至 2019 年 12 月 20 日，全球共申请 4.3 万项专利族，中美两国依然是这个领域的主要申请国，合计占比超过 75%。从申请人来看，如图 5.11 所示，截至 2019 年 12 月 20 日，语音语义领域的申请人以企业为主，其中 IBM（美国国际商用机器公司）、三星、微软为前三位申请人，申请专利量分别为 1 741 项、890 项、821 项。从专利授权人来看，微软、IBM、Nuance（一家领先的语音和语言理解解决方案提供商）为前三位授权人，授权量分别为 672 项、468 项、440 项。从国内企业情况来看，百度成为唯一一家在语音语义技术领域申请量和授权量均位列全球前十的企业，分别排名第五和第八。

中国人工智能领域的专利申请量呈逐年上升趋势，根据国家工业信息安全发展研究中心《人工智能中国专利技术分析报告》数据，2018

年国内专利申请量达 94 539 件，为 2010 年申请量的 10 倍。截至 2019 年 10 月，百度、腾讯、微软、浪潮、华为分别以 5 712、4 115、3 978、3 755、3 656 件专利申请量位列国内人工智能专利申请量前五。

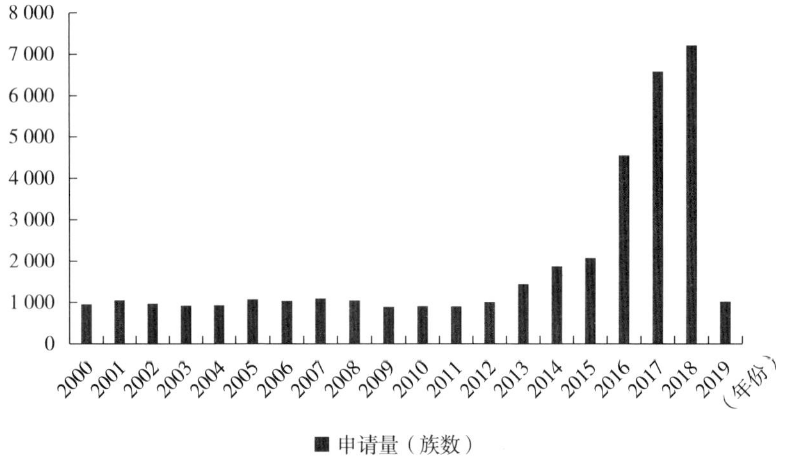

图 5.10　全球语音语义技术申请情况

资料来源：中国人工智能产业发展联盟，泽平宏观。

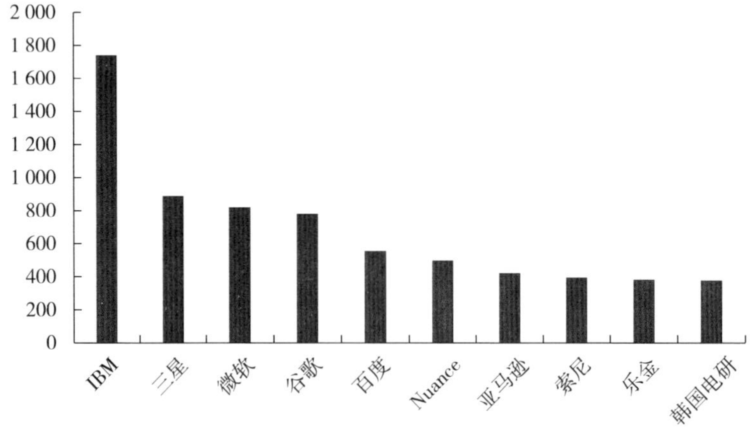

图 5.11　语音语义技术前十位申请人情况

资料来源：中国人工智能产业发展联盟，泽平宏观。

人工智能芯片的出现显著提高了数据处理速度，支撑了日益复杂的算法处理庞杂数据，是人工智能发展的重要基础。随着处理的数据量增多，从通用场景到各类特定场景，算法模型设计的框架和层数也越来越复杂，这对基础硬件提出了更高的运算要求。从相关专利申请情况来看，中美两国是申请大国，如图 5.12 所示，截至 2019 年 10 月，中美两国人工智能芯片专利申请量分别为 1.6 万项和 1.1 万项。从相关申请人来看，传统芯片和半导体企业更有优势，其中三星、日立和 IBM 是该领域的前三位专利申请人，从近年申请趋势来看，三星和英特尔表现得更积极。从实际应用产品来看，如表 5.1 所示，目前较典型的有英特尔 EyeQ 系列、英伟达 Xavier 系列、华为昇腾 310、寒武纪 Cambricon 1M 系列、百度昆仑芯片等。

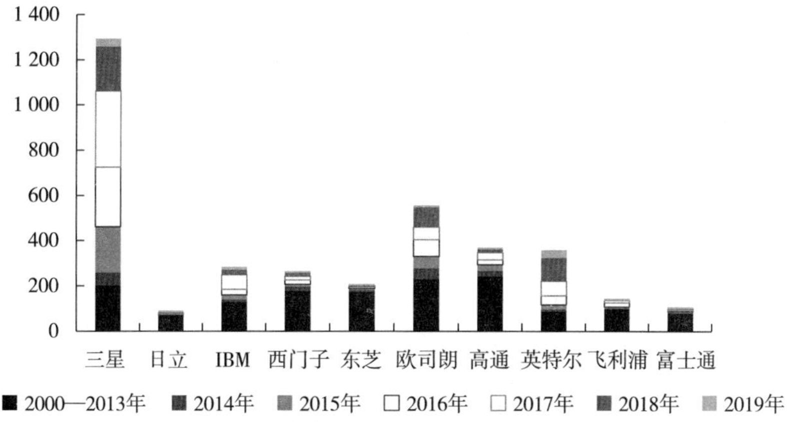

图 5.12　全球人工智能芯片前十位申请人历年申请情况

资料来源：中国人工智能产业发展联盟，泽平宏观。

表 5.1 主要人工智能芯片对比

	英特尔 EyeQ4	英伟达 Xavier	华为昇腾 310	寒武纪 Cambricon 1M-4K	百度昆仑
工艺制程（纳米）	28	12	12	7	14
整数运算能力（TOPS）	N/A	30	16（INT8）	8（INT8）	260
浮点运算能力（TFLOPS）	2.5	N/A	8（FP16)	N/A	N/A
功耗（瓦）	5	30	8	N/A	150
能耗比（TOPS/瓦）	N/A	1	2	N/A	1.7

资料来源：企业官网，泽平宏观。

中美两国是全球人工智能企业的聚集地，中国企业集中于应用层，美国企业集中于技术层。截至 2019 年 2 月，全球共有人工智能企业 3 438 家。美国以 1 446 家位列第一，全球占比 42.1%。中国以 745 家位列第二，全球占比 21.7%。从企业类型来看，如图 5.13 所示，中国主要为应用层企业，美国主要为技术层企业。中国应用层人工智能企业占比最高，为 75.2%；技术层居第二位，占比为 22%；基础层企业占比最少，仅为 2.8%。而美国更重视技术研发，基础层、技术层、应用层这三类企业占比分别为 39.1%、57.7%、3.2%。

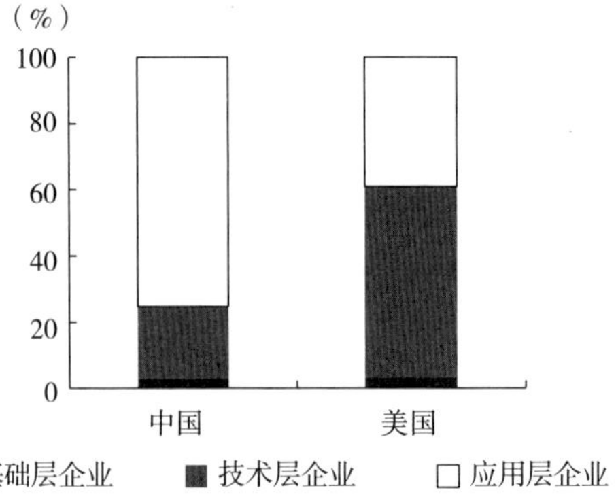

图 5.13 中美两国人工智能企业分布情况

资料来源：《中国新一代人工智能科技产业发展报告（2019）》，泽平宏观。

五、资本：全球投资持续上升，中美两国人工智能企业最受资本青睐

人工智能技术突破和政策支持吸引资本持续投入，过去 10 年平均投资年增速约为 50%。根据斯坦福大学数据，全球对人工智能初创企业投资金额从2009年的不到10亿美元升至2019年的近400亿美元，其中从 2014 年开始投资加快，2014—2019 年 11 月，全球人工智能初创企业共获得 1.6 万笔投资，平均每笔投资金额约 860 万美元。

从国家和地区来看，如图 5.14 所示，2018 年 1 月—2019 年 10 月，美国公司和中国公司是全球投资重点。由于美国的技术领先性，美国无论是被投资金额还是被投资企业数量均为世界第一。尽管中国被投资企业数量不及美国，但由于每笔投资金额较高（例如，旷视科技 2018 年 3 月 C 轮融资 4.6 亿美元，商汤科技 2018 年 4 月 C 轮融资 6.2 亿美元），中国初创企业被投资金额仅次于美国，约为 250 亿美元。此外，英国、以色列、加拿大、法国、日本、新加坡、德国和印度是被关注较多的国家和地区。

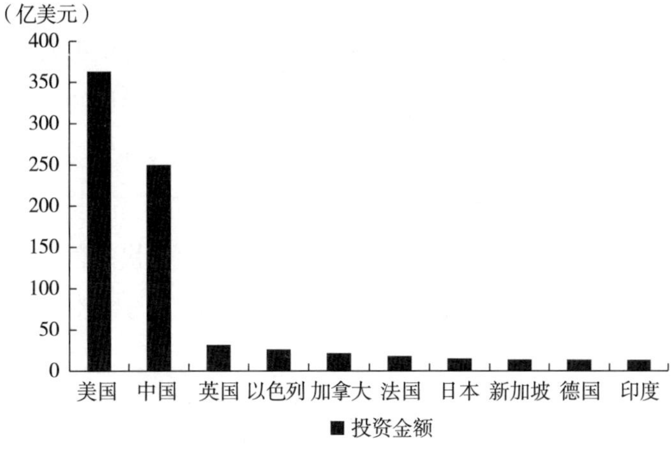

图 5.14　全球投资初创企业前十位国家和地区

资料来源：*Artificial Intelligence Index Report 2019*，Stanford University，泽平宏观。

第三节 展望与建议

人工智能具有明显的溢出效应，将与5G、数据中心等一起推动数字经济时代的产业转型升级，是当前及未来各国科技竞赛的制高点。大国科技实力是国家实力的核心，能否抓住智能时代的变革机遇，是中国建设现代化强国的关键。总体而言，我国人工智能产业仍处于发展初期，面临着基础研发欠缺、技术和场景尚未融合、传统基础设施跟不上技术发展等问题。因此，提出以下建议。

第一，为人工智能发展做好“软性”支撑，做好人才培养、前沿技术研究和联络合作。加强国内高校开展相关课程，培育本土人才。积极吸引海外科研人员，聚集全球人才。对照美国对科研人才的吸引措施，中国应该抓住这一机遇，在研究经费资助、个人税收、签证、户口、子女教育等一系列领域推出引进海外高端人才的一揽子政策，切实解决科研人员的后顾之忧，并为其科研、创业提供更大力度的支持。加快科教体制改革，建立市场化、多层次的产学研协作体系。由国家主导加大基础研究投入，由企业主导加大试验开发投入，多类主体形成合理的科研分工。

第二，为人工智能发展做好“硬性”保障，加快信息化基础设施建设，并对传统物理基础设施进行智能化升级。与铁路、公路、机场三者构成工业时代的基础设施不同，云计算、大数据、人工智能、5G、区块链等将是未来的重点，其所覆盖的新基建包括两类：一类是以数字中心、基站等为代表的信息化设备，另一类是公路、铁路等传统基建设备。为应对未来的数字挑战，需要从这两方面入手：一方面加快宽带网络、5G 网络等建设；另一方面加强对传统铁路、机场等公共场景，例如传感器、控制平台、云平台等智能化配备。为后续技术发展做好数据搜集、传输、沟通、分析的硬件基础。

第三，重视人工智能技术带来的人伦道德问题，从立法和监管两个角度跟上技术革新。人工智能的发展离不开数据，由于大部分的数据是公开透明、自由流通的虚拟产物，容易引发由数据的所属而产生的权责问题，这也涉及数据安全、知识产权保护和隐私问题。例如，企业可以通过消费者的上网浏览信息来分析其倾向与喜好，进行精准推送，企业在降低营销费用的同时，消费者可以更好地获得信息或者产品，然而这一行为是否征得消费者同意、是否涉及侵犯个人隐私也值得考虑。由于数据的生产和使用涉及消费者、平台、运营商、服务商等多个环节，数据在每个环节被加工整合，难以使用传统的产品标准去统一管理，这也对相关立法和监管造成了阻碍。因此，需要关注人工智能的人伦道德、技术标准，以及其与人类社会的关系等问题，以人为本，重视数据安全。

第六章

充电桩：迈向新能源汽车时代

发展新能源汽车是我国从汽车大国迈向汽车强国的必由之路，推进充电基础设施建设是重要保障。2015—2019 年我国充电桩保有量从 6.6 万台增加到 121.9 万台，对应车桩比从 6.4∶1 降至 3.1∶1，充电配套设施显著改善。国际能源署测算，2030 年全球公共、私人充电桩保有量预计分别达到 1 000 万 ~2 000 万台、12 800 万 ~24 500 万台，对应充电量 70~124TWh（亿千瓦时）、480~820TWh。按照国内 40% 的市场份额测算，预计 2020—2030 年国内充电桩市场规模将超过 5 000 亿元，有望成为新基建的重要抓手之一。

然而，充电桩行业仍面临私人建桩少、公共充电难、充电存在安全隐患等问题。因此我们建议：一是由中央负责顶层设计，制定中长期发展规划；二是地方因城施策，给予税惠补贴；三是协调多方力量，鼓励合资运营；四是推广智能有序充电；五是加快标准体系建设。*

* 本章作者：任泽平、连一席、郭双桃。

第一节　中国充电基础设施发展情况

一、充电基础设施成为新基建七大领域之一，潜在市场超过千亿元

充电基础设施政策支持力度不断提升。从 2009 年“十城千辆”新能源汽车示范推广开始，我国定下“中央补贴新能源汽车，地方补助充电设施”的政策基调。2014 年 11 月，财政部、科技部、工业和信息化部、发展改革委（以下称四部委）联合下发《关于新能源汽车充电设施建设奖励的通知》，按照推广新能源汽车数量，分档给予地方充电设施补助奖励。2019 年 3 月，四部委联合发布《关于进一步完善新能源汽车推广应用财政补贴政策的通知》，明确未来“补贴将从新能源汽车购置转向充电基础设施建设”。2020 年 3 月央视新闻将充电桩列为新基建七大领域之一，充电基础设施建设的关注度和支持度不断提升。

2019 年，中国充电桩保有量超过 100 万台，车桩比达 3.1∶1。充电桩作为电动汽车的重要配套设施，有力地支撑着我国新能源汽车产业的高速发展。中国充电联盟披露，我国充电桩保有量从 2015 年的 6.6 万台增加到 2019 年的 121.9 万台，年复合增速达 107.3%；公安部披露，我国新能源汽车保有量从 2015 年的 42 万辆，增加到 2019 年的 381 万辆，年复合增速达 73.5%；对应车桩比从 2015 年的 6.4∶1 下降到 2019 年的 3.1∶1，充电配套有所改善。2015—2019 年我国充电桩历年保有量及车桩比情况见图 6.1。

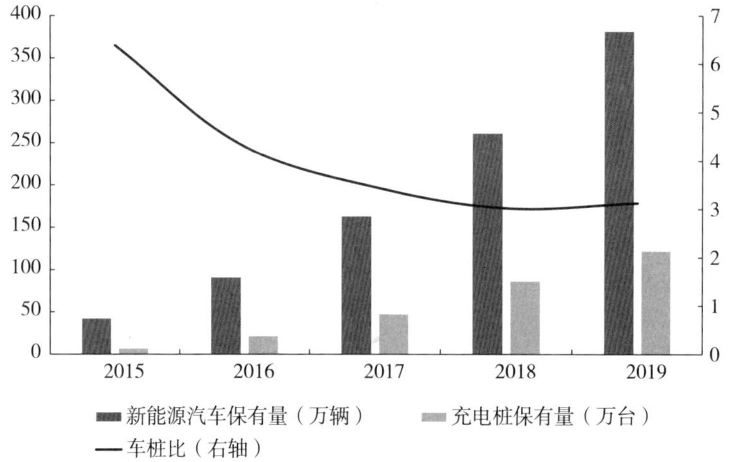

图 6.1　2015—2019 年我国充电桩历年保有量及车桩比

资料来源：中国充电联盟，公安部，泽平宏观。

2019 年 5 月国际能源署发布《全球电动汽车展望》报告，并对 2030 年全球充电桩规模做出预测：基于各国最新政策及 EV30@30 目标倡议，到 2030 年有 30% 的汽车应该是新能源汽车。有两种情形，到 2030 年全球私人充电桩保有量预计分别达 12 800 万台、24 500 万台，总充电功率达 1 000GW（千兆瓦）、1 800GW，总充电量达 480TWh、820TWh；全球公共充电桩保有量预计达 1 000 万台、2 000 万台，总充电功率达 113GW、215GW，总充电量达 70TWh、124TWh。

假设不考虑各个国家的差异，以 2030 年公共充电桩均价 3 万元 / 台、私人充电桩均价 0.4 万元 / 台、电费 0.5 元 / 千瓦时、服务费 0.7 元 / 千瓦时计算，预计 2030 年全球充电桩费用总规模为 0.81 万亿 ~ 1.58 万亿元，2030 年充电费用总规模为 0.66 万亿 ~1.13 万亿元。假设国内市场占全球充电桩市场的份额为 40%，那么国内充电桩设备和服务市场规模将超过 5 000 亿元。

二、私人充电桩建设提速，增速快于公共充电桩

私人充电桩四年来增长近十倍。按照用户场景，充电桩可分为广义公共充电桩和私人充电桩，其中广义公共充电桩又可细分成狭义公共充电桩和公共专用桩（本章公共充电桩无特殊说明都指广义公共充电桩）。2020 年 2 月，中国充电联盟发布《2019—2020 年度中国充电基础设施发展年度报告》称，我国公共充电桩从 2015 年的 5.8 万台增加到 2019 年的 51.6 万台，年复合增速达 72.9%；私人充电桩从 2015 年的 0.8 万台增加到 2019 年的 70.3 万台，年复合增速达 206.17%（见图 6.2）；近几年私人充电桩建桩提速，占比从 2015 年的 12.2% 提升到 2019 年的 57.7%，提升了 45.5 个百分点。

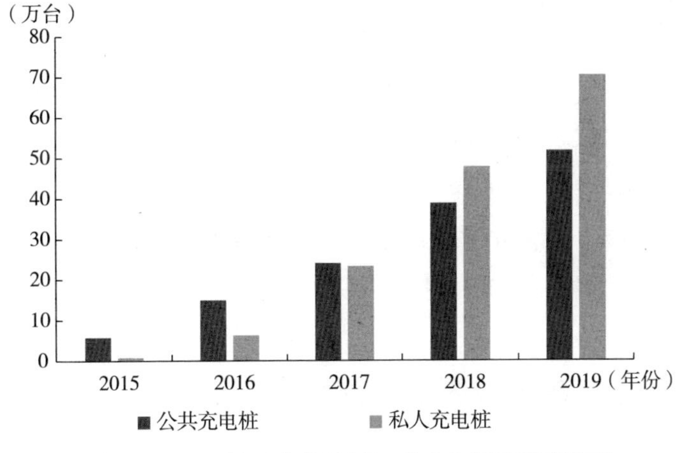

图 6.2　2015—2019 年我国公共、私人充电桩历年保有量

资料来源：中国充电联盟，泽平宏观。

《2019—2020 年度中国充电基础设施发展年度报告》披露，2016—2019 年我国新增公共交流桩功率分别为 8.715 千瓦、6.675 千瓦、8.975 千瓦、8.65 千瓦，基本保持在 8.7 千瓦左右，主要是因为交

流桩对功率要求小，而且标准化程度更高。目前我国公共交流桩分为单相交流桩和三相交流桩，其中三相交流桩主要有21千瓦、40千瓦和80千瓦三种，但整体数量较少；单相交流桩有3.5千瓦和7千瓦两种，以7千瓦为主。相反，如图6.3所示，我国新增公共直流充电桩平均功率从2016年的69.23千瓦持续增加到2019年的115.76千瓦，功率提升了67.2%，主要是用户对于快充的需求增加。

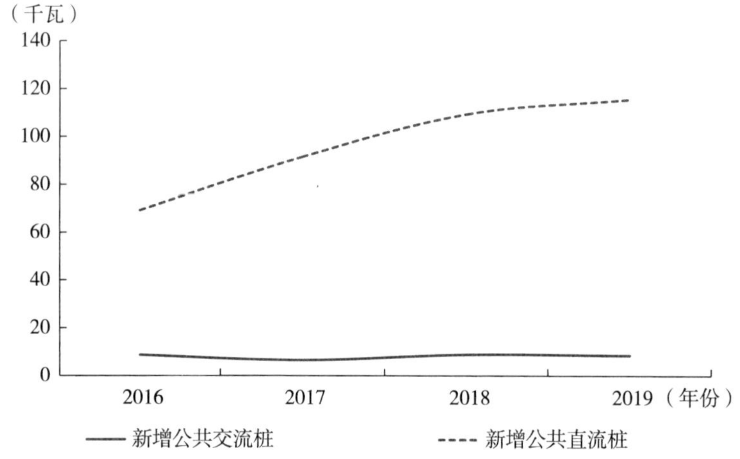

图6.3　2016—2019年我国历年新增公共充电桩平均功率

资料来源：中国充电联盟，泽平宏观。

三、我国二、三线城市充电桩建设加快

如图6.4所示，中国充电联盟披露，截至2020年2月，我国公共充电桩前10个省市分别为江苏、广东、北京、上海、山东、浙江、安徽、河北、湖北、福建，合计公共充电桩保有量39.24万台，占比73.9%，其中前四名市场份额皆超过10%，合计占比46.1%。从趋势上看，北京、上海、广东等发达地区公共充电桩市场份额持续降低，从

2016 年 2 月的 43.5% 减少到 2020 年 2 月的 36.1%，二、三线城市充电桩建设加快，从侧面印证了我国新能源汽车往二、三线城市渗透提速。2016—2020 年 2 月，我国部分省市公共充电桩分布见图 6.5。

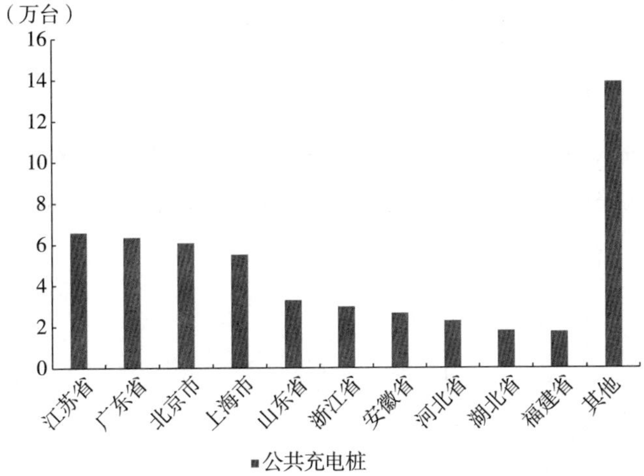

图 6.4　2020 年 2 月我国公共充电桩保有量前十个省市

资料来源：中国充电联盟，泽平宏观。

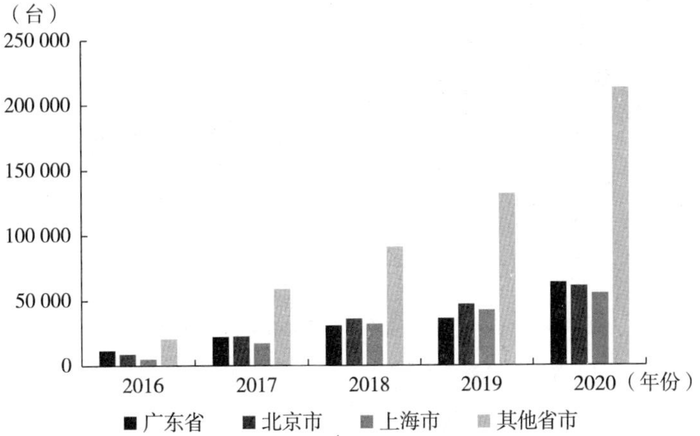

图 6.5　2016—2020 年 2 月我国部分省市公共充电桩分布

资料来源：中国充电联盟，泽平宏观。

四、国企、民营企业等多类主体参与建设运营，行业集中度高

如图 6.6 和图 6.7 所示，中国充电联盟披露，截至 2020 年 2 月，我国公共充电桩前 10 大企业中，特来电、星星充电、国家电网分别运营公共充电桩 15.2 万台、13.0 万台、8.8 万台，对应市场占有率 28.7%、24.5%、16.5%，远高于其他企业，合计占比 69.7%；我国私人充电桩前 10 大企业中，前三名皆是传统车企，其中比亚迪一家独大，运营私人充电桩 41.9 万台，市场份额 58.7%，远高于北汽的 11.3 万台、15.9%，上汽的 9.4 万台、13.1%。

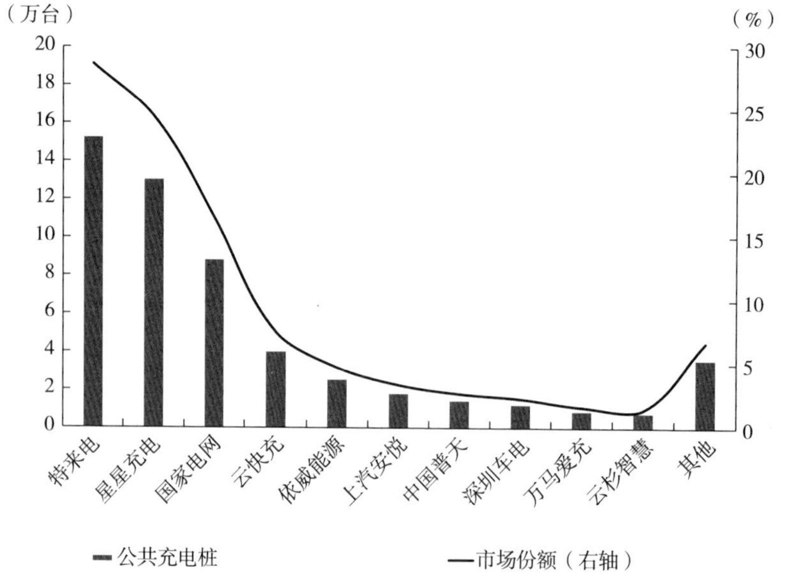

图 6.6　2020 年 2 月我国公共充电桩运营商保有量分布

资料来源：中国充电联盟，泽平宏观。

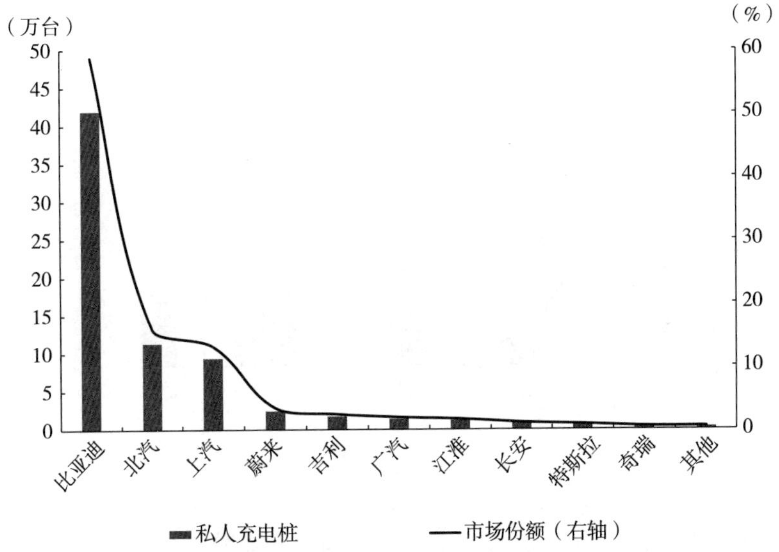

图 6.7　2020 年 2 月我国私人充电桩运营商保有量分布

资料来源：中国充电联盟，泽平宏观。

第二节　行业面临的挑战

虽然我国车桩比不断下降，充电配套持续改善，但是行业仍然存在部分问题亟待解决，新能源汽车用户对充电的满意度仍然较低，严重影响新能源汽车的消费体验。如图 6.8 所示，2019 年 8 月，中国汽车流通协会发布的《2019 年新能源汽车消费市场研究报告》调查显示：充电体验对品牌忠诚度的影响占比是 11.2%，远高于售前和售中的服务体验；而当前新能源车用户对充电体验的满意度最低，只有 7.3 分，说明充电体验已成为他们的核心痛点。

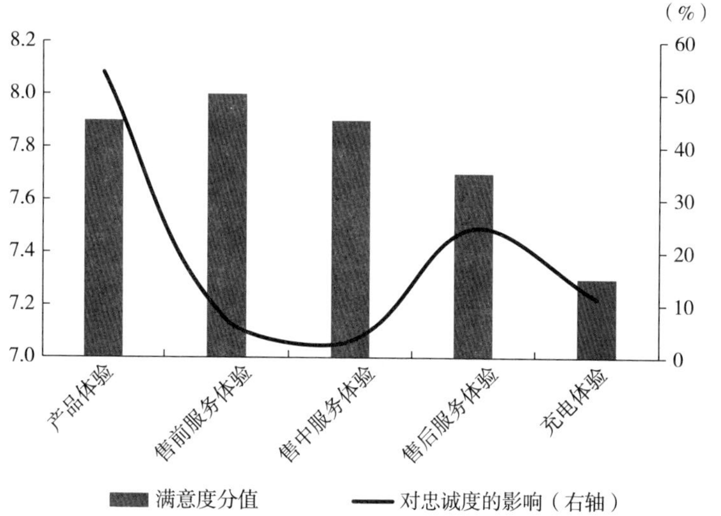

图 6.8 新能源汽车用户各项体验满意度及对忠诚度的影响

资料来源：中国汽车流通协会，泽平宏观。

一、私人桩：目标完成率不到 20%

2015 年 10 月，国家发展改革委、国家能源局、工业和信息化部、住房城乡建设部联合发布《电动汽车充电基础设施发展指南（2015—2020）》，规划至 2020 年我国将新增集中式充换电站超过 1.2 万座，分散式充电桩超过 480 万台，其中公共桩 50 万台，私人桩 430 万台，以满足全国 500 万辆电动汽车的充电需求。中国充电联盟统计，截至 2019 年底，我国公共充电桩保有量达 51.6 万台，提前一年完成目标（见图 6.9）；而私人充电桩保有量只有 70.3 万台，完成率为 16.3%，远低于预期（见图 6.10）。

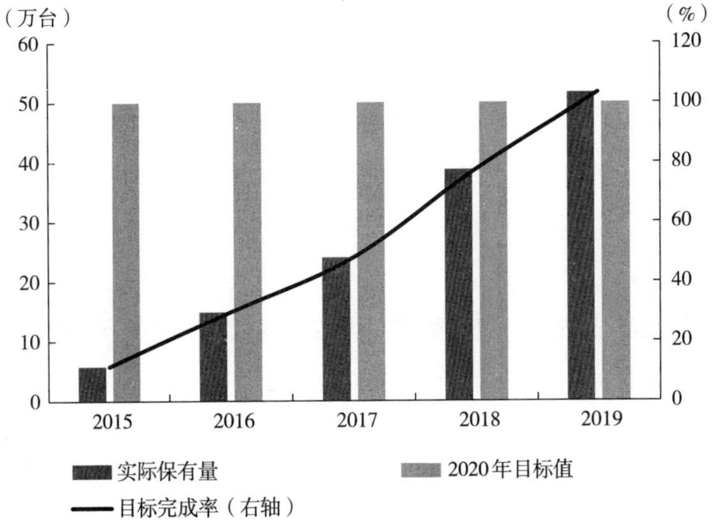

图 6.9　2015—2019 年公共充电桩目标完成率

资料来源：中国充电联盟，泽平宏观。

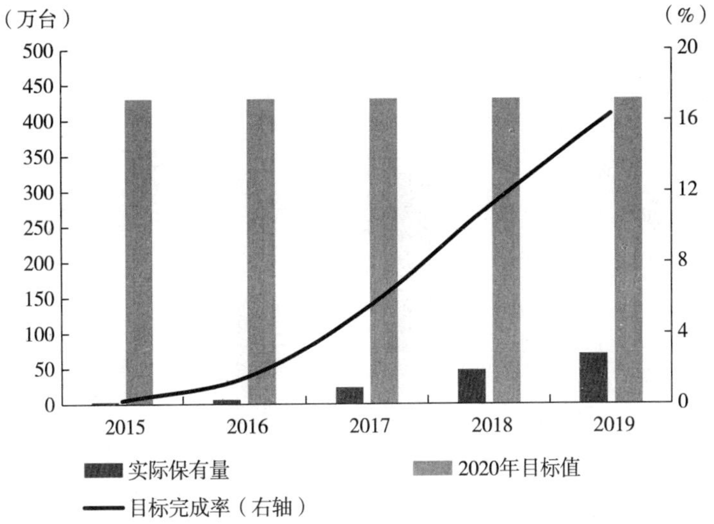

图 6.10　2015—2019 年私人充电桩目标完成率

资料来源：中国充电联盟，泽平宏观。

二、公共充电桩存在四类痛点

当前公共充电领域存在四类痛点：部分充电桩不可用；可用充电桩充电较慢；快充桩存在安全隐患；建桩数量和充电利用率很难平衡，持续亏损削弱运营商的建桩积极性。

（一）燃油车占位多，故障率高，导致部分公共充电桩不能用

2019 年 8 月，中国汽车流通协会发布的《2019 新能源汽车消费市场研究报告》披露，针对新能源汽车用户十大热门城市（北京、上海、深圳等）公共充电桩调查显示（见图 6.11），主要有四类问题导致部分公共充电桩不能用：5.8% 的公共充电桩不对外开放，并且各城市分化严重，北京这一比例高达 19.22%；35.9% 的公共充电桩停车位被燃油车占据；20.7% 的公共充电桩发生故障；13.3% 的自主品牌充电桩相互不兼容。

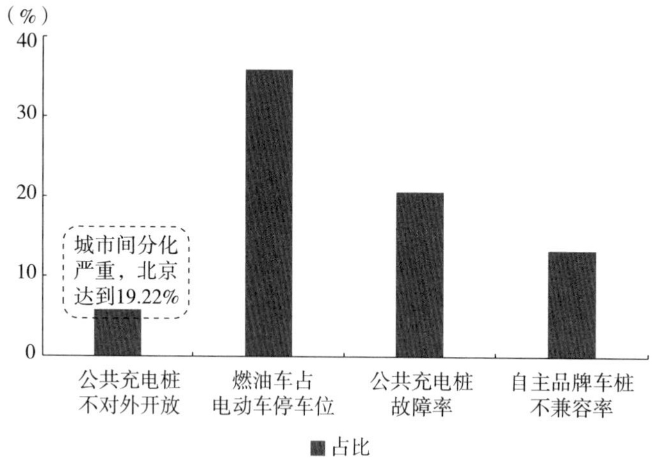

图 6.11　2019 年新能源汽车用户十大热门城市公共充电桩调研

资料来源：中国汽车流通协会，泽平宏观。

（二）公共充电耗时长

2019 年 12 月，北京市公共充电设施数据信息服务平台 e 充网发布的《2019 北京市新能源汽车充电行为报告》显示（见图 6.12）：用户单笔平均充电量 22.2 千瓦时，单笔充电金额 31.9 元；单笔使用公共快充桩充电时长 1.32 小时，公共慢充桩充电时长 5.09 小时，但这不包括排队的时间。值得注意的是，根据合格证数据，我国新增纯电动汽车单车带电量从 2015 年 1 月的 22.2 千瓦时提升到 2020 年 1 月的 48.3 千瓦时，不考虑公交车和插电混动乘用车，22.2 千瓦时只能补充纯电动乘用车 50%~80% 的电量。

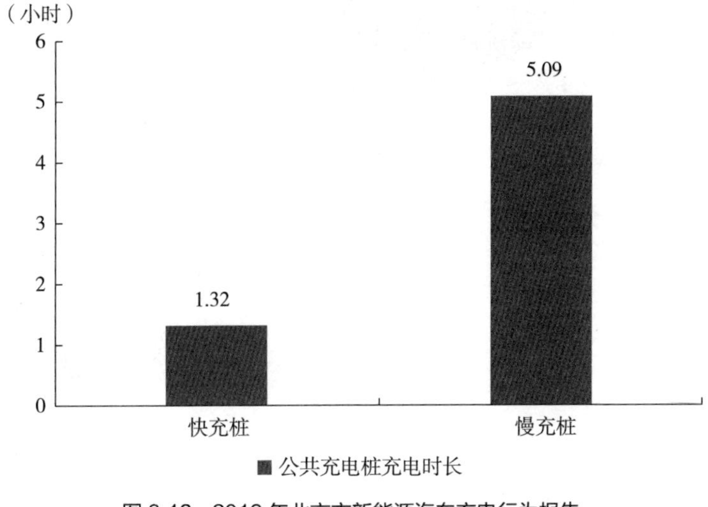

图 6.12　2019 年北京市新能源汽车充电行为报告

资料来源：北京市公共充电设施数据信息服务平台，泽平宏观。

（三）充电引发着火事故占比高，电池在高 SOC 状态下安全性变差

新能源汽车国家大数据联盟披露，从 2019 年 5 月 1 日至 2019 年底，国家平台监测和统计的新能源车辆事故共计 113 起。如图 6.13 所示，在着火事故车辆中，处于充电状态与充满电后静置状态，最容易发生

着火事故，分别占比 38% 和 24%。另外，新能源汽车着火事故大多发生在高 SOC（荷电）状态（如图 6.14 所示），其中 SOC 在 90% 以上的事故占比达到 45%，SOC 在 95% 以上的占比 29%。

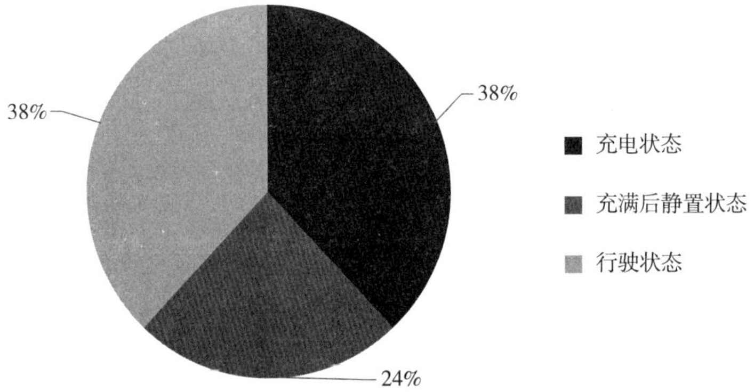

图 6.13　2019 年新能源汽车着火事故车辆状态

资料来源：新能源汽车国家大数据联盟，泽平宏观。

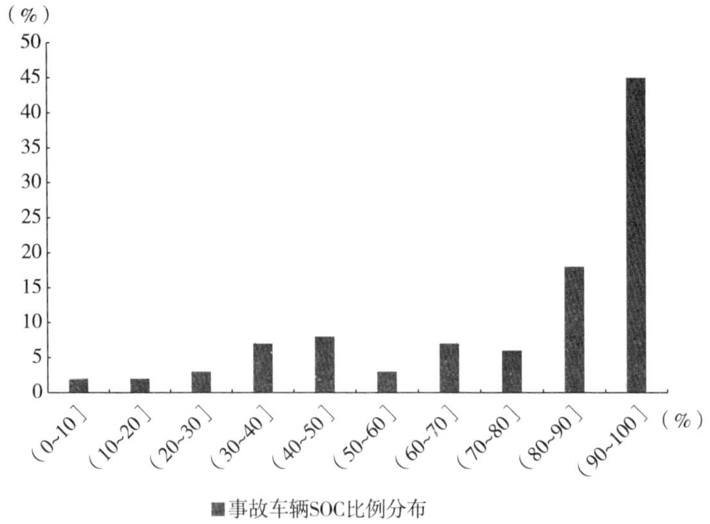

图 6.14　2019 年新能源汽车着火事故车辆状态

资料来源：新能源汽车国家大数据联盟，泽平宏观。

（四）充电利用率低，运营商持续亏损，建桩积极性低

中国充电联盟披露，截至 2019 年 12 月，我国公共充电桩交流桩和直流桩分别占比 58%、42%；2019 年新增公共充电桩交流桩和直流桩也是分别占比 58%、42%。以公共直流桩为例，其核心零部件直流模块（切换交流成直流）成本占比较高，接近 80%；近几年成本呈现下降趋势，降幅逐渐趋缓，截至 2019 年，价格在 0.4 元 / 瓦左右；根据合理假设，测算其实现盈亏平衡的充电利用率应在 8%~10%，与主流充电桩运营商反馈基本一致。

第一，固定成本：设备成本在 2.5 万元（50 千瓦 ×0.4 元 / 瓦 ÷ 80%），考虑配电和土地建设施工成本，合理估算在 5 万~7 万元，以 6 万元计；第二，营业收入：按照 0.7 元 / 千瓦时充电服务费计（考虑分成之后）；第三，相关费用：贷款比例 50%，贷款利率 6%，设备折旧 10 年，年设备维护和人工费用为初始成本 10%。

根据计算，年平均营业成本为 1.38 万元，对应需充电 19 700 千瓦时，即 50 千瓦充电桩需充电 394 小时，充电利用率需达到 9.0% 方可实现盈亏平衡（交流桩基本也维持在该水平）。

充电桩投入大，盈亏严重依赖充电时长，增加充电桩数量与提升充电利用率难以同时实现。上海唯一官方平台上海充换电设施公共数据采集与检测市级平台统计，如图 6.15 所示，2019 年上海市狭义公共充电桩、公共专用桩、小区专用桩、单位专用桩、物流专用桩充电利用率分别为 1.5%、7.5%、2.8%、1.3%、1.2%，远未达到盈亏平衡点。即使是充电桩数量排名第一的特锐德也仅在 2018 年达到 12.1 万台充电桩、11.3 亿千瓦时体量才实现盈亏平衡。

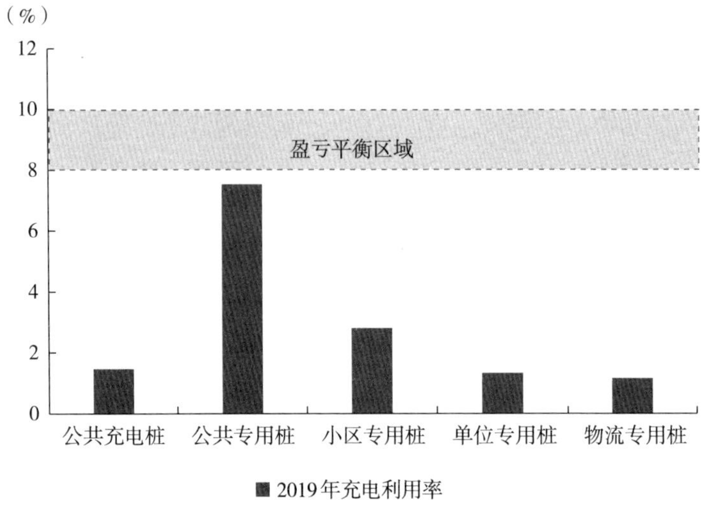

图 6.15　2019 年上海市公共充电桩、专用桩利用率

资料来源：上海市充换电设施公共数据采集与监测市级平台，泽平宏观。

第三节　展望与建议

一、行业格局展望

未来充电桩行业将以智能有序充电为主，大功率公共充电为辅，换电站作为细分市场补充。

（一）私人领域：智能有序充电可降低电网冲击，减少电网改造

私人桩成本低廉、技术成熟，但是截至 2019 年 12 月，私人建桩 70.3 万台，目标完成率 16.3%，远不及预期。主要在于建桩有两大难点：物业难，建立私人充电桩涉及电路铺设与安全隐患，而且部分小

区存在物业更换频繁等问题；电网难，部分老旧小区电网已接近满载，即使 7 千瓦的慢充桩数量较大也会对电网容量造成冲击。

国家电网通过对北京市居民区私人充电桩运行数据分析发现，多数人在下班回家后立即充电，充电时间分布在 18 点至 1 点，高峰时段集中在 19 点至 22 点，充电负荷与生活用电负荷高峰时段严重重叠，形成 3 个小时左右的尖峰负荷；而居民生活用电在夜间有 8 个小时左右的低谷期，负荷率仅为 10%~20%；若充分利用 80% 的低谷容量空间，户均可为 1.2 辆车充电，现有配电网无须改造即可实现社区全部车辆充电。

（二）公共领域：大功率充电是未来趋势

2019 年北京市用户快充桩充电时间长达 1.32 小时，充电慢已经成为车主的核心痛点，之后随着单车带电量的提升，若不提升公共充电功率，这一问题只会更严重，因此目前各方都在努力提升充电桩功率。以特斯拉为例，2019 年 3 月特斯拉推出第三代功率 250 千瓦的充电桩，相比第二代 120 千瓦，充电功率提升了 108.3%；充电联盟统计，我国新增公共充电桩平均功率从 2016 年的 69.23 千瓦持续增加到 2019 年的 115.76 千瓦，功率提升了 67.2%。

（三）细分市场：换电站增加迅速，更适合标准化程度高、对运营效率要求高的场景

公共充电领域，慢充所需时间长，快充存在安全隐患与导致电池衰减严重等问题。相比公共充电而言，换电模式可迅速补充能源，解决里程和充电焦虑，并降低购置成本。但是换电模式的缺点也很明显，建站成本高，电池规格难统一，无法解决电池所有权问题；所以换电模式比较适合在公交车和运营车上使用，因为两者的标准化程度

高，而且对运营效率要求更严格。在私家车领域，由于定制化属性强，换电模式只适用自家车型，更适合有一定销量规模的车企。2019 年 8 月—2020 年 2 月我国换电站月度保有量见图 6.16。充电联盟统计，截至 2020 年 2 月，我国换电站保有量为 400 座，相比 2019 年 8 月的 245 座增加了 63.3%；主要运营商有三家，奥动、蔚来、伯坦分别运营 183、123、94 座。

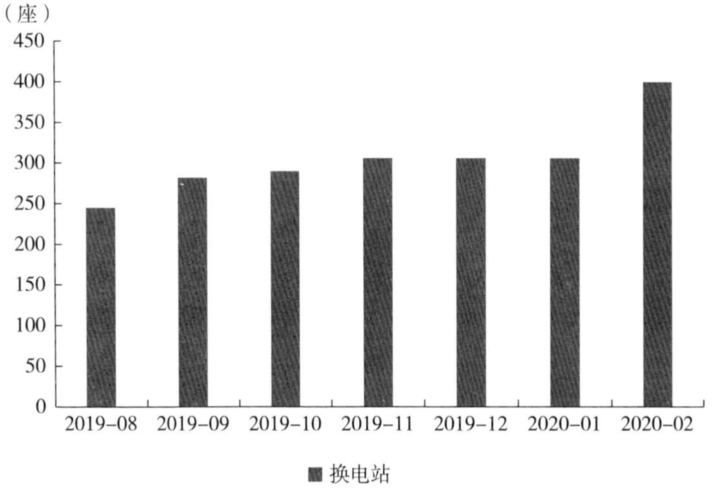

图 6.16 2019 年 8 月—2020 年 2 月我国换电站月度保有量

资料来源：中国充电联盟，泽平宏观。

二、产业赋能展望

未来生活场景只要涉及电动车出行，背后都离不开电能的支持，这一特性决定了充电桩获取数据的便利性和广泛性，充电桩将成为未来车联网的重要入口之一，数据价值值得挖掘。充电桩数据将有三方面应用价值。

一是充电安全数据。通过对电动车进行充电，监测充电过程的电池系统的电压、电流、温度变化，结合历史充电数据，可实现充电安全预警。特来电大数据平台披露，截至2018年底，特来电大数据云平台对3 780多万次充电过程有安全监控和防护情况，触发25.8万次主动防护，占比0.7%，可能预防了20~25起重大事故。

二是汽车用电数据。通过对所有平台中电动车的监测，可以推断各城市不同车型电动车的保有量、日均充电量、日均用电量、日均行驶里程等数据。相关数据可辅助新能源汽车推广，协助充电桩建设，提高运营效率，降低二手车信息不对称，繁荣新能源二手车市场。

三是汽车行为数据。通过获得车企授权，实现车载系统等数据互通，可记录汽车重要行为数据，包括车主驾驶习惯、行驶轨迹、用车时长、周围环境等，实现充电数据、车辆数据、电网数据、环境数据、用户数据等全覆盖。

三、政策建议

建议从如下几个方面着手推广充电桩的建设。

第一，中央负责顶层设计，制定充电桩建设中长期发展规划，给予市场明确指引。2015年发布的《电动汽车充电基础设施发展指南（2015—2020）》指导我国充电桩建设；目前来看，需要重新制定2020年以后的发展规划。

第二，地方结合实际情况，因地制宜推广充电桩，给予补贴。科学布局充电桩地理建设，兼顾运营效率与充电便捷度；新能源公交车、运营车较多的省市以大功率快充桩建设为主，其他城市以慢充桩建设为主。

第三，鼓励充电桩产业上下游相关方以合资形式成立充电桩运营公司。协调各方利益诉求，解决公共充电桩投资大、不互联互通等问题。

第四，加快智能有序充电试点，总结经验进行全国推广。利用晚上 10 点以后的低谷期充电，不仅充电成本低，而且不会对电网造成冲击，可以在很大程度上解决私人建桩过程中的电网扩容难等问题。

第五，加快充电桩标准体系建设，改善充电桩故障率高、有充电安全隐患等问题。

第六，借鉴美国经验，联合商业力量，给予补贴、贷款或税收优惠。美国在公共充电桩选址方面更多样化，百思买、西夫韦、全食超市、宜家等商业巨头皆在旗下连锁店的停车场安装充电桩。调研显示，在店铺外安装充电桩后，消费者在店里停留的平均时间是以往的 3 倍，消费额也有所增长。

第七章

城市群：人口大流动带来的投资机遇

人口流动的基本逻辑是“人随产业走，人往高处走”。从全球来看，随着全球城市化整体进入中后期，人口将越发向都市圈和城市群集聚。从中国来看，尽管当前人口流动整体放缓，但向大城市、大都市圈集聚更为明显。随着自然增长率走低、人口峰值见顶，未来越来越多的地区将陷入人口减少的收缩局面。我们估计，到 2042 年，1.9 亿新增城镇人口中的约 80% 将分布在 19 个城市群，约 60% 将分布在长三角、珠三角、京津冀、长江中游、成渝、中原、山东半岛七大城市群。

基础设施是为人口和产业服务的，需在人口持续流入的城市群和都市圈适当超前建设。当前中国大城市、都市圈和城市群交通建设明显滞后，教育、医疗等公共服务资源不足，未来伴随着人口持续流入，上述矛盾将日益突出，并将带来潜力巨大的投资机遇，这属于新基建的新地区。*

---

* 本章作者：熊柴、白学松、闫凯。本章为国家社科基金项目“我国人口城镇化与土地城镇化协调发展研究”（15CJY026）的阶段性成果。

第一节　人口迁移的基本逻辑

影响人口迁移的因素很多，比如自然、地理、经济、政治、社会、文化等，相关理论有拉文斯坦迁移法则、推拉理论、发展经济学二元结构理论等。从长期和根本来看，决定一个区域人口集聚的关键是该区域的经济规模，以及该城市与本国其他地区的人均收入差距，简单地讲，就是我们提出的“人随产业走，人往高处走”。理论上，在完全的市场竞争和个体同质条件下，较高的人均收入将不断地吸引区外人口净迁入，直至该地区的人均收入与其他地区持平。

我们曾提出以经济－人口分布平衡法则作为人口迁移和集聚的基本分析框架，即区域经济份额与人口份额的分布平衡引导人口流动，并通过 OECD 城市功能区，美、日、韩等发达经济体的数据进行验证。静态地看，当区域经济份额与人口份额的比值趋近于 0 时，表示该区域人均收入远低于全国平均水平，人口很可能呈净迁出状态；当该比值等于 1 时，表示该区域人均收入等于全国人均收入，人口净迁入规模很可能接近于 0；当该比值趋近于 + ∞时，表示该区域人均收入远高于全国平均水平，人口很可能呈净迁入状态。动态地看，当某区域经济－人口比值处于 1 附近，但该地区经济增长快于全国平均水平时，人口仍将净迁入，呈现一边经济高速增长、一边人口净流入的基本平衡。在短期，由于经济波动幅度大多明显大于人口增长速度，经济－人口比值受经济波动的影响更大。在长期，由于市场不完全竞争以及城市之间、个体之间等存在明显差异，所以当城市发展比较稳定时，其经济份额与人口份额的比值虽不能等于 1，但将保持在 1 附近的水平。

在实践中，由于产业结构差异，经济–人口比值高的地区人均收入不一定高，比如以能源、重工业等资本密集型产业为主导的城市，可能 GDP 份额和人均 GDP 高，但人均收入一般。而在以服务业为主导的城市，人均 GDP 与人均收入的相对排序往往比较一致。总的来看，工业发展需要集聚，所以工业化带动城市化，人口大规模从乡村向城市集聚。服务业发展比工业更需要集聚，所以在城市化中后期，人口主要向一、二线大城市和大都市圈城市群集聚。

第二节　人口迁移的国际规律

一、全球人口迁移：从低收入地区流向高收入地区，从中小城市流向大城市群

全球人口迁移呈现两大特点。

一是在跨国层面，人口从中等收入、低收入国家向高收入国家迁移。联合国《世界人口展望》（2019 年修订版）统计，1960—2017 年，高收入经济体人口净流入 1.36 亿，其中来自中高收入、中低收入、低收入经济体的比例分别为 26.4%、53.2%、20.5%。中高收入经济体人口生活水平接近于高收入经济体，迁移动力不强；低收入经济体人口虽然迁移动力强，但难以承担迁移成本；而中低收入经济体人口迁移动力强，并且能够承担迁移成本。从国别来看，人口主要是从中国、东南亚（菲律宾、缅甸、印尼、越南等）、南亚

（孟加拉国、印度、巴基斯坦等）、拉美（墨西哥等）、非洲、中东动乱国家（叙利亚等）、中东欧，向北美、西欧、中东石油富国（阿联酋、沙特阿拉伯）、俄罗斯、澳大利亚等迁移。其中，1960—2017年美国净迁入人口超过4 900万，德、法、英、西、意西欧五国净迁入合计超过3 300万，沙特阿拉伯和阿联酋净迁入合计超过1 400万，俄罗斯净迁入近1 100万，加拿大净迁入超过900万，澳大利亚净迁入近700万。日本移民政策长期较为保守，净迁入人口较少，仅235万。虽然中国、印度等新兴经济体快速发展，但全球经济人口分布仍非常不平衡，差距甚至较60多年前明显扩大，未来大规模跨国人口流动仍将持续。1960—2018年，高收入经济体经济份额从77.3%降至63.1%，人口份额从25.1%降至15.9%，经济份额与人口份额的比值从3.08升至2003年的4.74，再降至3.96。

二是在城乡层面，随着全球城市化进程进入中后期，不同规模的城市人口增长将从过去的齐增变为分化，人口从乡村和中小城市向一、二线大都市圈迁移，而中小城市人口增长面临停滞甚至净迁出。1950—2015年，全球城市化率从29.6%增至53.9%，该时期所有规模城市的人口占比均有明显上升，所有规模城市人口年均增速均明显超过1.7%的自然增长水平。其中，1 000万人以上城市人口占全球总人口的比重从0.9%增至6.3%，30万人以下小城市人口占比从17.8%升至22.9%，分别上升5.4、5.1个百分点。联合国预测（见图7.1），到2035年全球城市化率将达62.5%，大城市群和大都市圈人口继续快速集聚，但50万人以下城市人口年均增速将降至1%，略高于0.9%的自然增长水平。

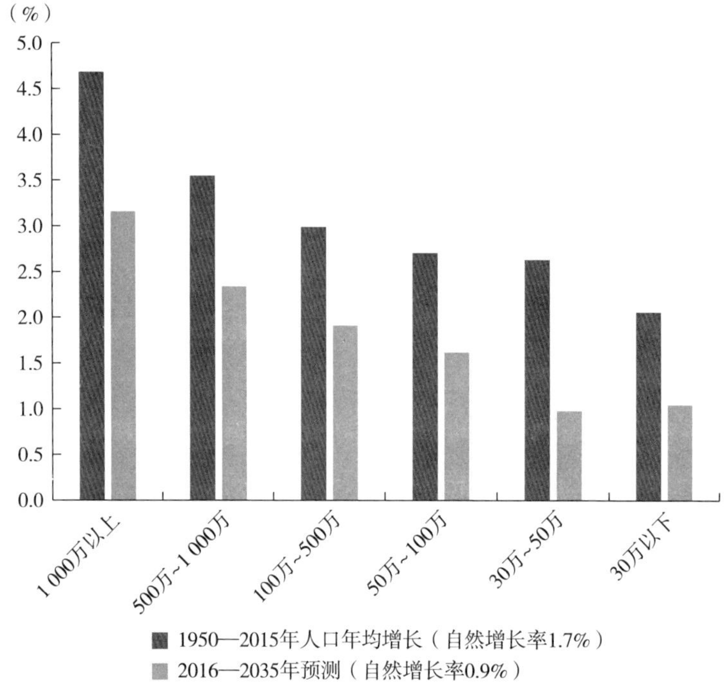

图 7.1　全球 50 万人以下城市人口增长将停滞

资料来源：联合国，泽平宏观。

二、美国人口迁移：从“铁锈八州”流向西、南海岸，大都会区化

1850—2018 年，美国人口从 2 327 万快速增至 3.27 亿。特别是第二次世界大战结束后，伴随着美国成为全球经济中心，大规模国际移民涌入美国，美国人口在 1950—2018 年增加了 1.76 亿。美国 300 多年来的人口迁移呈现两个特点。

一是在地区层面，人口从向传统工业主导的五大湖区域集聚，到向能源、现代制造和现代服务业主导的西海岸、南海岸集聚。1850—1970 年，美国“铁锈八州”人口从 1 023 万快速增至 7 203 万，虽然占比从 44% 降至 35.3%，但人口增量贡献达 34%，是美国人口聚集的核心。从 20 世纪 70 年代开始，伴随着西欧、日本以及后期中国的崛起，美国传统制造业逐渐衰落，“铁锈八州” GDP 占比从 1970 年的 35.6% 降至 2018 年的 25.8%。与经济衰落相对应的是，1970 年以来“铁锈八州”人口增长大幅放缓，纽约州在 1970—1980 年、西弗吉尼亚州在 1950—1970 年和 1980—1990 年人口甚至净减少。到 2018 年，“铁锈八州”人口仅增加 906 万至 8 109 万人，人口增量贡献降至 7.3%，占比大幅降至 25%。

与此同时，以能源、先进制造和现代服务业为主的加利福尼亚州、得克萨斯州、佛罗里达州等地区逐渐成为美国人口集聚的中心。1850—1970 年，这三州人口合计从 40 万增至 3 794 万人，占比从 1.7% 快速提高至 18.6%，人口增量贡献为 20.8%，低于“铁锈八州”约 13 个百分点（见图 7.2）。1970—2018 年，这三州 GDP 份额从 18.1% 增至 28.1%，人口快速增至 8 956 万，人口增量贡献高达 41.8%，人口占比升至 27.4%。可以发现，不管是 1970 年还是 2018 年，这三州与“铁

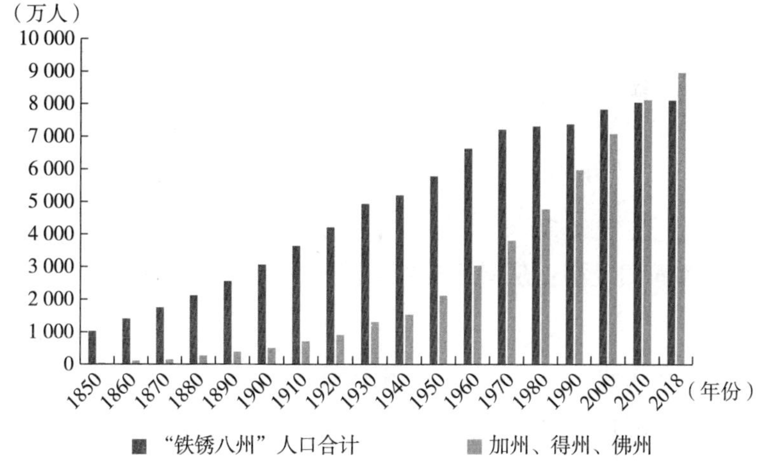

图 7.2　美国“铁锈八州”人口增长在 1970 年后明显放缓

资料来源：美国人口调查局，泽平宏观。

锈八州”的经济份额与人口份额均基本平衡，即经济－人口比值基本在 1 附近，但人口流动状态迥异，原因在于经济增长的差异。

二是在城乡层面，美国人口在城市化中后期明显向大都会区集聚。美国城乡划分标准多次调整，当前城市的基本定义为：50 000 人以上的城市化区域（Urbanization Areas，UAs），和 2 500~50 000 人的城市簇（Urban Clusters，UCs）。美国城市化率在 1910 年达 45.6%，1940 年达 56.5%（与中国当前接近），1970 年达 73.6%，2010 年达 80.7%。同时，基于经济社会高度联系的城市功能联系思想，美国人口调查局于 1910 年开始逐渐形成都会区统计（Metropolitan Statistical Areas，最小规模为 5 万人以上）。1910—2015 年，美国都会区人口比重从 28.4% 增至 85.6%，其中人口向大都会区化集聚态势明显。1950—2015 年，5 万 ~25 万人的都会区人口比重增加了 0.3 个百分点，25 万 ~100 万人的都会区人口比重增加了 2.8 个百分点，而 100 万 ~500 万人、500 万人以上的都会区人口比重分别增加了 13.5、12.9 个百分点。特别是在 1970—2015 年，500 万人以上都会区人口比重增加了 9.9 个百分点，远高于 100 万 ~500 万、25 万 ~100 万、5 万 ~25 万人都会区的 5.3、0.8、0.6 个百分点。2015 年，美国 5 万 ~25 万、25 万 ~100 万、100 万 ~500 万、500 万人以上都会区经济－人口比值分别为 0.75、0.84、1.09、1.26，高收入的大都会区依然对人口有着较大吸引力。

三、日本人口迁移：从向三极集聚到向东京圈一极集聚

日本存在两个版本的城市化率统计。一是市部人口比重。该比重被国内学界广泛引用，并被世界银行数据库收录，但受行政区划调整影响较大。比如因行政区划调整，1950—1960 年从 37.3% 激增至 63.3%，2000—2010 年从 78.7% 激增至 90.7%。二是 DID（人

口集中地区）人口比重。为克服行政区划调整影响，日本统计部门在1960年定义DID，即人口密度高于4 000人/平方千米的调查区，与市区町村内互相邻接，人口合计超过5 000人的调查区。日本DID人口比重从1960年的43.3%快速增至1990年的63.2%，再增至2010年的67.3%。

在日本城市化进程中，人口随着产业持续向大都市圈集聚，但在1973年左右从向东京圈、大阪圈、名古屋圈“三极”集聚转为向东京圈“一极”集聚（见图7.3）。第一阶段，在20世纪70年代日本经济增速换挡以前，三大都市圈收入水平较高且经济持续集聚，因此人口大规模流入。1955年，东京圈、大阪圈、名古屋圈GDP占全国份额分别为23.8%、15.3%、8.6%，人口占比分别为17.3%、12.3%、7.7%，经济－人口比值分别为1.38、1.24、1.12。到1970年，三大都市圈GDP占全国份额分别增至29.3%、17.5%、9.5%。1973年人口分别达2 607万人、1 636万人、918万人，占比分别达23.9%、15%、8.4%，经济－人口比值分别为1.22、1.13、1.12（未变）。第二阶段，因东京圈收入较高且经济继续集聚，名古屋圈经济份额略有上升，大阪圈衰落，1973年之后东京圈人口继续保持净迁入状态，名古屋圈人口略有迁入，大阪圈人口基本处于净迁出状态。1974—2014年，东京圈、大阪圈、名古屋圈人口净迁入量分别为350万人、−89万人、10万人。2014年东京圈、大阪圈、名古屋圈经济份额分别为32.3%、13.9%、9.9%，分别较1970年变化3.1、−3.6、0.3个百分点；人口分别为3 592万人、1 836万人、1 132万人，占比分别为28.3%、14.4%、8.9%，分别较1973年变化5、−0.5、0.5个百分点；经济－人口比值分别为1.14、0.96、1.11。该时期大阪圈、名古屋圈人口增长主要源于自然增长。

此外，在严重的少子化和老龄化背景下，日本人口在2008年左右见顶，20世纪90年代中期以来，除东京都及东京圈三县、爱知县

（名古屋圈核心）、大阪府、福冈县等少数地区外，绝大多数县逐渐面临人口净迁出，不少地区人口开始减少。到 2017 年，日本 47 个都府道县中已有 40 个人口见顶，49 个主要城市中已有 42 个人口见顶。

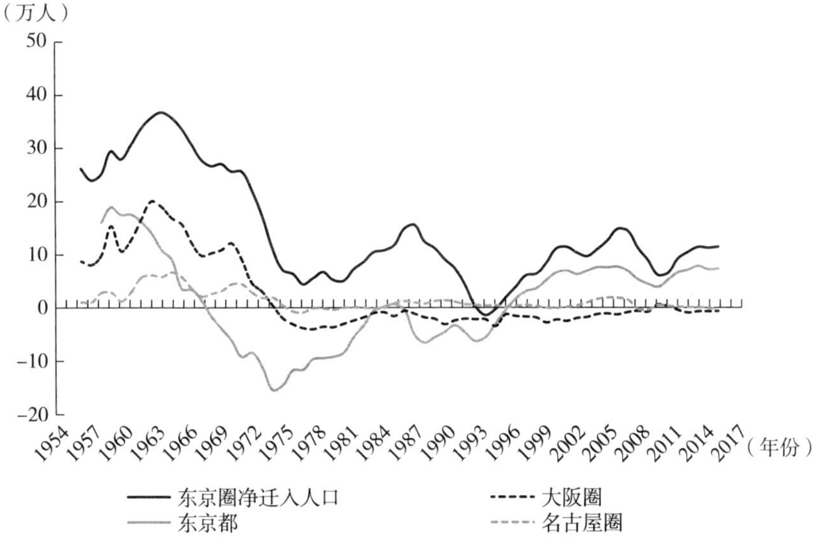

图 7.3　日本东京圈长期保持人口净迁入

资料来源：日本总务省统计局，泽平宏观。

第三节　中国人口大迁移：从城市化到大都市圈城市群化

一、人口流动整体放缓，向大城市、大都市圈城市群集聚

在全域层面，一、二线城市人口持续流入，三线城市人口略微流出，四线城市人口显著持续流出，但近年有所回流。1982—2018 年，一、二线城市人口年均增速均显著高于全国平均水平，并且一线城

市增速更高，表明人口长期净流入，向一线城市集聚更多。其中，1991—2000年、2001—2010年、2011—2015年、2016—2018年，一线城市人口年均增速分别为3.9%、3.4%、1.5%、1.4%，二线城市分别为1.9%、1.8%、1.0%、1.1%（见图7.4），表明自2011年以来，一、二线城市人口流入放缓但仍保持集聚，放缓的原因包括京沪控人、人口老化、农民工回流等。近年二线城市人口增速略微上升与“抢人”政策有关。上述四个时期，三四线城市合计人口年均增速分别为0.63%、0.37%、0.30%、0.27%，而全国人口平均增速为1.04%、0.57%、0.50%、0.50%，表明三四线城市人口处于持续净流出。其中，2001—2010年、2011—2015年、2016—2018年三线城市人口年均增速分别为0.49%、0.40%、0.44%，略低于全国0.57%、0.50%、0.50%的人口增速；四线城市人口年均增速均为0.18%、0.37%、0.43%，显著持续低于全国平均水平，但2010年后有所回流。由于统计上各地区人口加总不等于全国，三四线合计人口为全国剔除一、二线城市后得到的，与三四线城市人口不完全吻合。

与一般三四线城市明显不同，发达城市群的三四线城市人口仍稍有流入。2001—2010年、2011—2015年、2016—2018年，珠三角城市群的三四线城市人口年均增速分别为2.24%、0.58%、1.09%，长三角城市群的三四线城市人口年均增速分别为0.58%、0.31%、0.53%（见图7.5）。与这三个时期全国人口平均增速0.57%、0.5%、0.5%相比，珠三角城市群的三四线城市在2001—2010年人口大量流入，2011—2015年略有流入，2016—2018年再度明显流入；长三角城市群的三四线城市在2011—2015年受人口回流中西部影响稍有流出，2016—2018年也转为微弱流入；京津冀城市群的三四线城市在上述三个时期人口年均增速分别为0.73%、0.57%、0.55%，始终保持微弱流入；而在中西部城市群，三四线城市人口多为净迁出。比如，成渝城市群扣除成都、重庆主城九区后，三个时期人口年均增速分别

为 -0.78%、0.27%、0.4%；而长江中游城市群扣除武汉、长沙、南昌后，三个时期人口年均增速分别为 0.03%、0.36%、0.22%。

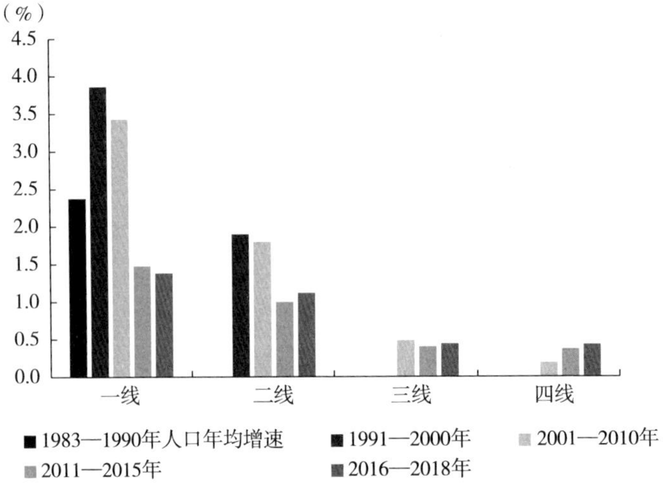

图 7.4　一、二线流入，三线停滞，四线流出

资料来源：各地方统计局，泽平宏观。

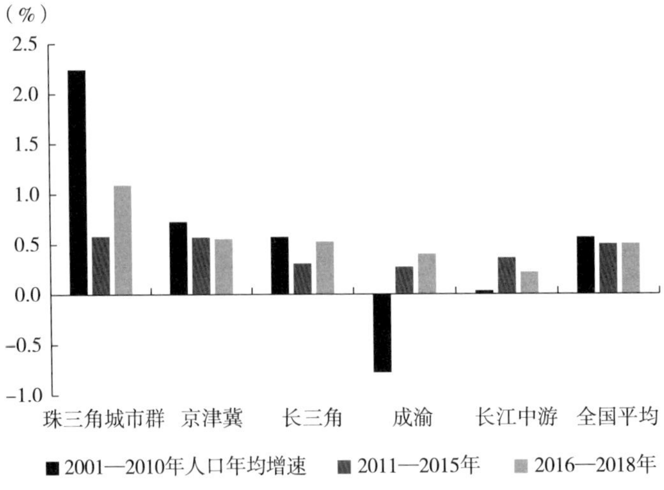

图 7.5　发达地区三四线城市仍稍有流入

资料来源：各地方统计局，泽平宏观。

总的来看，1990—2018 年，一线城市人口占比从 2.8% 增至 2018 年的 5.3%，二线城市人口占比从 16.1% 增至 20.5%，三四线城市人口占比从 81% 降至 74.2%。在人口向一、二线城市集聚的背后，是经济的集聚。该时期，一线城市 GDP 占比从 9.4% 增至 12.2%，二线城市 GDP 占比从 23.8% 增至 33.7%，三四线城市 GDP 占比从 66.8% 降至 54.1%。2018 年，一、二、三、四线城市经济－人口比值分别为 2.3、1.6、1.0、0.6，这预示着四线城市人口将继续大幅流出，一、二线城市人口将继续集聚。

从重点城市来看，近年深圳、广州、杭州常住人口大幅增长，长沙、西安、成都、郑州、武汉、重庆等中西部核心城市日益崛起，北京、上海、天津、苏州、无锡等东部城市人口增长明显放缓。过去 20 年，中国城市的人口集聚格局发生了深刻的变化。除京、沪从 2013 年开始主动控制人口外，其他城市近期多在“抢人”，但成效各异。2001—2010 年，常住人口年均增量最大的前五个城市为上海、北京、苏州、深圳、天津，分别年均增加 66 万、61 万、37 万、34 万、31 万。2011—2015 年，常住人口年均增量最大的前五个城市为天津、北京、上海、深圳、郑州，分别年均增加 50 万、42 万、22 万、20 万、18 万。2016—2018 年，常住人口年均增量最大的前五个城市为深圳、广州、杭州、长沙、西安，分别年均增加 55 万、47 万、26 万、24 万、23 万；成都、郑州、佛山、武汉常住人口年均增加也超过 15 万，而传统的人口集聚大城市北京、上海、天津、苏州、无锡、东莞年均增加不足 5 万，北京在 2017—2018 年持续两年负增长，天津在 2017 年一度负增长。

二、哪些地方人口在流入，哪些在流出

以直辖市、地市、省直辖县级行政单位为基础单元，对中国大陆

进行全覆盖的人口流入流出识别，主要把人口增速高于本省（直辖市、自治区）或本地市自然增长率的地区粗略地识别为人口流入地区，把人口增速低于本省（直辖市、自治区）或本地市自然增长率的地区识别为人口流出地区，并把人口减少地区从人口流出地区单独识别出来。其中，采用地级常住人口自然增长率的地区有河北、浙江、安徽、福建、江西、河南、四川、云南、陕西、甘肃、宁夏、新疆 12 个省区；其余省区由于未公布较完整的地级人口自然增长率数据或仅公布地级户籍人口自然增长率，所以只能采用省级常住人口自然增长率。此外，青海省西宁市和其余州市采用两个不同的自然增长率，其中其余州市的自然增长率由青海省自然增长率和西宁市自然增长率计算得出。这样处理的原因是考虑到西宁的人口自然增长率显著低于青海省其余州市。以本省（直辖市、自治区）或本地市自然增长率作为识别标准，显然优于以全国人口自然增长率作为识别标准，比如 2011—2018 年新疆、西藏人口年均自然增长率在千分之十以上，大幅高于全国千分之五左右的平均水平，而辽宁省该时期人口自然增长率为负。不过，采用省级自然增长率的省份内部地市自然增长率仍存在差异，常住人口和自然增长率也存在统计误差，这意味着我们的研究可能存在一定的偏差。此外，需要注意的是，地市全域人口流出，并不意味着其下辖的市辖区、县级市、县一定会出现全部人口流出。

在 16 个地级单位数据缺失的情况下，估计 2001—2010 年、2011—2015 年、2016—2018 年全国人口净流出的地区个数分别为 175、196、205 个，人口净流出地区的数量占比分别为 51.9%、58.2%、60.8%，2010 年后明显上升。上述三个时期人口净流入地区数量依次递减，分别为 162、141、116 个，表明人口更加向少数地区、大城市、大都市圈集聚。其中，上述三个时期人口减少地区的个数分别为 88、45、56 个，人口正增长但增速低于本省或本地市自然增长率的地区个数分别为 87、151、149 个。2010 年后，人口减少的地区大幅下降，人口正增长但增速低于全国平均的地区大幅上升，这主要是部分农民工回流所致。

从地域分布来看，2001—2010 年，扣除西北地区、西藏地区少量人口净流入后，人口净流入地区主要在东南沿海、华北、辽宁等地，而人口净流出地区主要在华中、华南（不含广东）、东南沿海部分欠发达地区和西南、黑龙江、吉林等地。2011—2015 年，人口净流出地区主要集中在东北地区、中西部的大部分地区以及东南沿海的非核心城市等；人口净流入地区明显变少，并且趋向破碎化，主要在全国主要大城市及周边地区，包括广深珠惠肇、京津、沪宁杭苏锡常湖绍甬、合肥、南昌、石家庄、郑州－洛阳、武汉、长沙－株洲、济南、青岛、西安、成渝、昆明、贵阳、南宁、呼包鄂，以及广西桂柳及桂东南地区、粤西、苏北、晋中南、川西川北等。到 2016—2018 年，扣除数据大幅缺失的新疆后，人口净流出地区比 2011—2015 年范围进一步扩大的区域主要有东北、晋中南、海峡西岸、桂东、粤东、粤北等，京、沪由于控制人口规模，人口呈现净流出；而人口净流入地区范围明显扩大的区域仅有皖北、浙西、川东。

在人口净流出地区中，人口减少的地区值得特别关注。2001—2010 年，人口减少地区主要集中在中西部，包括皖北、豫东南、湖北大部、川东、成都平原（除成都外）、黔东、黔南等地，此外东北部分城市和东部的苏北、苏中、闽西等地人口也有所减少。2011—2015 年，东北的人口减少地区范围大幅扩展，除核心城市及周边部分地区外，其余地区人口全面减少；全国其他地区人口减少城市的数量则大幅减少，除豫东南地区外，均呈零星分布。2016—2018 年，东北地区几乎全域人口减少，除长春、大连难以判断外，仅沈阳、盘锦人口微弱流入；全国其他人口减少地区仍基本呈零星分布，仅关中平原、成都平原受到西安、成都“抢人”影响而出现小范围连片的人口减少地区；乌鲁木齐成为除东北、北京外唯一人口减少的省会级城市，主要是因为2015年后该市汉族人口显著减少。

第四节 未来1.9亿新增城镇人口将去向何方

一、2042年中国城镇人口将新增1.9亿

1978—2018年，中国城镇常住人口从1.7亿快速增至8.3亿，城市化率从17.9%提升至59.6%。过去40年城镇人口净增6.6亿，深刻地改变了中国经济社会格局。当然，其中存在2.26亿农民工及家属子女未能市民化，2018年中国户籍人口城市化率仅为43.4%。目前，中国59.6%的城市化率稍高于55.3%的世界平均水平，但明显低于高收入经济体的81.3%和中高收入经济体的66.2%，这意味着中国城镇化还有较大的空间（见图7.6）。

我们预测，到2042年中国城镇人口达到峰值时，对应中国城市化率将达约76%，城镇人口将达10.2亿，比2018年增加约1.9亿。国际经验表明，城市化发展近似一条稍被拉平的S形曲线，大致分为三个阶段：缓慢发展期（30%以前）、快速发展期（30%~70%）、稳定发展期（70%之后）。其中，第二阶段（快速发展期）又大致以50%为临界点分为两个阶段，之前为加速发展期，之后为减速发展期。中国城市化已进入快速发展期的减速发展阶段。《国家人口发展规划（2016—2030）》预测，中国人口将在2030年前后达到峰值，此后持续下降；届时即2030年中国城市化率将达70%。联合国《世界人口

展望 2019》预测，中国人口将在 2031 年左右达到峰值；联合国《2018 年版世界城市化展望》预测，中国城市化率将在 2030 年达 70.6%，城镇人口达 10.2 亿，但 2047 年城镇人口将达 10.9 亿的峰值，对应城市化率 79%，2050 年城市化率将达 80%。我们预测，中国城镇人口将在 2042 年达到峰值，对应中国城市化率将达约 76%，城镇人口将达 10.2 亿，比 2018 年增加约 1.9 亿。

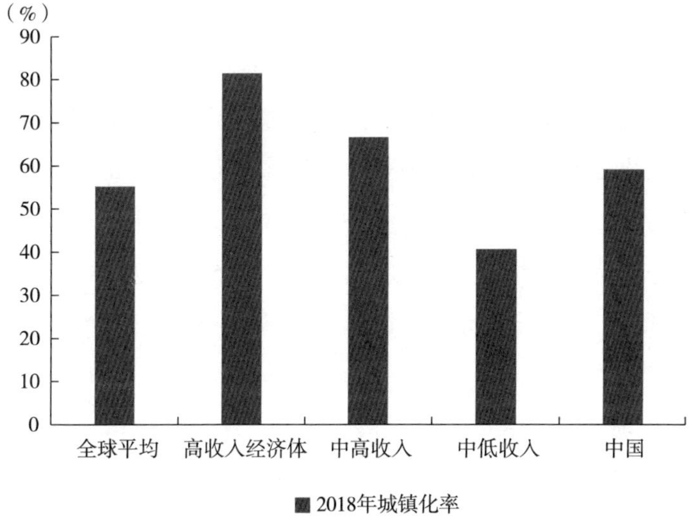

图 7.6　中国城镇化还有较大空间

资料来源：各地方统计局，泽平宏观。

1.9 亿新增城镇人口并非全部来自乡城迁移。以 2011—2018 年为例，该时期中国城镇人口年均增量 2 020 万。第一，自然增长。按照全国自然增长率计算，该时期城镇人口年均自然增长 369 万。第二，进城农民工及家属子女。2011—2018 年农民工年均增量 577 万，假设有 40% 进入城镇即约 231 万，再加上约 1/5 的家属子女，即年均约 288 万。第三，乡村学生进城。2011—2018 年全国高中阶段教育招生数年均 1 463 万，假设来自乡村的学生比重为该时期乡村常住人口比重，即乡村学生进城 654 万。第四，区划变动。城镇人口年均增量扣除前述部分后，还余 709 万，这与王桂新（2014）计算的 2001—2010 年行政区划变动引致城镇人口年均增加 670 万相当。因此，2011—2018 年中国城镇人口增量中来自自然增长、区划变动、乡城迁移的平均比例为 18.3%、35.1%、46.7%。用此方法测算，2018 年中国城镇人口增量中来自上述三者的比例分别为 17.3%、47%、35.7%，而国家统计局官网公布的 2018 年三者比例分别为 23.6%、39.6%、36.8%，测算的乡城迁移贡献差异相对较小。当前中国地级市个数占地级区划数的 88%，市辖区、县级市个数占县级行政区划数的 47%，建制镇个数占乡镇区划数的 53%，随着经济社会的发展，未来还存在较大的行政区划调整空间。若简单地按照当前趋势推算，则未来 1.9 亿新增城镇人口中可能将有约 50%，即约 9 500 万人来自乡城迁移，其他则来自自然增长和行政区划变动。

二、新增城镇人口的约 80% 将分布在 19 个城市群，约 60% 分布在七大城市群

2013 年以来，中央要求把城市群作为推进国家新型城镇化的主体形态。2006 年国家“十一五”规划提出，把城市群作为推进城镇化的主体形态。2007 年党的十七大报告指出，以大城市为依托，形成辐射作用大的城市群，培育新的经济增长极。2012 年党的十八大报告指出，继续实施区域发展总体战略，科学规划城市群规模和布局。2013 年中央城镇化工作会议提出，要在中西部和东北有条件的地区，依靠市场力量和国家规划引导，逐步发展形成若干城市群。2014 年《国家新型城镇化规划（2014—2020 年）》及“十三五”规划要求建设长三角、珠

三角、京津冀、山东半岛、海峡西岸、哈长、辽中南、中原、长江中游、成渝、关中平原、北部湾、山西中部、呼包鄂榆、黔中、滇中、兰州-西宁、宁夏沿黄、天山北坡19个城市群。2017年党的十九大报告指出，以城市群为主体构建大中小城市和小城镇协调发展的城镇格局。2018年印发的《中共中央国务院关于建立更加有效的区域协调发展新机制的意见》明确指出，以京津冀城市群、长三角城市群、粤港澳大湾区、成渝城市群、长江中游城市群、中原城市群、关中平原城市群等城市群推动国家重大区域战略融合发展，建立以中心城市引领城市群发展、城市群带动区域发展的新模式，推动区域板块之间融合互动发展。从2015年至今，国务院已批复11个城市群规划（见表7.1）。

表7.1　全国11个城市群规划批复情况

文件名称	批复时间
《长江中游城市群发展规划》	2015年
《京津冀协同发展规划纲要》	2015年
《哈长城市群发展规划》	2016年
《中原城市群发展规划》	2016年
《成渝城市群发展规划》	2016年
《长江三角洲城市群发展规划》	2016年
《北部湾城市群发展规划》	2017年
《关中平原城市群发展规划》	2018年
《呼包鄂榆城市群发展规划》	2018年
《兰州－西宁城市群发展规划》	2018年
《粤港澳大湾区发展规划》	2018年

资料来源：泽平宏观。

19个城市群以25%的土地集聚了75%的人口，创造了88%的GDP，其中城镇人口占比达78%（见图7.7）。19个城市群土地面积合计约 240 万平方千米，占全国的 25%。1982—2018 年，19 个城市群常住人口从 7.1 亿增至 10.5 亿，人口占比从 70.3% 增至 75.3%；2018 年城镇化率达 61.7%，即城镇人口 6.5 亿，占全国城镇人口的 78.3%；2018 年 GDP 合计 79.3 万亿元，占全国的 88.1%。长三角、珠三角、京津冀三大城市群作为 19 个城市群中最成熟的三个城市群，以全国 5% 的土地面积集聚了 23.6% 的人口，创造了 38% 的 GDP，成为带动我国经济快速增长和参与国际经济合作与竞争的主要平台，2018 年三大城市群的经济－人口比值分别为 1.8、2.0、1.2；其中，三大城市群 2018 年人口合计占比较 1982 年提升 5.3 个百分点。除三大城市群外，成渝、长江中游两个城市群共覆盖五个省份，是其中规模较大，也是最具发展潜力的跨省级城市群，两大城市群以 5.2% 的土地面积集聚了 16.3% 的人口，创造了 15.7% 的 GDP。由于过去长期大规模输出农民工，尽管近年人口大量回流，2018 年两大城市群人口占比仍较 1982 年下降了 1.5 个百分点，2018 年经济－人口比值分别为 0.90、1.01。从区位、资源禀赋和近期增长来看，成渝、长江中游未来有望成为中国西部地区、中部地区城市群的发展代表。其他 14 个城市群以 14.7% 的土地面积集聚了 35.4% 的人口，创造了 34.4% 的 GDP，2018 年经济－人口比值平均为 0.97；2018 年人口占比较 1982 年略增 1.2 个百分点。其中，山东半岛城市群人口刚刚过亿，中原、珠三角、海峡西岸、哈长、北部湾、关中平原六个城市群人口均为 4 000 万~7 000 万，辽中南、黔中、滇中三个城市群人口为 2 000 万~4 000 万，而山西中部、兰州－西宁、呼包鄂榆三个城市群人口为 1 000 万~2 000 万，宁夏沿黄、天山北坡城市群不到 700 万。此外，14 个城市群中的哈长城市群和辽中南城市群当前面临人口减少的情况。哈长城市群 2018 年常住人口缺失，当年户籍人口较 2010 年减少 226 万。

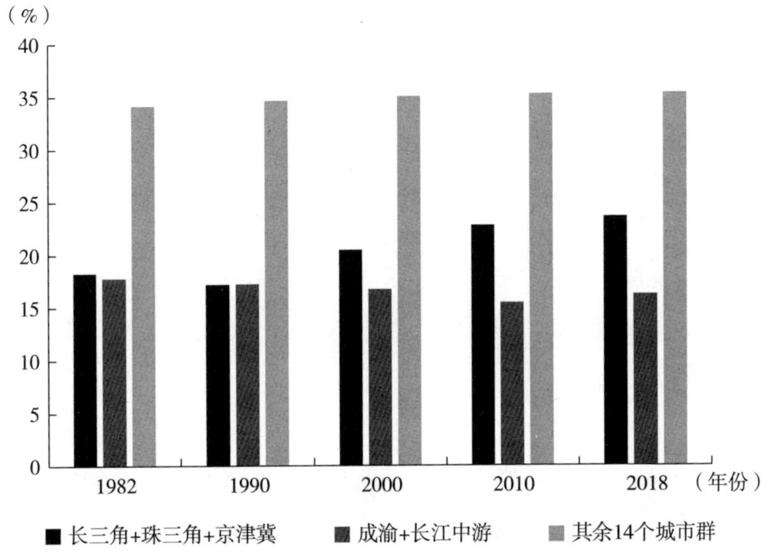

图 7.7　19 个城市群分类人口占比

资料来源：各地方统计局，泽平宏观。

中国 1.9 亿新增城镇人口中约 80% 将分布在 19 个城市群，其中约 60% 将分布在长三角、珠三角、京津冀、长江中游、成渝、中原、山东半岛 7 个城市群。从 2018 年城市化水平来看，珠三角城市群城市化率最高，达 85.3%，未来城市化空间较小，城镇人口增加将主要依赖于区外人口迁入。长三角、京津冀、长江中游、海峡西岸、呼包鄂榆、山西中部、宁夏沿黄 7 个城市群均为 60%~70%，但京津冀城市群的河北省城市化率仅为 56.4%；中原、滇中两个城市群城市化率不足 50%；其他 9 个城市群城市化率则为 50%~60%。简单测算，先不考虑区外人口迁入，依据各城市群当前城市化率适当调整到 2042 年提高幅度，并结合联合国预计的自然增长率，估计 19 个城市群到 2042 年城镇人口增量合计达 1.2 亿。假设再有约 3 000 万人口净流入，则 2019—2042 年城镇人口增量比例可达 79%。基于发展趋势、经济–人口比值、近期人口净流入以及区位等因素，在大致假设区外人口迁入分布的情况下，2019—2042年长三角、珠三角、京津冀、长江中游、成渝、中原、山东半岛7个城市群城镇人口增量占比有望达到60%。到2042年，19个城市群常住人口合计占比或将从2018年的75.3%上升至89.3%左右。

三、中国有望形成10个以上1 000万级城市和12个以上2 000万级大都市圈

从城市和都市圈来看，未来中国有望形成10个以上1 000万级城市和12个以上2 000万级大都市圈。未来向19个城市群集聚的人口以及19个城市群内部流动的人口，将主要集聚到千万级以上的大都市圈。2019年2月，国家发展改革委发布《关于培育发展现代化都市圈的指导意见》，要求以都市圈为城市群建设的突破口，以同城化为都市圈发展方向，这是中央第一份以都市圈为主题的文件。

从国务院规定城市规模划分标准的城区常住人口来看，中国现有北、上、广、深4个千万级人口的超大城市，以及重庆、武汉、天津、成都、东莞、南京、郑州、杭州、长沙、沈阳10个500万~1 000万人的特大城市。从市辖区常住人口来看，中国现有北京、上海、天津、广州、深圳、重庆、武汉、成都8个千万级人口的城市，有南京、东莞、西安、佛山、杭州、济南、青岛、哈尔滨、沈阳、苏州、汕头、大连、郑州、石家庄14个500万~1 000万人的城市。其中，南京、东莞、西安、佛山、杭州、济南6个城市市辖区常住人口超过700万。考虑到人口流入以及随着经济社会发展产生的行政区划调整，未来中国有望形成10个以上市辖区常住人口超过1 000万的大城市。

从都市圈常住人口来看，中国现有上海、北京、广佛肇、深莞惠、

郑州、成都、杭州、苏锡常、青岛 9 个 2 000 万人以上的大都市圈，有重庆、武汉、沈阳、厦漳泉、南京、天津、宁波、长株潭、西安、合肥、济南、南昌、长春、石家庄、哈尔滨 15 个 1 000 万～2 000 万人的大都市圈（见图 7.8）。其中，重庆都市圈人口接近 2 000 万，武汉都市圈超过 1 800 万，南京都市圈仅宁镇扬三市人口有 1 615 万，若加上毗邻的皖东城市，则远超 2 000 万，从这三个都市圈的人口增长潜力和空间扩展潜力来看，预计未来人口有望突破 2 000 万。2018 年，上述 24 个大都市圈土地面积 60 万平方千米，占全国的 6.2%；常住人口 4.5 亿，占比 32.5%；GDP 合计 47 万亿元，占比 52.2%；经济－人口比值为 1.6。

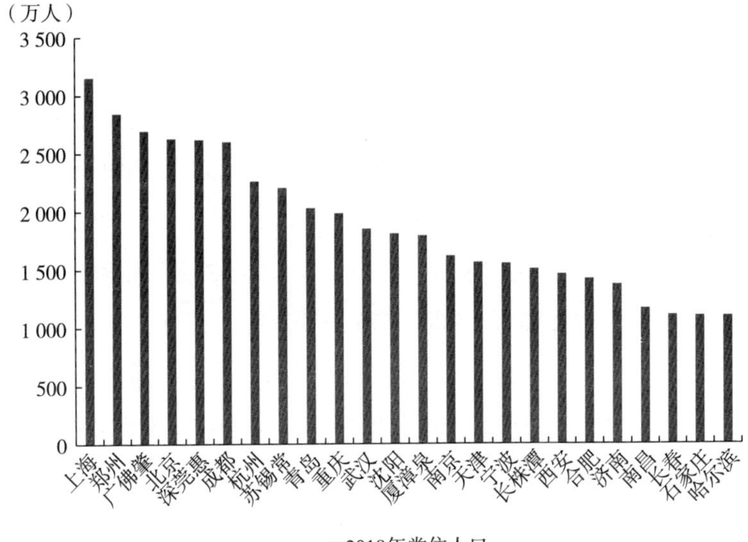

图 7.8　24 个千万级都市圈常住人口

资料来源：各地方统计局，泽平宏观。

注：部分都市圈范围存在不同版本，考虑到都市圈强调同城化发展，此处测算人口经济数据均采用范围最小的版本；其中，上海都市圈与周边的苏锡常、宁波、杭州都市圈范围有重叠。

第五节　在人口大规模流入的城市群与都市圈适当超前基建

一、中国大城市群都市圈的基础设施存在短板，投资潜力大

以大城市为核心的都市圈和城市群地区是中国经济的重心，是推进高质量发展的主体。这些地区的轨道交通、管网、教育、医疗等基础设施短板突出，并且伴随人口持续流入，未来短板将日益突出。从大城市来看，交通设施方面，2017 年纽约都市区、东京圈、首尔圈轨道交通运营里程高达 3 347、2 705、1 098 千米，路网密度分别为 0.34、0.31、0.23 千米 / 平方千米，而北京都市区的轨道交通运营里程为 685 千米，路网密度为 0.09 千米 / 平方千米，上海都市区的轨道交通运营里程为 782 千米，路网密度为 0.11 千米 / 平方千米；从地铁的客运负担（万人次 / 千米线路）来看，2018 年广州（635）、北京（623）、西安（605）、南京（573）、深圳（573）客运负担较重，显著高于全国平均水平（462），此类人口持续流入的城市，轨道交通建设有待加强（见图 7.9）。根据 TomTom 公司发布的 2018 年全球交通拥堵城市排名，中国有 9 座城市进入前 50，分别是重庆（18）、珠海（20）、广州（23）、北京（30）、成都（32）、长春（37）、长沙（45）、深圳（47）、沈阳（49）。在教育、医疗方面，基础教育资源供应不足。2011、2012 年北京出生人口分别为 16.7 万人、18.7 万人，而对应的 2017、2018 年北京小学招生数仅为 15.7 万人、18.4 万人，基础教育学位存在较大缺口。根据《深圳市可持续发展规划（2017—2030 年）》，深圳 2017 年

公办小一学位缺口达 4.6 万个。在零售商业配套方面，北京商业用地长期规划不足，商服用地在城市建设用地面积中仅占比 9.3%，远低于纽约、东京的 27.0%、16.4%。

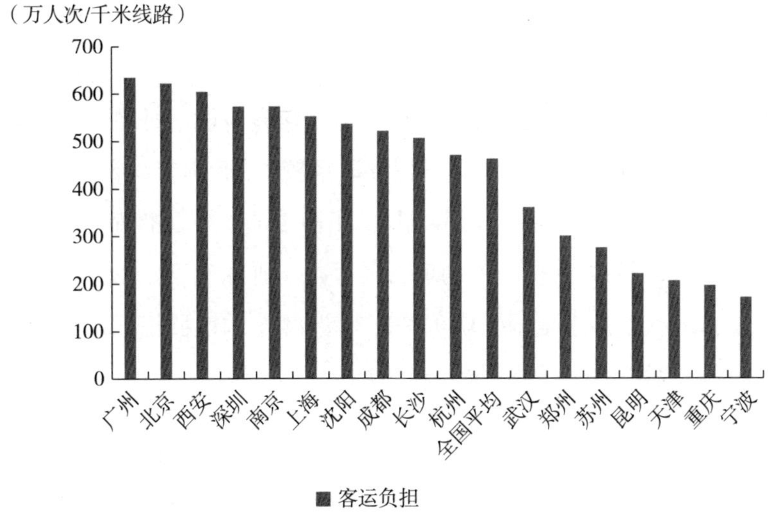

图 7.9　广州、北京、西安、深圳等城市客运负担较重

资料来源：中国城市轨道交通协会，泽平宏观。

从都市圈来看，根据都市圈的经济产业实力以及圈内中心城市对周边城市的带动作用，将中国 24 个千万级大都市圈分为发达型、崛起型、起步型三类（见表 7.2）。上海、深莞惠、广佛肇等发达型都市圈整体经济水平领先，并且中心城市与部分周边城市差距持续明显缩小，北京、天津、成都等崛起型都市圈和哈尔滨、南昌、长吉等起步型都市圈中心城市对周边城市的发展带动尚且不足，区域基础设施处于快速建设期，一体化建设仍需加强。从城市群来看，城市群发展可划分为雏形发育期、快速发育期、趋于成熟期、成熟发展期四个阶段（见表 7.3），经历了从单级城市、都市圈到城市群的演变。国际公认的世界级城市群有以纽约为核心的美国东北部大西洋沿岸城市群，以芝加哥为核心的五大湖城市群，以东京为核心的日本太平洋沿岸城市群，以伦敦为核心的英伦城市群，以巴黎为核心的欧洲西北部城市群等，都具备现代化的城市轨道交通、完善的城际基础设施、发达的航运功能，并逐渐向腹地延伸。中国暂时没有城市群达到成熟发展期水平，只有长三角城市群和珠三角城市群趋于成熟，其余城市群处于快速发育期和雏形发育期，中心城市尚处于集聚阶段，对周边中小城市的辐射带动作用不强，城市间的内在联系较弱，区域基础设施不完善。以医疗资源为例，2018 年天山北坡、山西中部、宁夏沿黄、辽中南和长三角城市群每万人执业（助理）医师数分别为 33 人、27 人、26 人、26 人、26 人，高于全国平均水平，其余 14 个城市群每万人执业（助理）医师数均低于全国平均（见图 7.10）。

表 7.2　中国 24 个人口 1 000 万以上大都市圈分类

分类	大都市圈
发达型（6 个）	上海、深莞惠、广佛肇、苏锡常、南京、杭州
崛起型（15 个）	北京、天津、成都、长株潭、重庆、厦泉漳、青岛、武汉、郑州、西安、合肥、宁波、石家庄、济南、沈阳
起步型（3 个）	哈尔滨、南昌、长吉

资料来源：泽平宏观。

表 7.3　中国 19 个城市群分类

分类	城市群
成熟发展期（0 个）	—
趋于成熟期（2 个）	长三角城市群、珠三角城市群

续表

分类	城市群
快速发育期（11 个）	京津冀城市群、成渝城市群、长江中游城市群、海峡西岸城市群、山东半岛城市群、中原城市群、辽中南城市群、关中平原城市群、北部湾城市群、哈长城市群、山西中部城市群
雏形发育期（6 个）	黔中城市群、呼包鄂榆城市群、滇中城市群、天山北坡城市群、兰州－西宁城市群、宁夏沿黄城市群

资料来源：泽平宏观。

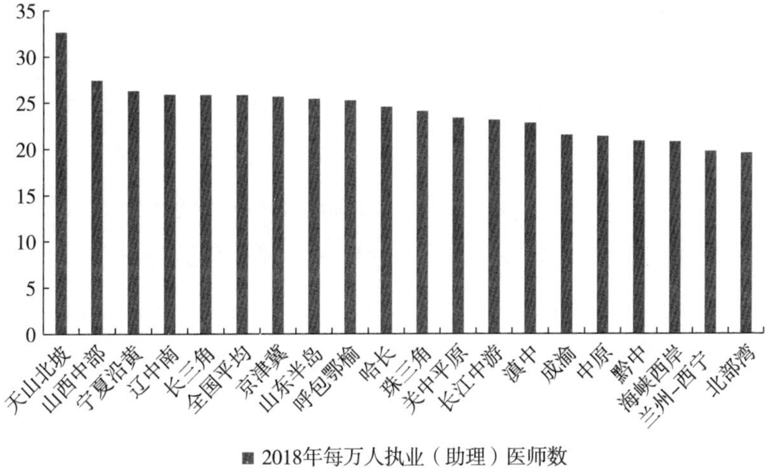

图 7.10　14 个城市群每万人执业（助理）医师数低于全国平均

资料来源：各地方统计局，泽平宏观。

二、在人口流入的城市群都市圈适当超前基建，经济社会效益显著

在城市发展过程中，防治“大城市病”的关键，是在人口流入的城市群和都市圈适当超前基建。从历史经验来看，在城市化推进过程

中，由于政府低估人口增长趋势，以及城市规划和基础设施建设不足，往往会出现“大城市病”，主要表现为交通拥堵、居住面积受限、水电供给能力不足与环境污染等问题。基础设施最终是为人和产业服务的，在当下城市群建设加速的政策导向下，为了防治“大城市病”，提升居民生活质量，对人口流入的大城市及都市圈和城市群，要适当放松地方债务要求，不搞终身追责制，以推进大规模基建。大力增加城市轨道交通运营里程，提高路网密度，推进轨道交通系统制式多元化发展，将北京、上海等当前以中心城为核心的放射型轨道交通体系改变为环状“井”字形，包括构建新城之间、新城与重要交通枢纽的快速交通体系。近年来，中国逐步加强基础设施领域补短板的力度（见表 7.4），2019 年 2 月，国家发展改革委印发的《关于培育发展现代化都市圈的指导意见》要求，以增强都市圈基础设施连接性、贯通性为重点，加快构建都市圈公路和轨道交通网，提出打造 1 小时通勤圈。2019 年 9 月，党中央、国务院印发的《交通强国建设规划纲要》要求，到 2035 年基本建成交通强国。现代化综合交通体系基本形成，基本形成“全国 123 出行交通圈”（都市区 1 小时通勤，城市群 2 小时通达，全国主要城市 3 小时覆盖）和“全球 123 快货物流圈”（国内 1 天送达，周边国家 2 天送达，全球主要城市 3 天送达）。

表 7.4　部分城市群和都市圈及相关规划的基建要点

时间	文件名称	内容
2015 年 4 月	国务院《长江中游城市群发展规划》	统筹推进城市群综合交通运输网络和水利、能源、信息等重大基础设施建设，提升互联互通和现代化水平
2015 年 5 月	国务院《京津冀协同发展规划纲要》	建设高效密集轨道交通网，完善便捷通畅公路交通网，打通国家高速公路“断头路”，大力发展公交优先的城市交通，提升交通智能化管理水平

续表

时间	文件名称	内容
2016 年 2 月	国家发改委《哈长城市群发展规划》	推进以哈尔滨、长春为核心的高速铁路及区域连接线建设，优化路网结构，扩大城市群路网规模；推进哈尔滨等智慧城市试点建设，打造城市群信息共享平台
2016 年 12 月	国家发改委《中原城市群发展规划》	推进物联网、云计算、大数据等现代信息技术在交通运输领域的创新集成应用；加强信息网络设施建设，支持郑州、洛阳等城市开展 5G 网络建设试点
2018 年 12 月	国家发改委《关中平原城市群发展规划》	构建城市群对外运输大通道，畅通城市群内快速交通网络，强化一体衔接的综合交通枢纽功能；重点突破通信、新型显示、集成电路、智能可穿戴设备、半导体激光、物联网等关键技术
2019 年 1 月	南京市政府《南京都市圈一体化高质量发展行动计划》	促进干线、城际、市域（郊）、城市轨道交通“四铁融合”，实现南京都市圈城市全部通行高铁或城际铁路；构建以南京为中心的“米”字形高铁网络，实现都市圈内主要城市半小时高铁通达
2019 年 2 月	国家发改委《关于培育发展现代化都市圈的指导意见》	以增强都市圈基础设施连接性贯通性为重点，畅通都市圈公路网，打造轨道上的都市圈，提升都市圈物流运行效率，统筹市政和信息网络建设，推进第五代移动通信和新一代信息基础设施布局
2019 年 9 月	国务院《交通强国建设规划纲要》	到 2035 年基本建成交通强国，现代化综合交通体系基本形成，基本形成“全国 123 出行交通圈”和“全球 123 快货物流圈”
2020 年 4 月	国家发改委、交通运输部《长江三角洲地区交通运输更高质量一体化发展规划》	打造连接宁波—杭州—上海—南京—合肥的“Z”字形新一代国家交通控制网和智慧公路示范通道

资料来源：泽平宏观。

对人口流出地区要区别对待，基建要从促公平、保基本、“一带一路”倡议、国家军事安全、能源安全等角度综合考虑，防止无效投资造成明显浪费，加剧政府债务压力。由于生育率长期低迷，中国人口将在“十四五”时期见顶。2019 年中国人口首次超过 14 亿，但因生育率持续低迷，出生人口持续下滑至 1 465 万，总和生育率降至约 1.5。考虑到“全面二孩”的生育堆积效应仍存在，以及育龄妇女规模持续下滑，未来出生人口还将进一步下滑，预计 2030 年将进一步降至不到 1 100 万。即使以总和生育率 1.4 估计，中国人口也将在 2022 年前后达到峰值。如果总和生育率为 1.3 或 1.5，则中国人口将在 2021 或 2024 年达到峰值。从总和生育率 1.4 的方案看，中国人口在总量见顶之后的前 25~30 年萎缩速度较慢，但随着 1962—1975 年高生育率时期的出生人口进入生命终点后，萎缩速度将明显变快。2050 年中国人口将较 2022 年减少仅 9%，2075 年中国人口将较 2050 年减少 22%，2100 年中国人口将较 2075 年减少 25%，降至约 7.5 亿。当前中国地区收缩、城市收缩现象已经出现，未来这种现象将越来越多，并且主要出现在欠发达地区、中小城市。随着自然增长率逐渐下行乃至转负，人口减少地区必将越来越多。因此，如果在人口流出地区进行大规模新基建，则无疑会造成严重浪费。

第八章

新基建与功能财政

疫情加剧了中国经济的下行压力，习近平总书记在统筹推进新冠肺炎疫情防控和经济社会发展工作部署会议上强调，“宏观政策重在逆周期调节，节奏和力度要能够对冲疫情影响，防止经济运行滑出合理区间，防止短期冲击演变成趋势性变化”，以及“积极的财政政策要更加积极有为”。

在当前财政形势严峻的情况下，新基建和减税的钱从哪里来？公共财政赤字率能否突破 3%？我国的真实赤字率是多少？赤字率水平在全球高不高？风险大不大？应该怎样实施积极的财政政策？本章将重点解答这些问题。*

---

* 本章作者：罗志恒、任泽平、盛中明。

第一节 新基建的资金来源

受疫情冲击和中美贸易摩擦的影响，2020 年经济下行压力较大，亟须减税降费、加码新基建。财政支出扩大的钱从哪里来？

2011 年以来，中国经济持续下行，既有潜在增长率下降、内部改革不到位的因素，也有外部性、周期性和政策性因素叠加的影响。当前又叠加疫情冲击和中美贸易摩擦，总需求不足。疫情短期冲击供给和需求。供给端，部分地方过度防疫，企业停工减产；需求端，消费、投资、出口“三驾马车”都受到冲击，群体聚集性行业受冲击更严重。微观上，民企、小微企业、弹性薪酬制员工、农民工等受损严重。

面对潜在的经济社会风险，到底是保财政还是保增长，是坚持平衡财政还是功能财政，引发了争议。我们认为，当务之急是保增长，坚持功能财政理念，通过适度提高赤字率来支持减税降费，搞新基建。减税降费，加码新基建，稳定总需求，提振企业和居民信心，经济发展了，税基扩大了，财政赤字自然就会缩小。有观点认为，大搞减税、基建，将增加地方债务负担，财政收支平衡压力大。我们认为这种观点缺少长远的大局观，在经济下行压力大的时候，财政还要保证收支平衡，将使企业、居民雪上加霜，财政应该搞跨期平衡，从平衡财政转向功能财政。只要中国经济繁荣发展，人民安居乐业，何愁未来财政问题？如果百业萧条，财政何谈平衡？

以下两个经典案例可以说明，减税降费和基建在当期会推升赤字和债务，但从长期看对经济增长是有利的，能释放经济增长潜力。

20 世纪 80 年代，里根政府执政时期的两次大规模减税、增加军事开支和研发支出，直接推动了 1983 年开始的美国经济复苏，直到里根任期结束，美国 GDP 增速始终维持在 3.5% 以上；失业率下降，至 1989 年末始终维持在 6% 以下；20 世纪 90 年代，克林顿政府执政时期出现新经济繁荣；美国联邦财政赤字从 1983 年的 −5.9% 持续缩窄至里根卸任时的 −2.8%，1998—2001 年甚至出现了财政盈余。1981 年 8 月，里根政府通过《经济复苏税收法案》，主要内容有：第一，个人所得税全面实行分期减税，1981 年 10 月税率降低 5%，1982 年和 1983 年 7 月两次削减 10%，并从 1985 年起实施个人所得税和通货膨胀指数挂钩；第二，下调企业所得税税率，17% 档下调至 15%，20% 档下调至 18%；第三，进一步为企业减负，将固定资产分为四类，分别缩短折旧期至 3 年、5 年、10 年和 15 年，并允许以超过原始成本的“重置成本”来计提折旧；第四，资本利得税的最低税率由 28% 降至 20%；第五，提高遗产税与赠与税的免税额。1986 年，里根政府颁布了《税制改革法案》。该法案旨在降低税率，扩大税基，堵塞税收漏洞，实现税收公平。主要内容有以下四点。第一，全面降低个人所得税税率。把纳税等级从 14 级简化为 3 级，最高税率从 50% 降至 28%，使全部个人所得税税率降低约 7%。第二，简化和改革公司所得税。企业所得税税率从 46% 降低至 34%。第三，允许公司支付的一半股息免税，取消对银行坏账的特别税收减免，将资本利得税的最低税率从 20% 减至 17%。第四，限制或取消过去给予部分个人和公司的税收减免优惠政策。

里根时期的经济复苏及金融自由化为军事技术转为民用奠定了基础。一方面，经济复苏为军费开支提供了基础，而军事需求又带动了技术研发。军工产品的需求和军队的加速扩张成为推动经济增长的新力量。美国的金融自由化为技术商业化早期的发展奠定了基础。另一方面，在政府的支持下，美国的风险投资业迅猛发展，主要投向信息技术、生命科学等高科技产业，催生出一大批技术新兴企业。

1998年中国遭遇亚洲金融危机，内需和外需均大幅下滑，中央政府紧急启动增发长期建设国债加大基建投资，财政赤字率持续扩大，避免了经济断崖式下滑。在遭遇金融危机后，我国出口增速从1997年的20.9%大幅下挫到1998年的0.5%，1998年5月出口增速为-1.8%；社会消费品零售总额增速从1996年、1997年的20.1%、10.2%大幅下降至1998年的6.8%。因此，1998年增发1 000亿元国债加大基建，主要投放农林水利建设（吸取1998年特大洪水灾害教训，重点投资大江大河防洪水利工程，长江、黄河中上游水土保持工程，交通通信建设，城市基础设施建设，城乡电网改造和国家直属储备粮库建设），同时启动住房、医疗和教育扩招的改革，扩大内需。

在上述扩大投资和消费的政策作用下，固定资产投资增速从1997年的8.9%上升至1998年的13.9%。虽然社会消费品零售总额增速下降，但服务消费上升。1998年当年GDP增速从上年的9.2%下降1.4个百分点至7.8%，其中，货物和服务贸易净出口对GDP的拉动率下降3.5个百分点至0.4%，资本形成总额上升了0.9个百分点至2.3%，最终消费对GDP的贡献上升了1.2个百分点至5.1%。

1998—2004年连续七年实施积极的财政政策，实际赤字率从1997年的0.7%上升到2002年的2.6%。在积极的财政政策的带动下，基建持续发力并带动了制造业的高速增长，进而带动固定资产投资增速整体上升，中国经济从1998年的7.8%上升到2000年的8.5%及其后高达10%以上的增速。事后来看，尽管当时争议很大、批评很多，但现在看来意义重大，既改善了民生，又大幅降低了运输成本，提升了中国制造的全球竞争力，释放了中国经济高速增长的巨大潜力。

现在一提到基建，有些人就说是刺激“铁公基”，这是误解。过去40年，如果没有适度超前的基建，怎么会有中国制造的强大竞争力？如果没有超前的网络宽带建设，怎么会有互联网经济的繁荣发展？而印度经济发展潜力释放不出来，很大程度上受制于基础设施短缺，道路、桥梁、卫生系统问题都很大。

第二节　财政赤字的理论基础

一、赤字的产生与弥补

赤字即收不抵支，主要源于政府规模的扩大，以提供更多的公共服务。亚当·斯密主张“廉价政府”和政府的“守夜人”角色，要减少政府对经济的干预。自20世纪30年代大萧条以来，出于宏观调控熨平经济波动，以及调节居民收入差距防止社会动荡的需要，政府规模日益膨胀。财政支出扩张论认为，随着人均收入的提高，财政支出占GDP的比重将上升，即“瓦格纳法则”。德国经济学家阿道夫·瓦格纳认为，市场关系的复杂化引发对商业法律和契约的需要，人口居住密集化将产生拥挤等外部性问题。因此，与市场提供私人物品相对应，政府提供公共物品，支出规模扩大。当收入不足以支撑起膨胀的规模时，便产生了赤字。

发展中国家的赤字主要源于建设需要，发达国家的赤字主要源于民生福利需要。改革、发展、稳定的任务及民众对美好生活的需要，导致我国财政支出压力大。马斯格雷夫和罗斯托认为，在经济发展的早期，政府更多地投资社会基础设施，如道路、法律秩序及人力资本，是经济起飞的必要；在经济发展的中期，政府投资还需继续，但应逐步转换为对私人投资的补充；经济发展到成熟阶段，公共支出从基建转向教育、保健和福利等。中国是发展中国家，建设财政特征明显，大量的支出投向基础设施建设，既拉动经济增长，又具有生产属性，也便利生活。一定阶段的超前基建支出，从长远看有利于经济发展。中国同时是转轨经济体，肩负艰巨的改革任务，如20世纪90年代末的国企改革和2015年底以来的供给侧改革均需要财政支持；中国的人口老龄化率不断上升，对养老、医疗等民生福利的需求提高。同时，以美国为首的全球减税浪潮兴起，以增税为特征的法国和日本均遭到社会强烈反对，中国为应对外部减税压力及内部经济下行期企业负担较重的现实情况，财政增收困难，赤字必然增加。

弥补赤字有债务融资和货币化融资两种方式，前者只是需求从私人部门转移到政府部门，后者增加了基础货币，可能产生通胀。赤字的债务融资即财政部门发行中央国债和地方政府债券。当居民和企业购买国债时，私人部门的银行存款减少，持有的国债金融资产增加，M2减少，待财政支出时，M2增加；当商业银行购买国债时，超储率下降，国债金融资产增加。赤字的货币化融资即中央银行借钱给政府，但各国基本禁止中央银行直接向财政透支，而主要通过公开市场操作购买国债，增加基础货币，同时体现对政府债权的增加，有可能引发通胀。

二、赤字的分类：周期性赤字与结构性赤字

根据赤字和经济运行的关系，赤字可分为周期性赤字和结构性赤字。其中，周期性赤字是经济周期的波动导致的。当经济处于下行周期时，财政收入下行，刚性支出却难以减少，用于失业和社会福利的

支出增加，赤字被动增加。结构性赤字是充分就业水平下的赤字，经济下行，失业增加，政府实行扩张性财政政策，导致结构性赤字增加。周期性赤字是消极的，结构性赤字是政府的主动作为。中国既有周期性赤字，又有结构性赤字，以结构性赤字为主，是结构性改革、经济发展与社会稳定的必要代价。

三、平衡财政与功能财政理念

平衡财政预算思想包括年度平衡预算和周期平衡预算，平衡财政要求控制赤字，会加剧经济波动。年度平衡预算要求每个财政年度实现收支平衡，这是大萧条以前普遍采用的财政政策原则，也是我国在计划经济时期长期坚持的“收支平衡，略有结余”理念。但是，平衡预算会加剧经济波动，当经济处于衰退期，财政收入下降，为保持收支平衡，支出也同步下降，这将导致衰退期延长；当经济处于繁荣期，财政收入上升，支出也同步上升，将加剧经济过热和通货膨胀。周期平衡预算是指，政府收支在一个经济周期中保持平衡，在衰退期实行扩张性政策，在繁荣期实行紧缩政策，以繁荣期的盈余弥补衰退期的赤字，在一个周期内实现平衡。但是，这在实践操作中难以实施，因为很难事先估计繁荣期和衰退期的时间和程度。

功能财政思想是凯恩斯主义的财政思想，认为不能机械地用财政预算收支平衡来对待赤字与盈余，而应根据逆经济周期调节的需要，以实现无通胀的充分就业为目标。当国民收入低于充分就业的收入水平时，政府应该实行扩张性财政政策，扩大总需求，不惜出现更大的财政赤字。

四、财政平衡与社会总供求平衡

财政平衡是社会总供求平衡的一个组成部分，必须从国民经济的整体平衡看待财政平衡。财政平衡本身不是目的，而是总供求平衡（政府部门、私人部门、贸易部门）的一种手段。为实现社会总供求平衡，财政可能出现赤字。

五、赤字的风险

合理的赤字能促进经济发展和实现改革任务，但过高的赤字容易产生风险。赤字是流量，最终推升存量债务规模，加重利息负担，导致债务风险；赤字货币化很可能导致通货膨胀；赤字债务化可能对民间投资产生挤出，降低经济效率。

第三节　当前中国财政赤字情况

总体来看，中国公共财政赤字率较为稳定，实际赤字率已突破3%，可比赤字率在全球处于中等水平，广义赤字率较高。

一、赤字是全球现象

财政赤字是一种全球现象，除韩国、新加坡、挪威等常年保持财政盈余外，大多数经济体在大部分年份保持财政赤字。韩国、新加坡、挪威2018年财政盈余/GDP分别为2.6%、3.6%、7.3%。

1978 年至今，中国仅在 1978、1981、1985 和 2007 年出现微小盈余，其他年份均为赤字。

从区域看，发达国家财政赤字率波动性较大，但近年来赤字率下降到低于发展中国家的水平，金砖国家明显偏高。在金融危机的冲击下，财政收入迅速下行且逆周期调节的支出增加，赤字率扩大；在经济复苏繁荣时期，财政收入增速回升，赤字迅速缩小。近年来，伴随着全球尤其是发达经济体经济的复苏，发达经济体的赤字率下降，低于新兴市场和中等收入经济体（见图 8.1）。2007—2010 年，美国赤字率分别为 2.9%、6.6%、13.2%、11%，经济复苏后迅速回落到 2015—2018 年的 3.6%、4.3%、4.5%、5.7%；2007—2010 年，法国赤字率分别为 2.6%、3.3%、7.2%、6.9%，其后回落到 2018 年的 2.5%；日本赤字率在 2009 年高达 10.2%。2018 年发达经济体赤字率平均为 2.7%，新兴发展中经济体平均赤字率为 3.9%，金砖国家除俄罗斯实现财政盈余外（财政盈余 /GDP 为 2.9%），赤字率普遍较高，巴西、印度和南非分别为 7.2%、6.4% 和 4.4%。

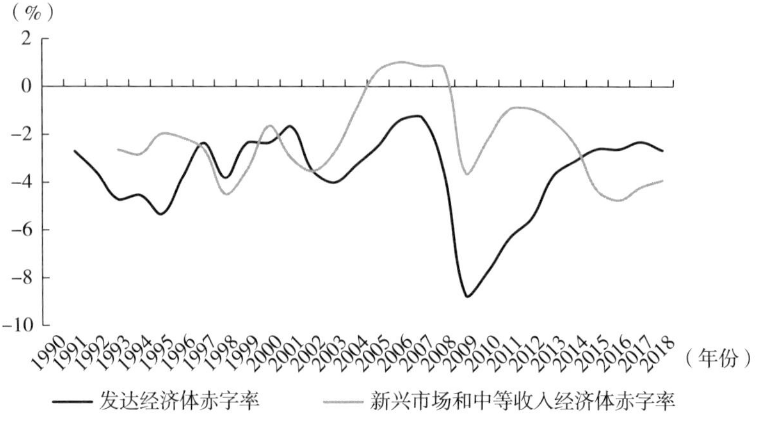

图 8.1　发达经济体赤字率波动性较大，近年来新兴经济体赤字率高

资料来源：IMF，泽平宏观。

但发达经济体连续多年的赤字导致政府债务率明显高于发展中经济体。根据国际清算银行数据，2018 年发达经济体，以及新兴市场和中等收入经济体的平均政府债务率分别为 98.4% 和 47.5%（见图 8.2）。

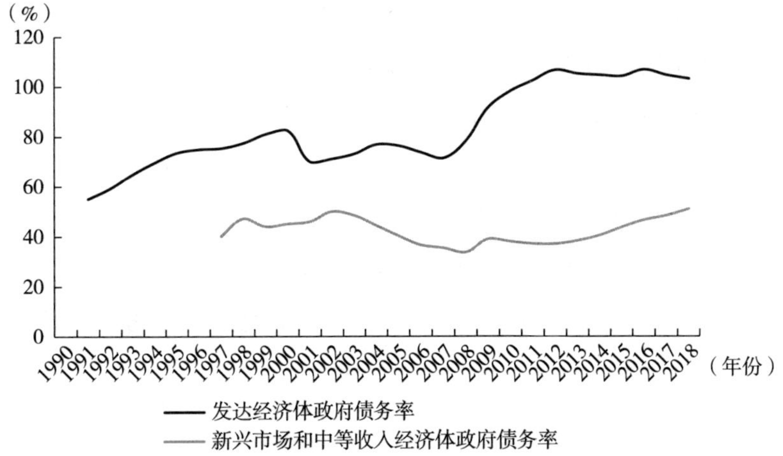

图 8.2　发达经济体政府债务率高于发展中经济体

资料来源：IMF，泽平宏观。

二、中国实际赤字率已突破 3%，广义财政赤字率已突破 10%

（一）官方赤字率稳定在 3% 及以下，但仅反映调整后的公共财政赤字率

我国财政部使用的赤字率仅涉及四本预算中的一般公共预算的赤字，不包括政府性基金预算、国有资本经营预算和社会保险基金预算。计算方法为：

赤字 = 收入总量 - 支出总量 =（一般公共预算收入 + 使用结转结余 + 调入预算稳定调节基金、政府性基金预算、国有资本经

营预算）-（一般公共预算支出 + 补充预算稳定调节基金）

政府主要通过调整稳定调节基金、历年结转结余科目，使执行赤字基本上等于预算赤字。

图 8.3 展现了 2015 年以来，调整前的实际财政赤字规模高于财政赤字目标。2015 年和 2016 年一般公共预算分别调入预算稳定调节基金以及使用结转结余资金 8 055 亿元和 7 271 亿元。2017 年再度大幅使用往年地方的结转结余资金，调整后的赤字率，在调入预算稳定调节基金的基础上，根据国务院《推进财政资金统筹使用方案》，首次调入政府性基金、国有资本经营预算资金进入一般公共预算，合计 10 139 亿元。由于经过调整，调整后的赤字率指标常年稳定在 3% 及以下，2017 年为 3%，2018 年为 2.6%，该指标已不能反映实际的财政收支缺口，当前争议较大的赤字率是否应该突破 3% 即指该指标（见图 8.4）。

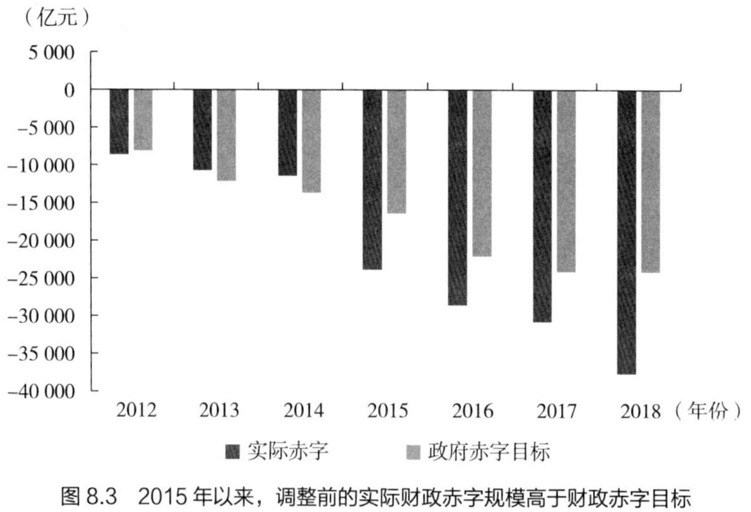

图 8.3　2015 年以来，调整前的实际财政赤字规模高于财政赤字目标

资料来源：财政部各年预算执行情况及预算草案报告。

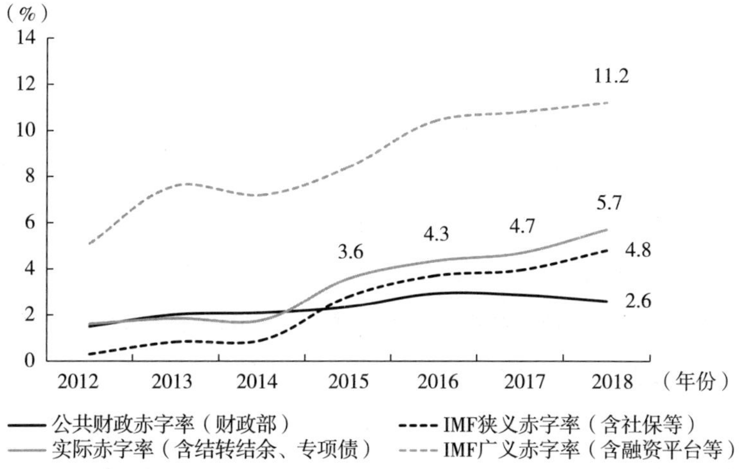

图 8.4 中国官方赤字率稳定，但实际赤字率和广义赤字率均突破 3%

资料来源：IMF，泽平宏观。

注：赤字率用正数表示。

（二）考虑使用结转结余、预算稳定调节基金、专项债后的实际赤字率已连续 4 年突破 3%

使用历年的结转结余和预算稳定调节基金，相当于为当年的支出融资。地方政府专项债的规模逐步扩大，2018 年专项债规模已相当于官方赤字（国债 + 地方一般债券）的 60%，2019 年已达到 80%，并且本质仍属于为政府支出的融资。国有资本经营预算和社会保险基金预算整体上“以收定支，不列赤字”。因此，实际赤字在官方赤字的基础上，还要加上使用的结转结余、稳定调节基金及专项债，该指标在 2015 年已突破 3%，达到 3.6%，2018 年达到 5.7%。

实际赤字率更能反映我国财政政策的积极程度及政策周期。我国财政政策周期如下。1998 年下半年因亚洲金融危机，适度从紧的财政政策转向积极的财政政策，1998 年在当年原定财政赤字和债务的基础上，增发 1 000 亿元长期建设性国债，1998—2004 年连续七年实施积极的财政政策，实际赤字率从 1997 年的 0.7% 上升到 2002 年的 2.6%。2005—2008 年上半年实施稳健的财政政策，削减赤字，2005 年的财政赤字率为 1.2%，到 2007 年实现盈余 0.6%。2008 年的宏观调控经历两次调整，受国际金融危机的严重冲击，2008 年下半年到 2011 年实施积极的财政政策，启动“四万亿”投资计划，赤字率从 2008 年的 0.4% 快速上升到 2009 年的 2.2%。2012 年至今继续实施积极的财政政策，但更加注重预调微调、结构性改革（减税）、预期管理及财政可持续性，实际赤字率从 2012 年的 1.6% 上升到 2018 年的 5.7%（见图 8.5）。

实际赤字率与 GDP 增速呈现明显的负相关关系，财政发挥了逆周期调节的作用。但是当前“控制赤字率在 3% 以内”的呼声实际上仍是在强调财政收支平衡、控制赤字率的平衡预算理念，不利于发挥逆周期调节作用，也与市场经济条件下财政事实上发挥的功能不符。

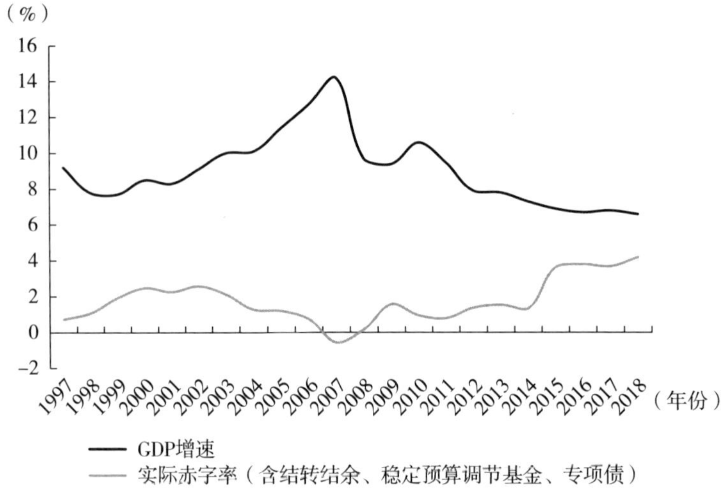

图 8.5 实际赤字率反映我国财政逆周期调节特征明显

资料来源：国家统计局，财政部，泽平宏观。

注：赤字率用正数表示。

（三）从全球可比口径看，即以 IMF 定义的狭义赤字率（不包括土地出让收入的四本账收支差）来看，中国在全球处于中等水平

由于中国政府性基金预算的主体内容为土地出让收入，为便于全球可比，IMF 剔除土地出让收支，将政府的四本账收支差加总构建 IMF 口径狭义赤字率，即包括公共财政赤字、结转结余、调节基金、不含土地出让收入的政府性基金收支差、专项债、社保基金收支差等。2016—2018 年，中国的 IMF 口径狭义赤字率分别为 3.7%、3.9% 和 4.8%，处于全球中等水平，2018 年高于南非（4.4%）、日本（3.2%）、法国（2.5%）、英国（1.4%），以及有财政盈余的德国、韩国和俄罗斯，但低于美国（5.7%）。相较其他金砖国家如巴西（7.2%）、印度（6.4%）而言，中国财政稳健（见图 8.6）。

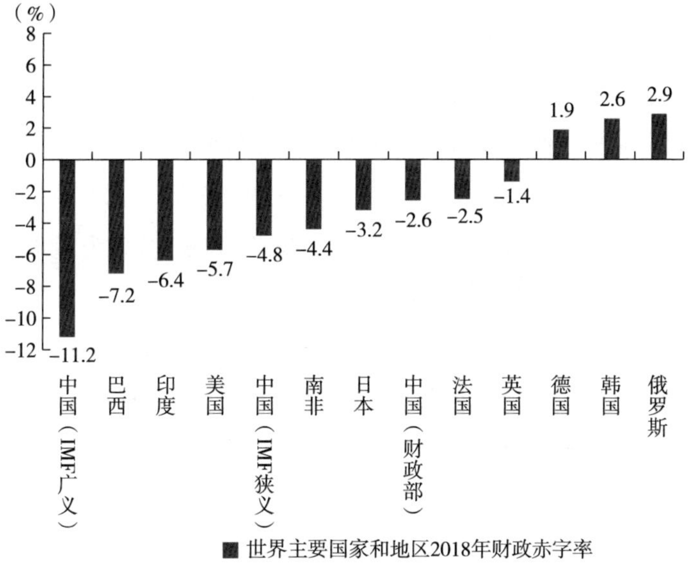

图 8.6　中国官方和 IMF 狭义赤字率在全球处于中等水平，但广义赤字率较高

资料来源：IMF，《财政监督》《国际货币基金组织 2019 年与中华人民共和国第四条磋商——新闻发布稿》，泽平宏观。

注：负数代表赤字，正数代表财政盈余。

（四）考虑到地方融资平台、政府引导基金等准政府活动，以 IMF 构建的广义赤字率来看，中国广义赤字率在全球处于偏高水平

在赤字债务化的背景下，政府赤字应该理解为政府收支不足的所有债务融资。我国存在大量的准政府活动，IMF 构建包含专项债、专项建设债、铁道债、城投债、政策性金融债、PSL（抵押补充贷款）和政府引导基金等的广义赤字率。2015—2018 年的地方政府专项债券分别为 1 000 亿元、4 000 亿元、8 000 亿元和 13 500 亿元，主要投向有一定收益的基建类项目。2015—2016 年由国家开发银行、农业发展银行发行专项建设债，采用设立专项建设基金的方式支持国家重大项目建设，中央财政按照债券利率的 90% 给予贴息支持，分别为 8 000 亿元和 10 000 亿元，2017 年发行约 2 000 亿元，此后未再发行。2015—2018 年铁路总公司发行的铁道债分别为 1 600 亿元、1 330 亿元、1 440 亿元和 1 150 亿元。2015—2018 年城投债净发行额分别为 11 315 亿元、14 862 亿元、5 615 亿元和 4 945 亿元。2015—2018 年三大政策性银行履行政府投融资职能，发行的政策性金融债分别为 10 678 亿元、14 599 亿元、12 023 亿元和 9 903 亿元。2015—2018 年央行为棚改、扶贫、农村基建等重点项目发放的 PSL 分别为 6 981 亿元、9 714 亿元、6 350 亿元和 6 919 亿元。考虑到上述因素，2015—2018 年的赤字率上升为 9.2%、11.1%、7.8% 和 8.2%。IMF 同时估算了政府引导基金等其他预算外活动，测算的广义赤字率继续上升为 8.4%、10.4%、10.8% 和 11.2%。

以 IMF 广义赤字率衡量，中国赤字率在全球处于较高水平，仅低于委内瑞拉（31.8%）、津巴布韦（12.7%）等恶性通货膨胀国家。

第四节　赤字不应受限的理由

从国际经验和当前国内情况看，公共财政赤字率不应受 3% 的限制，主要基于六个理由。

第一，从欧盟和其他主要国家的财政实践看，3% 并非绝对红线，逆周期调节突破 3% 为普遍现象。

当前国际上 3% 的赤字率警戒线来源于欧盟 1993 年生效的《马斯特里赫特条约》，赤字率低于 3% 和债务率低于 60% 是各成员国加入欧盟的门槛，该项财政纪律旨在支撑强劲的欧元。当德国提出赤字率控制在 1% 的提议被否决后，各国通过政治谈判而非科学测算设置了赤字率在 3% 的约束。欧盟 1997 年《稳定与增长公约》进一步确定了财政政策协调的规则，实施过度财政赤字的条件，出现过度赤字的惩罚措施，建立预警机制监督各国财政状况的发展等，保证在中期内（1997—2004 年）实现财政基本平衡或者略有盈余。“过度赤字程序”要求违规成员国缴纳占其 GDP 0.5% 的不付利息的存款，如在此后两年内财政赤字情况没有好转，这笔存款就会转为罚金。但是欧洲央行成立后，欧元区货币政策统一，各国仅限于实施财政政策调节经济，部分国家的低增长、高福利必然导致高赤字率和债务，赤字率 3% 成为软约束，即使成员国违反也未能执行惩罚。欧盟赤字率在 1995 年、1996 年分别为 7.2% 和 4.2%，2009—2013 年分别为 6.7%、6.4%、4.5%、4.3% 和 3.3%，均突破 3%。美国、日本、德国、法国、英国在金融危机时期均突破 3%（见图 8.7），部分金砖国家如印度常年突破 5%（见图 8.8）。

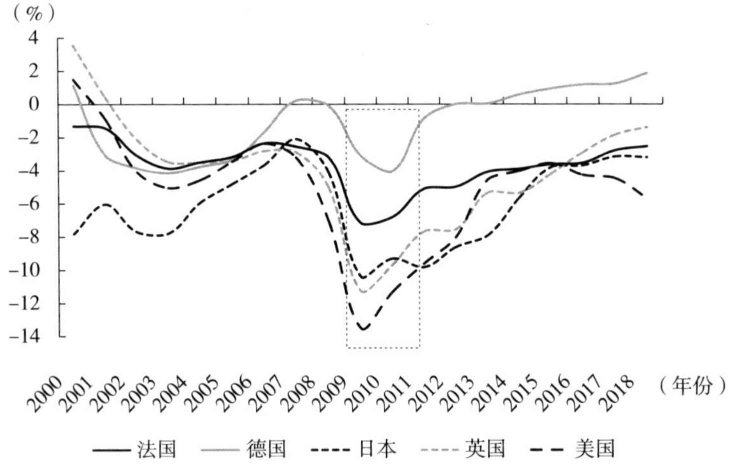

图 8.7　美、日、德、法、英在危机期间赤字率突破 3%

资料来源：Wind，泽平宏观。

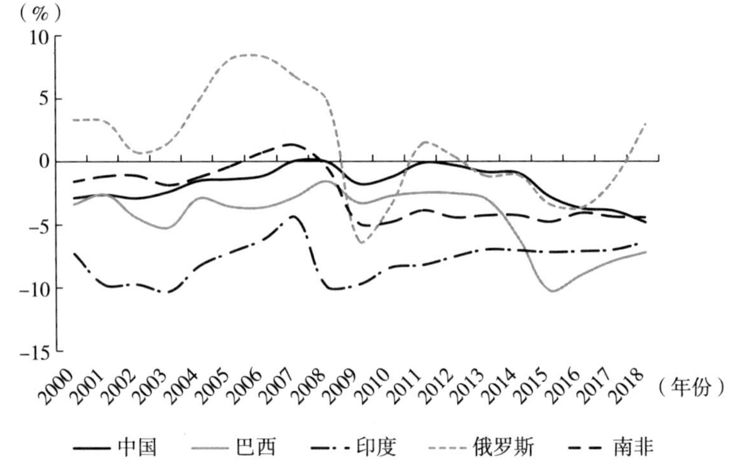

图 8.8　部分金砖国家如印度赤字率常年高于 5%

资料来源：Wind，泽平宏观。

第二，从中国经济来看，宏观经济下行期需加强逆周期调节，提高赤字率，支持大力度减税降费，“放水养鱼”。

当前经济下行，有潜在增长率下降的趋势性因素，也有外部性、周期性和政策性因素叠加。疫情同时冲击供给和需求，虽然由于部分地方政府“一刀切”的做法影响复工，直接从供给端影响国民经济，但总体上我国仍主要是总需求不足。

微观层面，经过连续几年的减税降费，我国宏观税负有所下降，企业承担的总税率下行，但在全球仍处于偏高水平。在美国掀起全球减税大潮的背景下，有必要继续减税降费。根据世界银行数据，2018年中国企业总税率（占利润比重）为64.9%，较2017年下降2.4个百分点，但与主要国家和地区相比仍偏高，较世界平均水平高24.5个百分点，较美国、越南分别高21.1和27.1个百分点，制造业面临转移的压力（见图8.9）。

提高赤字率，有利于打开基建投资补短板、减税降费、“放水养鱼”的空间，有助于扩内需、降成本、稳预期。

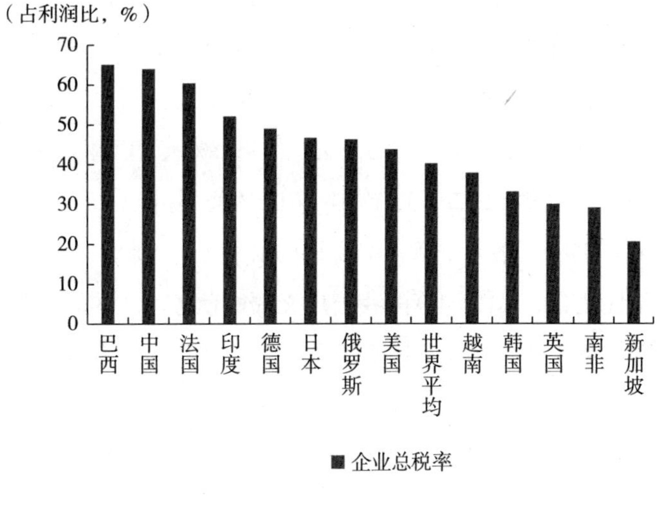

图8.9 2018年我国企业总税率有所下降，但在全球仍处于较高水平

资料来源：世界银行，泽平宏观。

第三，公共赤字率已不能反映真实情况，3% 的红线已缺乏实际意义，应从广义赤字率的高低判断财政积极与否，在财政“堵偏门”的背景下，应该“开正门”提高公共财政赤字率。

如前所述，应从广义财政赤字角度看待财政积极与否，避免出现类似于 2018 年公共财政赤字率下调、金融去杠杆与财政清理整顿叠加导致广义财政偏紧、基建投资大幅下滑的局面。在财政“堵偏门”的背景下，应该“开正门”提高公共财政赤字率，使隐性赤字和债务显性化。

第四，我国政府债务率在国际上偏低，政府部门尤其是中央政府具有加杠杆空间；债务风险的根源是财政体制和考核机制，而非赤字规模本身。

控制赤字主要是基于控制债务、通胀和挤出效应风险的考虑。其中，债务风险尤其关键，但赤字本身并不造成风险，产生风险的是不健全的财政体制和考核机制。

（1）我国政府债务率在国际上处于较低水平，风险可控。根据国际清算银行的数据，2018 年底中国政府部门债务率（49.8%），低于日本（203%）、意大利（134.9%）、法国（99.5%）、美国（98.6%）、英国（85.5%）、印度（67.2%）、德国（61.8%）、南非（58.8%）、G20 平均水平（81.5%），略高于新兴市场平均水平（47.5%），见图 8.10。即使考虑隐性债务，IMF 测算的我国广义政府债务率（包括融资平台和其他隐性债务）为 72.7%，仍低于主要发达经济体。我国中央政府债务率较低，2018 年底为 16.3%，具备增加赤字和杠杆的空间。图 8.11 展现了 2008 年以来，全球主要经济体政府部门均在加杠杆。

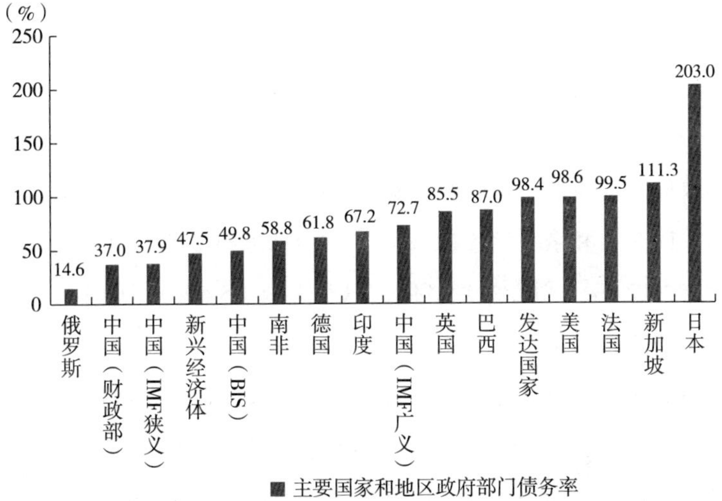

图 8.10　中国官方和 BIS 可比政府债务率在全球处于中低水平，广义债务率处于中等水平

资料来源：BIS，IMF，泽平宏观。

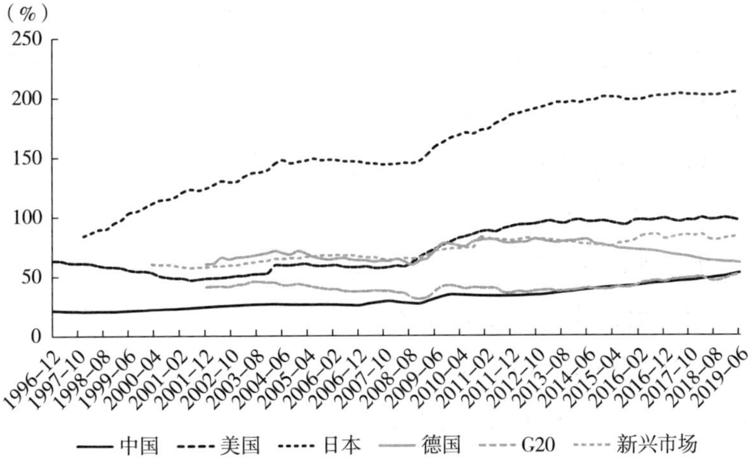

图 8.11　2008 年以来，全球主要经济体政府部门均在加杠杆

资料来源：BIS，泽平宏观。

（2）虽然我国政府利息支出增速较快，但是利息支出 / 财政收入在全球处于中等偏低水平。财政部数据显示，2017—2019 年，我国债务付息支出分别为 6 185 亿元、7 345 亿元和 8 338 亿元，同比分别增长 21.9%、18.8% 和 13.5%，增速较高。但从占比看，根据 IMF 测算，我国政府利息支出 / 财政收入在 2017 年为 3.3%，高于法国（3.2%）、德国（1.8%）和俄罗斯（1.5%），但低于印度（24%）、巴西（20.3%）和南非（12.6%）等新兴经济体，以及美国（5.4%）、英国（4.8%）等发达经济体。

（3）赤字本身并非债务风险的根源，根源在于财政体制和考核机制。赤字率提高 0.1 个百分点对应的赤字（债务）规模约为 1 000 亿元，不足以大幅推升债务风险。但是地方政府在预算外的无序、大规模举债却可能造成巨大风险，根源在于：中央和地方事权和支出责任划分不到位，地方承担过多支出责任；中央对地方的考核长期以 GDP 为主，“新官不理旧账”，地方政府过度负债。在政府加杠杆的过程中需要强调财政纪律约束、问责，解决预算软约束问题，完善地方债务管理机制，避免重走投资依赖和无节制推升债务之路，尤其要避免预算内加杠杆、金融过度放松，同时避免隐性债务以更大的规模扩张。对于优质、有现金流的项目可以通过增加专项债券予以支持。

（4）1998 年和 2008 年遭遇金融危机的时候，我国赤字率均被控制在 3%，但目前的形势不同于当年。一方面，当前经济增速下行，并且开启减税降费，财政收入增速仅为个位数（2017—2019 年分别为 7.4%、6.2% 和 3.8%），远低于 1997 年、1998 年的 14.2% 和 15.9%，以及 2007—2009 年的 32.4%、19.5% 和 11.7%，财政可调配的资金有限。另一方面，随着预算法修订并实施、财政整顿，赤字和债务隐性化的空间缩小，不得不提高赤字。

（5）我国是以公有制为主体的国家，政府拥有大量的国有资产，可承受更多债务。2018 年底全国国有企业（不含金融企业）、国有金融企业、全国行政事业单位的资产总额分别为 210.4 万亿元、264.3 万亿元和 33.5 万亿元，相较西方具备更大的举债能力。

第五，赤字确实可能产生通胀和挤出效应，但当前我国经济的主要矛盾是通缩而非通胀，是经济下行而非总需求过热。当赤字和政府支出规模上升，匹配以适当的降息，不会产生总量的挤出效应。

第六，要从全局和国家治理角度考虑风险问题，单纯控制债务风险可能引发更大的风险。

经济下行时期，控制赤字率，实施逆周期调节的力度有限，虽控制了财政风险，但却会引发更大的风险：企业负担加重、经济快速下行、失业率上升和社会不稳定等。财政风险不只是财政的部门风险，还要考虑国家治理风险。

第五节　平衡财政转向功能财政

建议财政政策更积极，平衡财政转向功能财政，上调赤字率和专项债发行规模，赤字和专项债达到两个“三万亿”，支持减税和新基建是兼顾短期扩大有效需求和长期增加有效供给的最简单有效的办法。

第一，适度扩大赤字尤其是中央财政赤字，赤字率可突破 3%，增加专项债额度，上调至 3 万亿~3.5 万亿元，为减税降费和增加支出稳基建腾出空间，尤其是新基建。中央政府加杠杆空间较大，基建投资可适度超前。中央政府杠杆率较低，主权信用融资成本也低，在地方政府和私人部门受资产负债表约束需求疲软之时，中央政府应主动加杠杆以承接和转移宏观杠杆，适度扩大赤字，发挥财政政策的乘数效应。中国仍是发展中国家，东西部发展差异极大，投资空间巨大。基建投资适度超前，不仅能够节约成本，而且将带动地方经济发展和提高人民生活水平。

第二，优化减税降费方式，从当前主要针对增值税的减税格局转为降低社保费率和企业所得税税率，提升企业获得感。当前减税降费政策对于激发企业投资活力，促进消费支出增长方面起到了重要作用，但从效果看，当前财政政策仍有进一步完善的空间。一是继续下调社保缴费率 3 个百分点，其中养老、医疗保险缴费率分别下调 1 和 2 个百分点。世界银行发布的《2020 年营商环境报告》显示，2019 年中国企业总税率（企业负担税费与社保缴费 / 税前利润）为 59.2%，较 2018 年降低，取得了明显的改革成果，但仍高于经合组织成员均值、美国和越南 19.3、22.6 和 26.0 个百分点。其中原因主要是社保负担过重，2019 年我国企业（北京）含五险一金的总社保缴费率 39.8%，远高于美国的 8.2%、韩国的 6.1%、日本的 10.1% 等，也远高于其他金砖国家均值的 21.9%。二是下调企业所得税税率至 21%，与美国联邦企业所得税税率相当。我国 2019 年减税降费超过 2 万亿元，但企业的获得感不强，主要原因是减税集中在增值税，增值税本质为价外税，并不与企业盈利直接挂钩；并且民营企业和中小企业议价能力弱，从增值税减税中受益较少。减企业所得税能直接增加企业利润，并且使减税普惠化，惠及民营和中小企业。

第三，增加国有企业利润上缴比例，避免财政收入增速下行背景下地方政府出现“乱收费”等恶化营商环境的行为。当前财政形势严峻，地方政府为保财政收入平衡而向企业加大征收力度，导致不能真正落实减税降费，在中美贸易摩擦、疫情冲击的大环境下，尽可能避免企业大规模破产倒闭和失业潮极为关键。国企利润上缴有利于缓解财政压力。

第四，削减民生社保之外的开支，精简机构人员，优化支出结构，提高财政支出效率。当前财政结构固化严重，支出易上难下，导致政府财政规模持续扩张，必须从提高治理效能的角度优化支出结构，转移到与“人”相关的民生支出。

第五，改革财政体制，给地方放权，稳定增值税中央和地方五五分成，落实消费税逐步下划给地方。

第九章

全球六次金融大危机的启示

纵观全球历次金融危机，内在逻辑都在于债务和杠杆的快速积累和不可持续，高杠杆是风险之源。从根源来看，货币超发、金融自由化、监管缺位、银行放贷失控、过度投机是危机的土壤。从导火索来看，政策收紧、监管趋严、流动性退潮等外部冲击引爆了危机。从传导机制来看，金融危机通过资产负债表衰退向银行危机、经济危机传导，国内危机通过贸易、外需、金融市场等链条向全球传导。从影响来看，金融危机对经济、金融、社会稳定造成全面冲击。从应对来看，缓解流动性危机，修复偿债能力，及时阻断风险蔓延，政策应对的及时性与有效性将影响危机的破坏程度。

历次危机的实践证明，正确的危机应对措施是先通过货币政策缓解流动性危机，再通过财政政策扩大需求走出衰退。新基建经济学是应对经济金融危机的一次思想革命，是人类社会认知的一大进步，我们长期旗帜鲜明地倡导新基建。*

---

* 本章作者：任泽平、石玲玲、马家进、王孟嫫、范城恺。

第一节　金融危机的内在逻辑

金融危机是一个永恒的现象。时代在变，但人性像山岳一样古老。人性是健忘的，从贪婪到恐慌，周期背后是人性的轮回。周期在繁荣的顶点之后就会迎来危机。

每一次都有人说“这次不一样”，但内在逻辑实际上都一样。货币超发、金融自由化、监管放松、过度投机是金融危机的土壤，高杠杆是风险之源和火药桶。银行业危机和资产负债表衰退是金融危机向经济危机蔓延的机制。全球化背景下，各国很难独善其身，危机会通过贸易、外需、产业链、资本流动、金融市场、外汇、房地产等传导。危机有自我拓展路径，面对流动性危机、金融危机、经济危机、社会危机、政治危机、军事危机，及时阻断传导链条很重要，但也要兼顾道德风险。纵览各次金融危机，实质都是债务危机或杠杆危机，无非是表现形式不同。国外债务危机主要是债务违约、汇率贬值和资本出逃，国内债务危机主要是通货膨胀、资产价格泡沫和货币贬值。

一、危机的起源

金融危机来自债务和杠杆的快速积累和不可持续。

（一）融资行为的三种类型

根据不同债务人的类型结构和收入－债务关系，可以将融资行为分为三种类型。

第一，对冲性融资：债务人稳健保守，债务负担较少，未来现金流足够偿还债务本金和利息，是最安全的融资行为。

第二，投机性融资：债务人的不确定性开始增强，未来现金流仅能够偿还债务利息，而债务本金则需要不断滚动续期，是一种利用短期资金为长期头寸进行融资的行为。

第三，庞氏融资：债务人的未来现金流既不能覆盖本金，也不能覆盖利息，只能靠出售资产或者进行新的再融资来履行支付承诺。

对冲性融资属于好的加杠杆，债务本息能够被未来现金流完全覆盖，不存在违约风险，参与其中的所有人均能受益。庞氏融资属于坏的加杠杆，债务的持续不是依靠稳定的未来现金流，而是建立在对于未来资产价格继续加速上涨的盲目乐观和虚幻想象之上，一旦资产泡沫破灭，庞氏融资的结局必然是违约和崩溃，所有参与者均蒙受巨大的损失。投机性融资则介于好的加杠杆和坏的加杠杆之间，如果能够在长周期内持续，则类似于对冲性融资，属于好的加杠杆；而如果在长周期内无法维持，则接近于庞氏融资，属于坏的加杠杆。因此对于投机性融资需要加强监管，使其更靠近对冲性融资这类好的加杠杆，远离庞氏融资这类坏的加杠杆。

如果经济中对冲性融资等好的加杠杆占主导，则经济是健康和稳健的；而如果部分投机性融资以及庞氏融资等坏的加杠杆占比过大，则经济金融体系将会变得非常脆弱，危机可能一触即发，迎来“明斯基时刻”。

（二）引发危机的三个阶段

凯恩斯所说的“动物精神”支配着经济中的各个参与主体，因此在经济的加杠杆周期中，总是存在由好的加杠杆向坏的加杠杆转变的不良倾向。对冲性融资等好的加杠杆占比越来越低，而部分投机性融资以及庞氏融资等坏的加杠杆占比越来越高，直到有一天加杠杆周期走到尽头，经济掉头向下，进入去杠杆周期。

风险累积并最终引发危机的过程可分为三个阶段。

第一个阶段，经济上升期，以对冲性融资为主。经济形势向好，企业经营业绩优异，为了获取更大的利润，于是增加借贷，扩大生产，杠杆率上升。但是企业债务负担不重，未来盈利足以偿还债务本息。经济增长与加杠杆实现良性互动，资产价格上升具有基本面支撑。

第二个阶段，经济持续繁荣，投机性融资活跃。随着经济长期繁荣，无论是借款者还是贷款者都过度乐观，风险偏好不断提高。企业不断贷款扩大生产规模，产能逐步扩张甚至出现过剩。企业的现金流只能偿还负债的利息，本金则通过债务滚动实现续期。资产价格持续攀升，交易的投机性持续增强，投资者不断加杠杆，期望通过未来资产价格上涨来获利并偿还债务。经济总杠杆率加速上升，资产价格逐步偏离基本面。

第三个阶段，大规模庞氏融资，泡沫最终破灭。资产价格涨幅巨大并继续上升，财富幻觉导致整个市场陷入狂热，出现大规模的庞氏融资。现金流不但无法偿还债务本金，甚至无法覆盖利息，债务只能不断滚动扩大。资产价格已经严重偏离基本面，风险巨大，市场变得极度脆弱，某个负面消息的出现可能导致整个市场全面崩溃。市场出现恐慌，纷纷抛售资产回收流动性，结果导致资产价格大面积大幅度下跌。资产价格的全面下跌进一步引发市场的抛售，加剧市场的踩踏行为，形成恶性循环，金融危机爆发。经济陷入“债务—通缩”循环，各经济主体开始漫长而痛苦的去杠杆进程。

二、危机的深化

危机的初始阶段是流动性危机，流动性危机若继续蔓延和深化，将演变为金融危机和经济危机。历史告诉我们，高杠杆是风险之源，哪里杠杆高，哪里就藏着脆弱性和风险点。比如，2008 年美国次贷危机时期的房地产、影子银行和大规模次级抵押贷款证券衍生品，1998 年亚洲金融风暴时期的外债，1990 年日本房地产泡沫危机时期的房地产和银行。

资产负债表衰退和“债务—通缩”循环是金融危机向经济危机的传导机制，就是经典金融周期中的“去杠杆”阶段。

典型的资产负债表衰退演化模式是：企业资产负债表失衡，负债严重超过资产，陷入技术性破产的窘境。在这种情况下，企业将其目标从“利润最大化”转为“负债最小化”，在停止借贷的同时，将所有可用现金流都用于债务偿还，不遗余力地修复受损的资产负债表，因此出现了即便银行愿意继续发放贷款也找不到借贷方的异常现象。最终，信贷紧缩，流动性停滞，经济陷入长期衰退。

典型的“债务—通缩”循环演化模式如下。企业由于债务清算而不得不将其资产和产品廉价销售，从而导致物价总水平下跌，出现通货紧缩。通货紧缩的出现导致实际利率上升，企业债务负担加重，于是企业进一步变卖资产和产品，由此加剧通货紧缩，物价螺旋式下跌，而债务负担螺旋式上升。结果就是实际利率上升，贷款和投资减少，经济陷入衰退。

第二节 主要的金融危机案例研究

我们回顾了历史上全球六次重大的金融危机，从起源、导火索、传导机制、影响和应对五大维度进行分析。

一、2020 年美国流动性危机

十年一轮，2020 年新一轮全球经济金融危机来袭，疫情是导火索，根源是长期货币超发下的经济金融社会脆弱性。2008 年国际金融危机至今，12 年过去了，美、欧主要靠量化宽松和超低利率，导致资产价格泡沫、债务杠杆上升、居民财富差距拉大、社会撕裂、政治极化、贸易保护主义盛行。其中，美国股市泡沫和企业高债务杠杆是两大相互关联的火药桶。从金融周期的角度来看，这是一次总清算，该来的迟早会来。

（一）起源：长期货币超发下的股市泡沫和企业高债务

杠杆是风险之源，哪里杠杆高，哪里就藏着脆弱性和风险点，长期低利率催生的股市泡沫和企业高债务将是这一轮金融危机的潜在引爆点。

低利率环境下，上市公司发债进行股票回购和分红，市场同质化交易增加，共同推高股市泡沫。一方面，股票回购和分红是美股持续走牛的重要原因，除了拥有大量现金的公司外，部分公司出于市值管理或投机套利的目的，通过发债的方式筹集资金回购股票，做大每股收益，推高股价。另一方面，长期低利率压低了养老基金、保险公司等机构投资者的资产收益率，促使其将资金投向股市。量化交易、指数基金等被动投资逐渐盛行，增大了市场交易的同质性。处于牛市时，同质化的交易行为快速推升股价。多重因素驱动下，2009—2020 年，美国股市延续了近 11 年的史上最长牛市。

企业部门杠杆率快速上升，偿债能力持续下降，高风险企业债占比扩大，酝酿风险。第一，企业部门杠杆率快速上升。2008 年金融危机后，美国居民部门杠杆率持续下降；政府部门杠杆率快速攀升，但

2014年后基本平稳；非金融企业部门在危机初期受冲击去杠杆，但随后杠杆率快速反弹，超过危机前的水平，甚至高于居民部门的水平，见图9.1。第二，企业部门偿债能力持续下降。美国非金融企业部门的偿债比率（当期应付本息/当期收入）远高于居民部门和整体非金融私人部门，并且持续上升，位于历史相对高位。第三，美国高风险企业债占比持续扩大。2008—2018年非金融企业债券余额从2.2万亿美元大幅升至5.7万亿美元，其中BBB级企业债增加了近2万亿美元，占比从36.4%上升至47.4%。

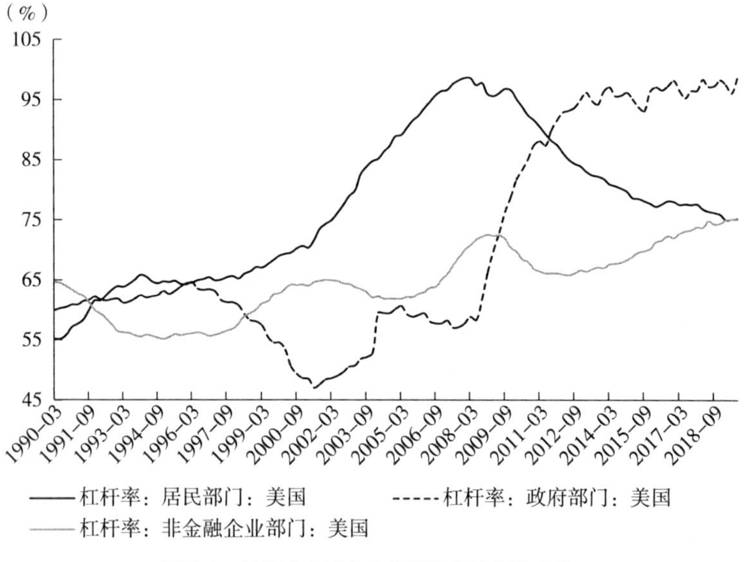

图9.1 美国非金融企业部门杠杆率快速上升

资料来源：Wind，泽平宏观。

（二）导火索：疫情全球大流行

新冠肺炎疫情在全球快速蔓延，冲击全球经济，点燃危机导火索。第一，疫情全球大流行。截至2020年4月30日，全球累计确诊病例超过315万例，累计死亡病例近22万例。美国是重灾区，累计确诊病例超过 100 万例，累计死亡病例超过 6 万例。第二，疫情冲击下全球经济面临衰退。从供给端来看，企业面临经营受阻、停工停产、产业链断裂问题；从需求端来看，疫情防控导致需求大幅下挫。4 月 14 日 IMF 发布的《世界经济展望》预测，2020 年全球经济收缩 3%，其中美国、欧元区和日本 GDP 分别下降 5.9%、7.5% 和 5.2%。第三，点燃危机导火索。经济停摆将危及企业经营和现金流、居民就业和收入，冲击企业偿债能力和金融体系正常运转，在股市泡沫、企业杠杆高企的背景下，成为危机的导火索。

自 2020 年 2 月 20 日开始，美股持续下跌，高收益债利率快速上行。2 月 20 日—3 月 9 日，美国三大股指在 20 天内下跌幅度均高达 20%，见图 9.2。美银美国高收益企业债收益率上行幅度超过 200BP，见图 9.3。

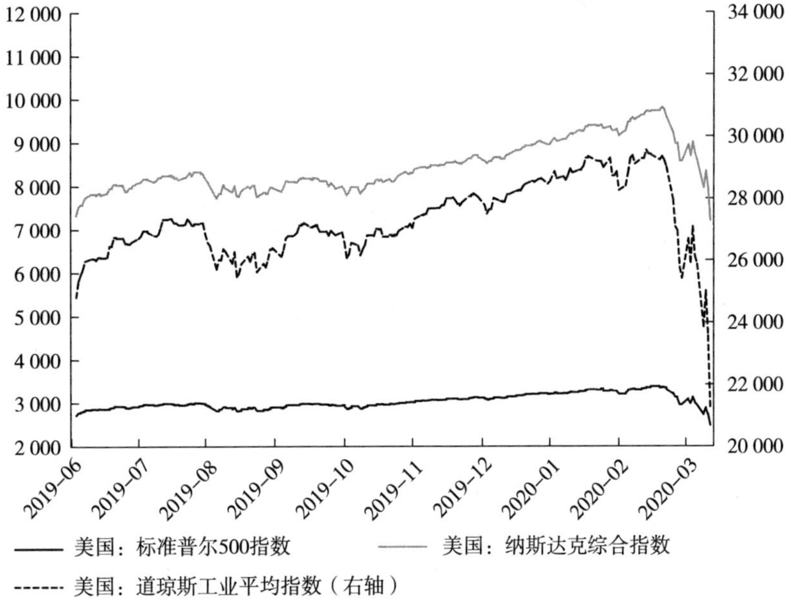

图 9.2　美国股市大幅下跌

资料来源：Wind，泽平宏观。

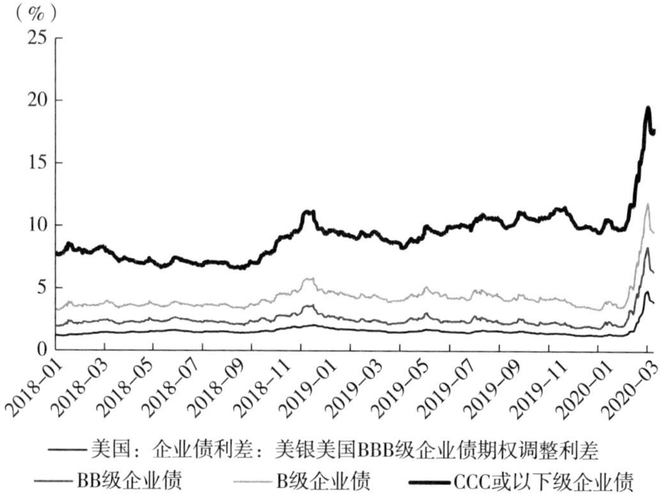

图 9.3 美国 BBB 及以下评级企业债信用利差快速上升

资料来源：Wind，泽平宏观。

（三）传导：保证金及赎回压力加剧资产抛售，原油战推升违约风险

同质化交易、保证金及赎回压力加剧资产抛售，市场恐慌性追逐流动性。一方面，量化交易、指数基金等被动投资盛行，市场交易同质性强。一旦转入熊市，被动止损造成大规模抛售，市场流动性枯竭，陷入下跌螺旋。另一方面，股市持续下跌，基金净值大幅回撤，广义基金面临保证金追加及投资者大量赎回，资金压力大幅上升。基金恐慌性追逐流动性，抛售变现能力强的资产，进一步加剧市场下跌。

供需双重冲击下，原油价格暴跌，加剧了市场对更广泛债务违约的担忧。疫情冲击全球经济与石油需求，叠加 3 月初“OPEC（石油输出国组织）+ 未达成减产协议”、沙特增产，国际油价暴跌，4 月原油期货价格跌至负数，见图 9.4。根据穆迪数据，截至 2023 年北美油气行业将面临 2 400 亿美元的债务到期，其中 B 级债券于 2020 年将占比 15% 以上。

美国的页岩油平均收支平衡价格在 40 美元 / 桶以上，当前油价已低于其生产成本。假如未来油价持续低迷，原本偿债压力巨大的美国页岩油企业很可能出现破产和债务违约，继而危及债券市场。原油价格战导致市场对违约风险的担忧加剧，高收益债利率进一步加速上行。

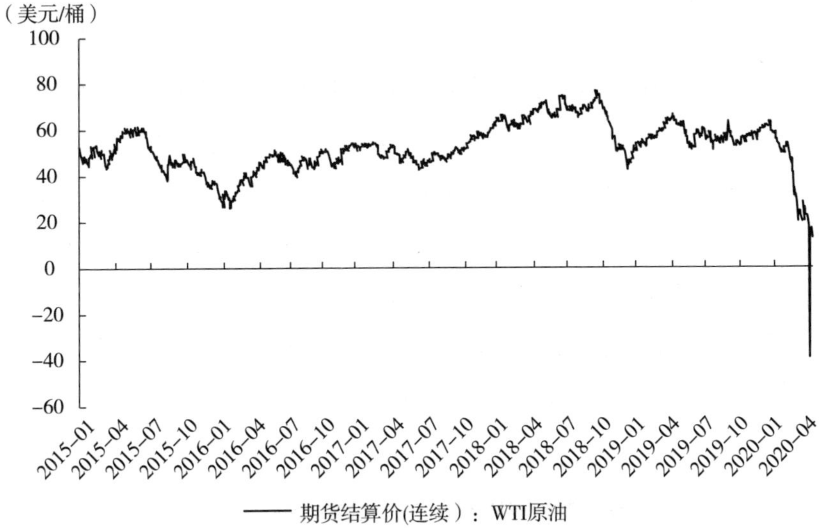

图 9.4　国际油价大跌

资料来源：Wind，泽平宏观。

（四）影响：股债双杀、黄金大跌、流动性危机

2020 年 3 月 9 日开始，美国金融市场出现显著的流动性危机。股票、债券、黄金价格同步大幅下跌，市场恐慌性追逐流动性，美元指数快速上涨，流动性危机爆发。同时，由于金融市场的传染与关联性，危机冲击全球金融市场。

美股暴跌，10 天内 4 次熔断，恐慌指数超过 2008 年金融危机最高点，全球股市均大幅下跌。第一，美股：2020 年 3 月 9 日、12 日、16 日、18 日，4 次熔断，创历史纪录。道琼斯工业平均指数、纳斯达克指数、标普 500 指数最低点较最高点跌幅均超 30%，见图 9.5。3 月 16 日恐慌指数 VIX 高达 82.69，甚至超过了 2008 年金融危机时的最高点 80.86，见图 9.6。第二，全球股市：英、法、意、德等欧洲国家与日、韩等亚洲国家均跌入熊市，全球主要股指在一个月内跌幅普遍超过 30%。

股债双杀，美国国债收益率快速上升，投资级、投机级债券全面下跌，全球债市普遍下跌。第一，美国：利率债方面，股市大跌，资金寻求安全资产，股债之间存在“跷跷板效应”，因此长期国债收益率本该下行。但 2020 年 3 月 9 日之后却出现了“股债双杀”，说明市场亟需流动性，投资者抛售长期国债以回笼资金，从而推高国债收益率，见图 9.7。信用债方面，投资级、投机级债券全面下跌，10 天内收益率上行幅度分别超过 150、350BP，见图 9.8。第二，全球：3 月 9 日后，英、法、德、中等主要经济体 10 年国债收益率均暂停前期下行趋势，10 天内上行幅度高达 50BP。

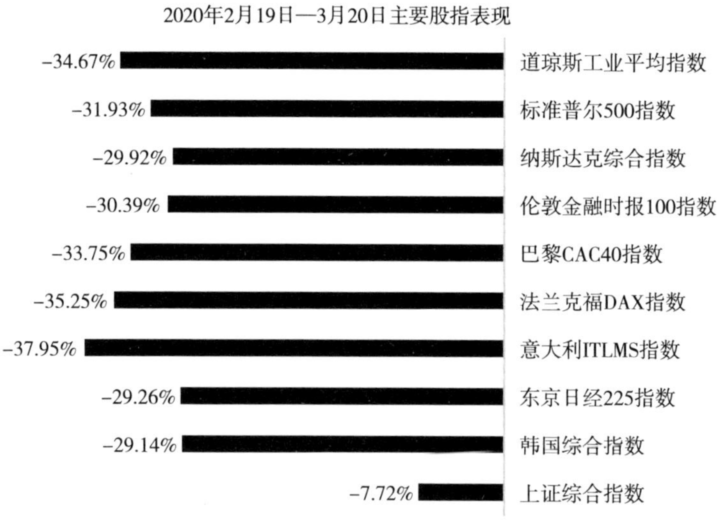

图 9.5　美、欧、日、韩股市大跌，进入技术性熊市

资料来源：Wind，泽平宏观。

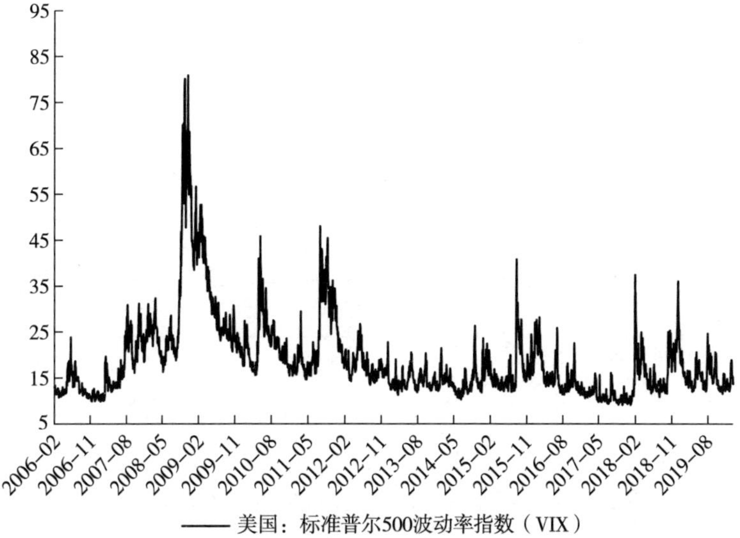

图 9.6　恐慌指数超过 2008 年金融危机最高点

资料来源：Wind，泽平宏观。

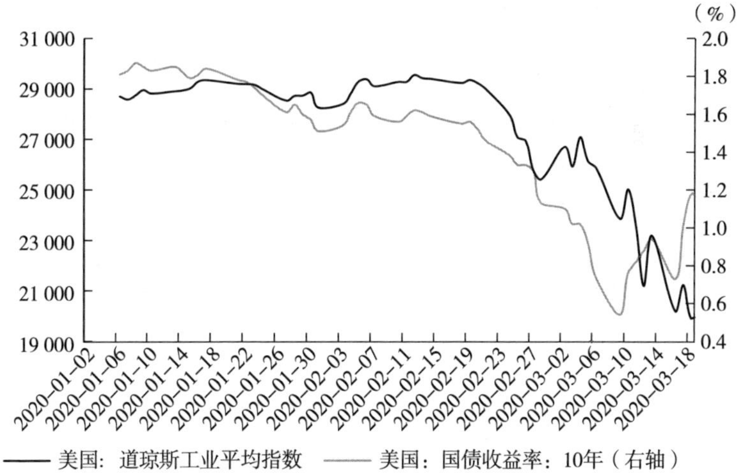

图 9.7　美国 10 年期国债收益率快速上升，股债双杀

资料来源：Wind，泽平宏观。

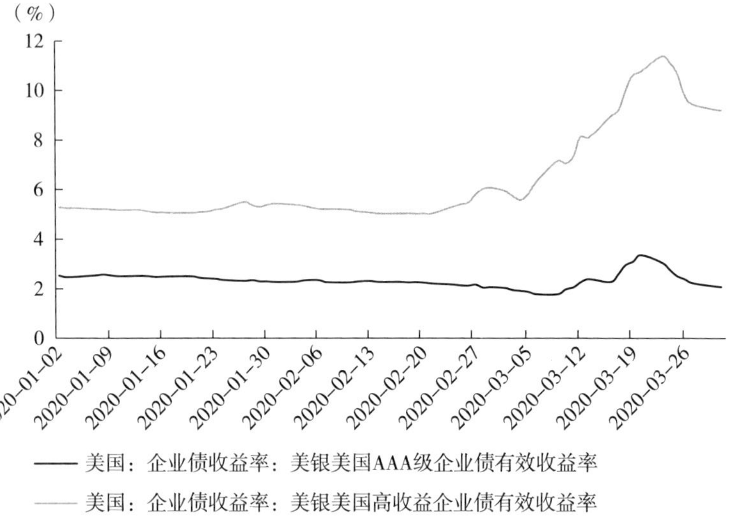

图 9.8　投资级、投机级债券全面下跌

资料来源：Wind，泽平宏观。

黄金价格大跌，避险资产不避险。黄金作为传统的避险资产，在爆发重大风险事件时能够发挥一定的风险对冲作用。但当市场出现流动性危机时，黄金同样会被抛售，2008 年黄金价格最大跌幅高达近 30%，见图 9.9。2020 年 3 月 9 日之后股债双杀，黄金价格同样大幅下跌，8 个交易日内跌幅超过 10%，见图 9.10。

流动性危机，美元指数飙升。流动性危机发生时，所有风险资产同步下跌，相关性趋近于 1，资产组合理论和风险平价策略失效。所有篮子都被打翻时，没有一颗鸡蛋是安全的。市场恐慌性地追逐流动性，资金需求快速上升，但资金供给更加谨慎。美元指数飙升，2020 年 3 月 9 日—23 日，美元指数从 95 上涨至 102，涨幅高达 7%，见图 9.11 和图 9.12。

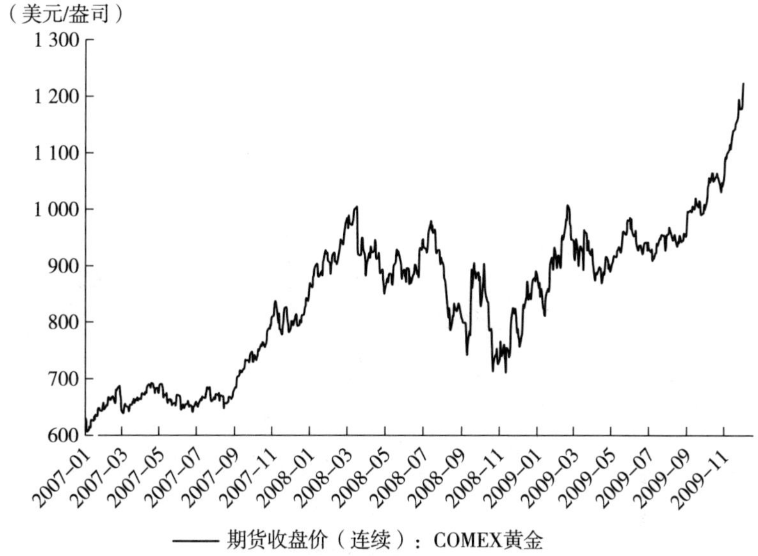

图 9.9　2008 年黄金价格大跌近 30%

资料来源：Wind，泽平宏观。

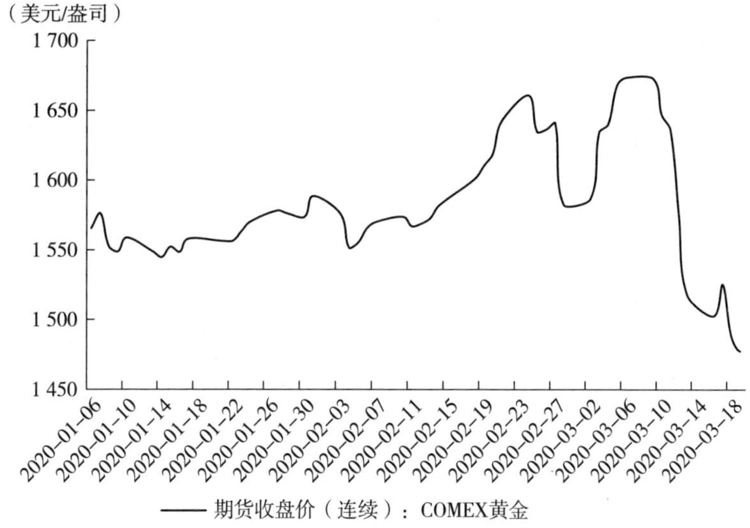

图 9.10　2020 年 3 月黄金价格大跌超 10%

资料来源：Wind，泽平宏观。

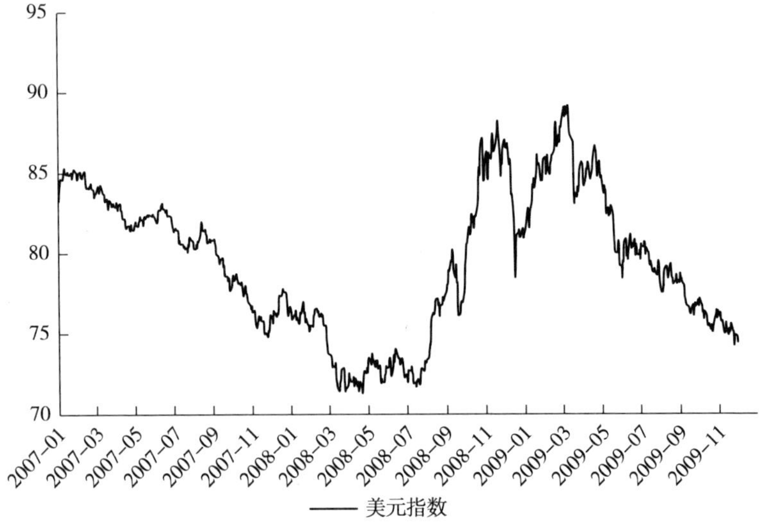

图 9.11　2008 年金融危机时美元指数暴涨

资料来源：Wind，泽平宏观。

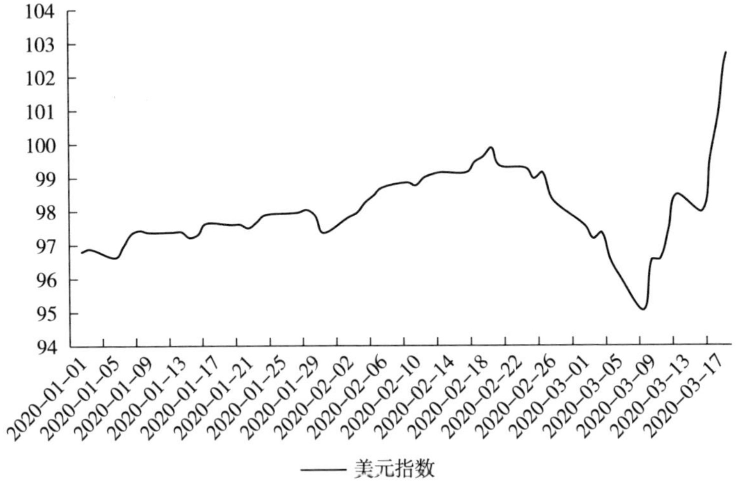

图 9.12　2020 年 3 月美元指数飙升

资料来源：Wind，泽平宏观。

（五）应对:“QE+ 零利率 + 财政刺激”迅速发力，缓解流动危机，但饮鸩止渴

流动性危机在美国政府的强力救助下暂时得到缓解，但危机只是被推迟了。美国政府应对危机反应速度快，救助力度大，货币政策、财政政策全面发力。2020 年 3 月 24 日后，美股反弹、黄金价格上涨、美元指数回落，流动性危机缓解。但金融危机只是被推迟了，深层次的经济金融脆弱性并未消除，并埋下长期更严重的经济金融社会问题。

货币政策方面，为避免流动性危机演变为金融危机，美联储履行最后贷款人职责，为市场提供全方位的流动性支持。第一，美联储救市政策一步到位，速度快、幅度大。3 月 3 日、15 日，美联储两次紧急降息，两周内将基准利率降低 150BP 至零，同时法定存款准备金率降至零；3 月 23 日推出“无限量 QE”。第二，直接提供流动性支持。3 月中下旬，美联储相继启动商业票据融资便利（CPFF）、货币市场共同基金流动性工具（MMLF）、一级交易商融资便利（PDCF）、一级市场企业信用工具（PMCCF）、二级市场企业信用工具（SMCCF）、资产抵押证券融资工具（TALF）等，向银行、一级交易商、货币市场基金、企业、居民、海外央行等部门直接注入流动性。

财政政策方面，美国国会通过 2.3 万亿美元刺激方案，开启“直升机撒钱”模式。第一，对于企业部门：一方面，实行税收减免优惠；另一方面，向大企业提供约 5 000 亿美元贷款和贷款担保，设立约 3 500 亿美元小型企业基金，小企业如果不裁员，就有机会不用偿还贷款。第二，对于居民部门：直接支付现金超过 2 500 亿美元，扩充失业保险约 2 500 亿美元。第三，对于政府部门：地方政府将获得约 1 500 亿美元的财政援助，联邦政府将进行超过 3 000 亿美元的直接支出。

二、2007 年美国次贷危机和 2008 年国际金融危机

流动性过剩、购房政策刺激、金融创新等多方力量催生了 2001—2007 年美国房地产、股市、金融产品等各类资产泡沫。随着货币政策收紧，2008 年美国次贷危机爆发，破坏程度堪称“百年一遇”，并迅速升级为国际金融和经济危机。美国通过货币、财政、金融等多方面措施稳定金融市场，经济快速复苏，而世界经济受到更大打击，10 年后尚未完全走出危机的阴影。

（一）起源：货币宽松、住房刺激政策和金融创新孕育房地产泡沫

货币宽松导致流动性泛滥。2000 年美国互联网泡沫破灭之后，为刺激经济增长，美联储连续 13 次降息，联邦基金利率从 2001 年初的 6.5% 降到了 2003 年 6 月的 1%，见图 9.13。

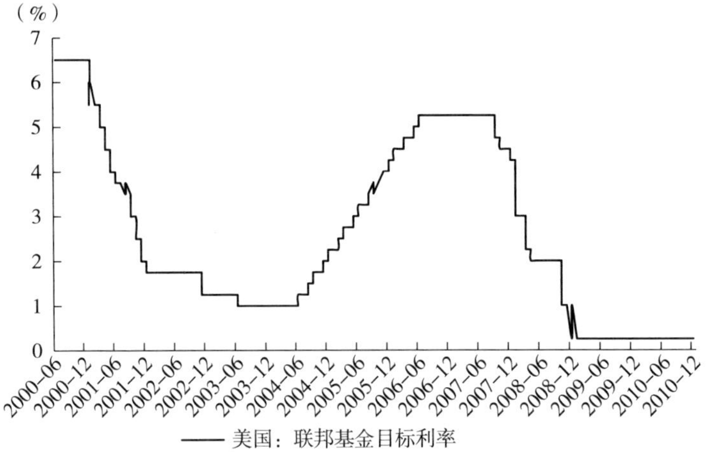

图 9.13　货币宽松酝酿危机

资料来源：Wind，泽平宏观。

购房刺激政策和金融市场创新创造穷人购房需求，次级贷款大量

发放。为提振经济并迎合选民，小布什政府推出“居者有其屋”政策，鼓励中低收入人群购房，并立法要求金融机构向穷人发放贷款。同时，抵押贷款公司的客户代理人为赚取更多手续费而盲目发展客户，忽视甚至帮助客户隐瞒风险，导致次贷过度发放。2001—2006 年底，抵押贷款发放规模增加 4 070 亿美元，达到 25 200 亿美元。

资产证券化将风险隐藏并转移至二级市场，同时创造了更多流动性。众多抵押贷款公司为获取营运资金，通过“资产证券化”将手中的住房抵押贷款包装成抵押贷款证券（MBS）、债务担保证券（CDO）、信用违约互换（CDS）等多种金融创新产品。这些证券产品经历多次重新打包和转手后，市场已经难以分辨其背后的风险，被国内外金融机构大量持有。

流动性过剩和需求刺激催生了地产泡沫。2001—2007 年美国房价涨幅远超过去 30 多年，至 2006 年 3 月，美国名义房价指数在 5 年时间里增长了 73%，见图 9.14。同时，由于流动性过剩和房价上涨预期，

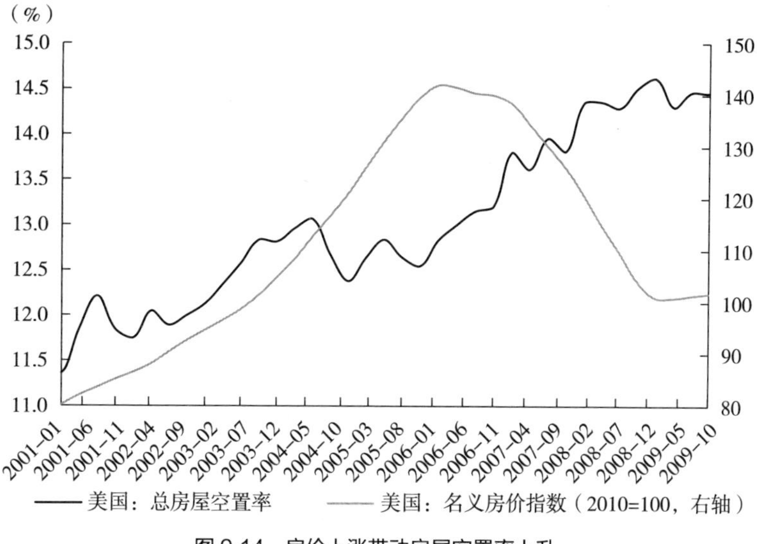

图 9.14　房价上涨带动房屋空置率上升

资料来源：Wind，泽平宏观。

美国房地产市场持续扩张，住宅投资在总投资中的比重最高达 32%。与此同时，房屋空置率不断上涨，房地产泡沫浮现。

居民杠杆率不断攀升，债务风险不断积聚。在流动性过剩、需求刺激、房价上涨预期、金融风险隐蔽等多方力量的共同推动下，美国居民部门杠杆率快速攀升，由 2001 年初的 69.6% 升至 2008 年初的 98.0%，见图 9.15。房价高企的背景下，美国住房购买力显著下降，债务负担加重，违约风险上升，房地产贷款及相关衍生品的安全性越发薄弱。

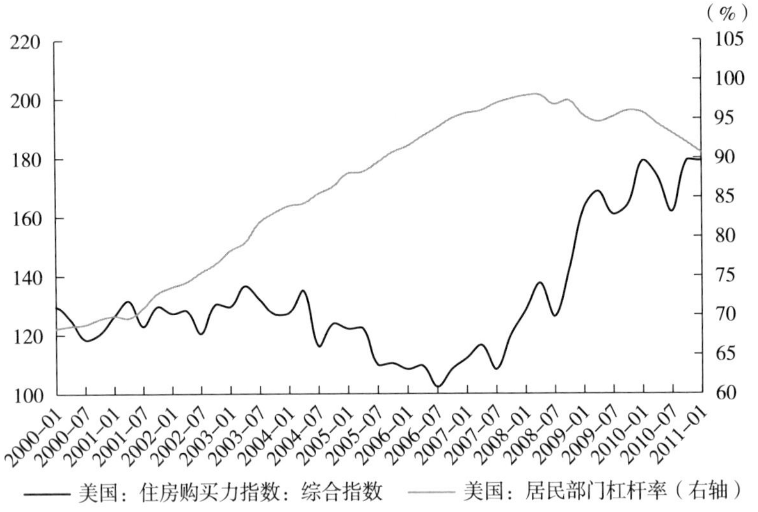

图 9.15　住房购买力显著下降，居民杠杆率不断攀升

资料来源：Wind，泽平宏观。

（二）导火索：货币收紧，房价见顶，贷款断供

货币收紧挤破地产泡沫，引爆金融危机。为了抑制经济过热，美联储于 2004 年中期开始快速加息，联邦基金利率由 1.0% 升至 5.25%。一方面，高利率抑制居民新增贷款，购房需求减弱，2006 年 7 月开始房价见顶下跌。另一方面，随着货币收紧，抵押贷款利率居高不下，

低收入群体偿债压力加剧，次级贷款的断供比例开始上升，建立在次贷之上的各种衍生品遭受巨额损失，最终导致房地产和金融泡沫破裂，见图 9.16。

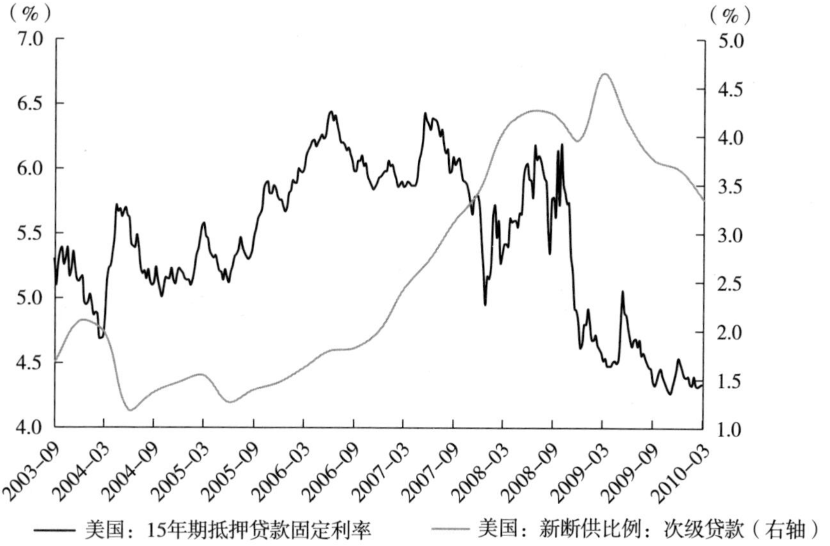

图 9.16　高利率加剧次贷偿债压力

资料来源：Wind，泽平宏观。

（三）传导：金融机构受损甚至破产，实体经济资产负债表衰退

首先，直接提供次贷的金融机构受到冲击。2007 年 2 月，汇丰控股为其美国附属机构的次贷业务增加 18 亿美元坏账拨备。2007 年 4 月，美国第二大次贷公司新世纪金融公司申请破产保护。随后，30 余家次级抵押贷款公司停业。接下来，对冲基金、投资银行等机构投资者受到冲击。由于建立在次贷之上的各种衍生品价值缩水，2008 年 9 月全球著名投资银行雷曼兄弟破产，美林被收购。同时，商业银行、保险等其他金融机构受到波及。一方面，这些金融机构是次级贷款的参与人；另一方面，房价跳水亦导致抵押品价值缩水，金融

机构资产端受损，出现资不抵债的情况。2009 年，美国有 140 家银行倒闭，商业银行巨头 RBS（苏格兰皇家银行）等欧洲大型银行纷纷国有化，保险公司 AIG（美国国际集团）被美国政府接管。金融机构危机造成市场恐慌、资产抛售，资产价格进一步下降，资不抵债情况加剧，形成资产负债表衰退循环。

金融体系的崩溃导致信用紧缩，最终危害实体经济。金融危机后，金融机构放贷变得更加谨慎，美联储紧急降息后的低利率环境仍然不足以鼓励银行借贷行为，银行储备贷款未充分放出，抵押贷款利率居高不下，造成信用紧缩。实体经济因融资困难而出现裂痕，生产活动急剧下降，众多公司大量裁员。经济增长放缓继续导致居民收入下降，消费和投资活动趋弱，经济进一步下行，形成实体经济的衰退循环，见图 9.17。

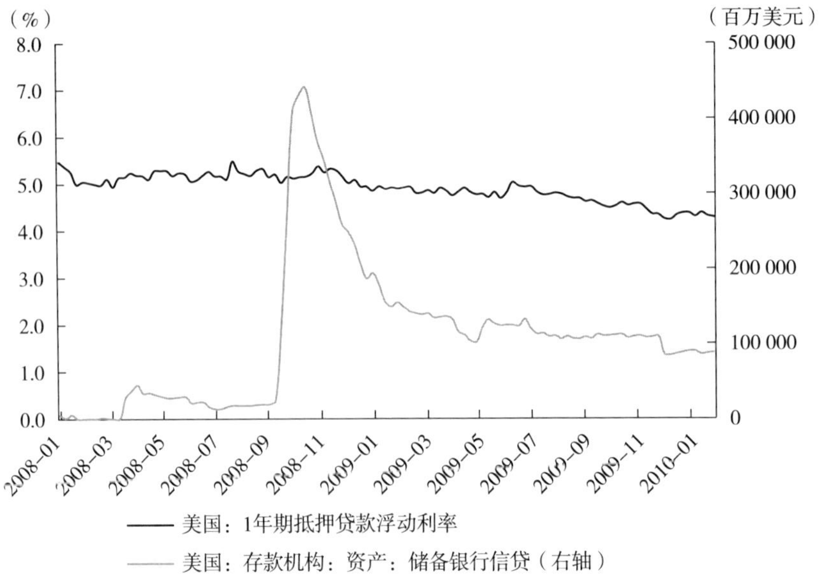

图 9.17　信用紧缩

资料来源：Wind，泽平宏观。

（四）影响："百年一遇"，蔓延全球

金融系统性崩溃，资产缩水程度超过历次危机。2008 年美国次贷危机全面爆发并迅速发展成金融危机、经济危机，其严重程度堪称"百年一遇"。过去历次金融危机中受到较大影响的主要是银行业，而 2008 年的危机却波及包括银行、对冲基金、保险公司、养老基金、政府信用支持的金融企业等几乎所有的金融机构，整个金融体系受到严重打击。同时，美国经济泡沫破裂导致资产缩水程度超过历次危机，其中股市、房市、居民财富等指标的降幅均超过 1930 年"大萧条"时期。

经济快速复苏，就业缓慢恢复。由于美联储和美国政府迅速、大幅度地出台了救市措施，美国经济快速复苏。对比来看，1853—2013 年全球发达经济体发生的 63 次金融危机中，平均人均实际 GDP 跌幅为 9.6%，平均衰退持续 2.9 年；而 2008 年金融危机导致的人均实际 GDP 跌幅仅为 5.25%，衰退仅持续 1.5 年，GDP 增速在 2010 年已恢复至2008 年水平。但是，美国失业率在危机后接近历史高点，恢复迟缓，在 2016 年才恢复至 2008 年水平。由此可见，次贷危机对实体经济仍然造成长期压力，见图 9.18。

美国危机蔓延全球，冲击世界经济增长，同时危机后全球主要经济体长期实行低利率，酝酿了下一次危机。一方面，由于美国住房贷款资产被投资银行衍生为各类金融产品，转卖给全球投资者，美国房市、金融市场和全球金融市场紧密联系，美国危机通过全球金融体系传导至各国实体经济，抑制了世界经济增长。世界各国 GDP 增速在 2008—2009 年均出现"凹槽"，之后欧元区因债务危机被引爆而再次陷入衰退，日本经济即使推出 QE 和负利率，也仍长期处于低谷，拉美、澳大利亚等资源丰富的地区和国家的经济则大幅回落并陷入长期低迷，见图 9.19。另一方面，次贷危机后，世界主要经济体为化解

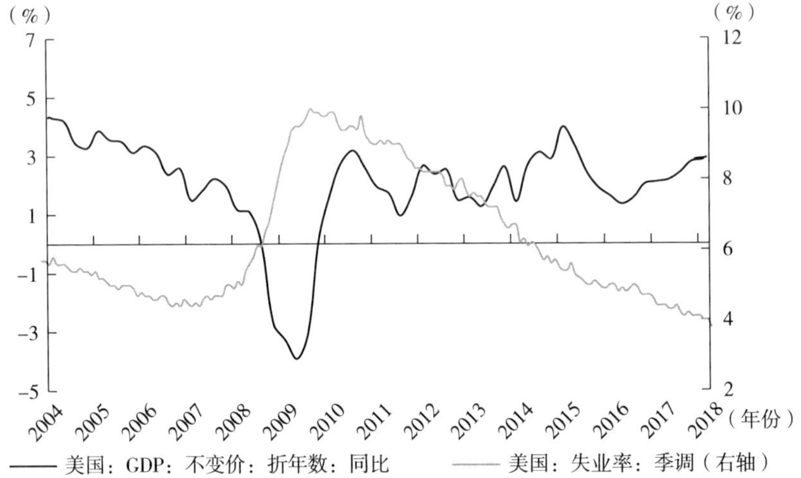

图 9.18　经济快速复苏，就业缓慢恢复

资料来源：Wind，泽平宏观。

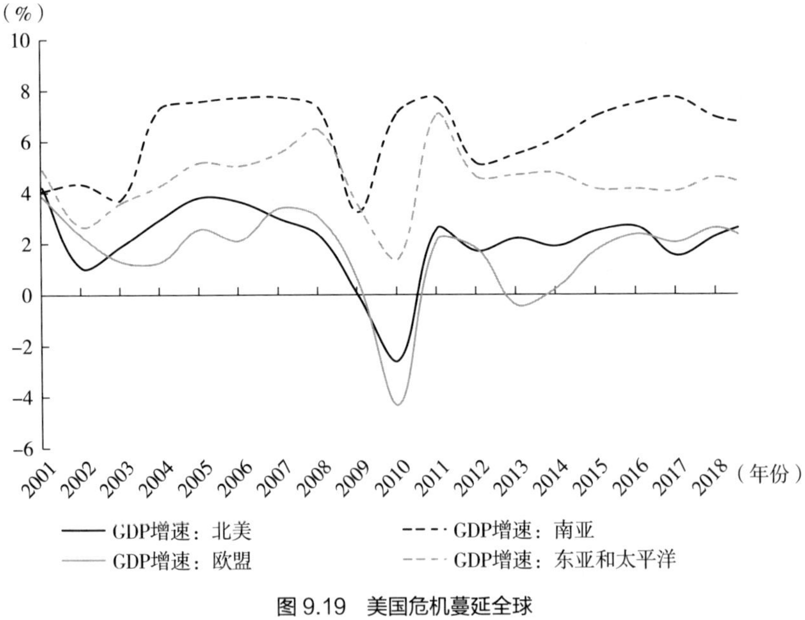

图 9.19　美国危机蔓延全球

资料来源：世界银行，泽平宏观。

危机，长期实施超低利率和流动性宽松政策，在挤压货币政策空间的同时也扩大了金融风险敞口，为下一次全球金融危机埋下了伏笔。

（五）应对：货币、金融、财政协同发力，力挽狂澜

美国应对危机的政策组合包括以下五个方面。第一，系统性金融政策。大量运用担保以防止货币和金融市场出现挤兑，在保险公司的担保支持下分两个阶段对金融系统进行资本重组。第二，货币政策。利用美联储凌驾于整个银行系统之上的“最后贷款人”权力，为金融市场提供支持。第三，财政政策。运用强力的财政政策来刺激需求，并促使经济恢复增长。第四，住房政策。通过多种住房政策组合，防止房企倒闭，控制房价下降速度，降低抵押贷款利率，并对再融资提供援助。第五，国际政策。将美元流动性扩展到全球金融体系，辅以国际合作与凯恩斯式的刺激计划。

美联储迅速降息，创造融资工具，启动三轮 QE，与全球央行互换货币。2007 年 9 月—2008 年 12 月，美联储快速将联邦基金利率目标区间从 5%~5.25% 的高位下调至 0~0.25%。2007 年 12 月—2008 年 11 月，美联储先后创造了包括商业票据融资便利在内的多种新型融资工具，为市场注入流动性，见表 9.1。此后的六年里，美联储先后启动三轮非常规货币政策——QE，大量增购机构抵押贷款证券和长期国债以进一步释放流动性，压低长端利率。此外，自 2007 年 12 月起，美联储与欧洲、英国、瑞士、日本、加拿大等地区和国家的 14 家央行建立货币互换机制，签订低利率美元互换协议，并且不断延期至 2014 年。

政府推出财政计划刺激经济，稳定住房市场。小布什政府于 2008 年 2 月推出价值 1 680 亿美元的“一揽子经济刺激法案”，同年 7 月推

表 9.1　美联储创造多种融资工具

时间	工具	主要内容
2007-12-12	定期拍卖便利（TAF）	允许存款类机构通过当地联储向市场提出利率报价和竞拍额，投标利率最高的机构可获得资金
2008-03-11	定期证券借贷便利（TSLF）	允许一级交易商以流动性较差的抵押品投标换取美联储的高流动性政府债券
2008-03-17	一级交易商融资便利（PDCF）	允许一级交易商进入贴现窗口，享受与存款类机构相同的贴现利率，并且不限制资金量
2008-09-19	货币市场共同基金流动性便利（AMLF）	按贴现率向存款机构和银行控股公司提供无追索权贷款，供其从货币市场共同基金购买商业票据的流动性
2008-10-07	商业票据融资便利（CPFF）	通过特殊目的载体（SPV）购买商业票据发行机构的资产抵押商业票据和无抵押商业票据
2007-10-21	货币市场投资者融资便利（MMIFF）	通过特殊目的载体购买投资者手中的美元定值存单和商业票据等符合要求的资产
2008-11-25	定期资产支持证券信贷便利（TALF）	向持有各类抵押贷款证券的金融机构提供无追索权贷款

资料来源：美联储，泽平宏观。

出“住房和经济复苏法案”，为房利美、房地美注入不超过 4 000 亿美元的财政资金。奥巴马政府于 2009 年 2 月推出价值 7 870 亿美元的财政刺激计划，主要用于减税、基建和支持地方政府；同时宣布 2 750 亿美元的《业主负担能力和稳定计划》，包括 750 亿美元的直接业主资助和 2 000 亿美元的房利美、房地美再融资。

政府短期拯救金融机构，长期加强金融体系监管。2008 年 10 月，小布什总统签署《经济稳定紧急法案》，涉及 7 000 多亿美元的不良资产救助方案，同时宣布动用 2 500 亿美元向银行业注资。2010 年 7 月，奥巴马政府通过《多德 – 弗兰克法案》，被认为是继 1933 年以来改革力度最大、影响最深远的金融监管改革，旨在促进美国金融稳定，解决“大而不倒”问题，保障消费者和纳税人的利益。其中包括“沃尔克规则”，旨在禁止银行进行与客户金融服务无关的投机交易，如抵押贷款证券、债务担保证券、信用违约互换等。金融监管改革后，美国金融业面临全方位的杠杆限制，“去杠杆”风潮一直持续至今，2007 年末美国各类金融资产中只有 41% 面临杠杆限制，而这一数字在 2017 年末已经达到 92%。

三、1997 年亚洲金融风暴

1997 年之前，多数亚洲经济体持续高增长，创造了“亚洲奇迹”。但在金融自由化和亚洲地区高利率环境下，大量国际资本流入，催生了资本市场泡沫。随后美联储加息、美元升值、国际资本流出，导致固定汇率制崩盘和货币贬值，亚洲金融风暴爆发。此后，除韩国等少数地区转型成功外，大多数东南亚国家停滞在中等收入阶段，落入“中等收入陷阱”。

（一）起源：金融过度自由宽松下的虚假繁荣

东南亚地区高利率环境、金融自由化加速吸引大量国际资本流入。20 世纪 80 年代东南亚各国效仿发达国家陆续开启金融自由化改革。菲律宾于 1962 年取消外汇管制；马来西亚于 1986 年放松外资股比限制；印度尼西亚也于 1986 年放松对账户的管制；泰国于 1994 年实现国内股票和债券市场对外全面开放，允许企业自由对外借债。同时，东南亚国家利率高企，1996 年危机来临前，泰国银行同业隔夜拆借利率已经达到 5%~15%，见图 9.20。金融监管松弛和高利率环境吸引大量国际资本流入，1996 年净流入亚洲的私人资本达 1 104 亿美元，见图 9.21。

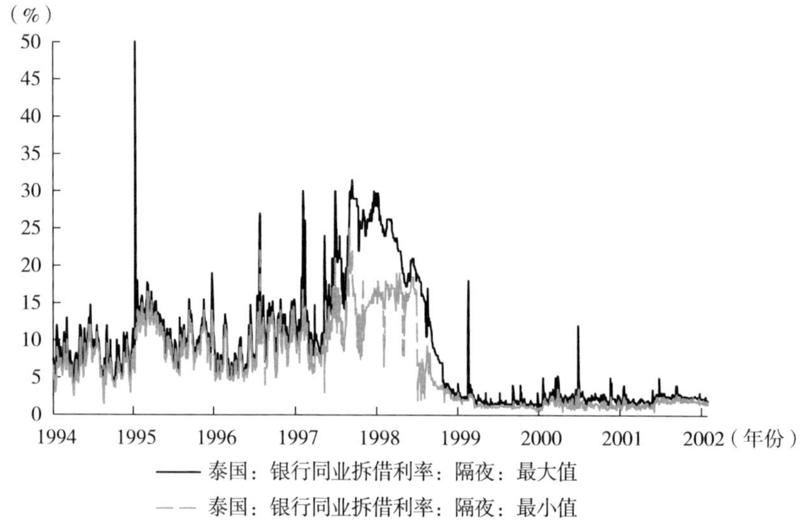

图 9.20　1999 年以前泰国利率高企

资料来源：Wind，泽平宏观。

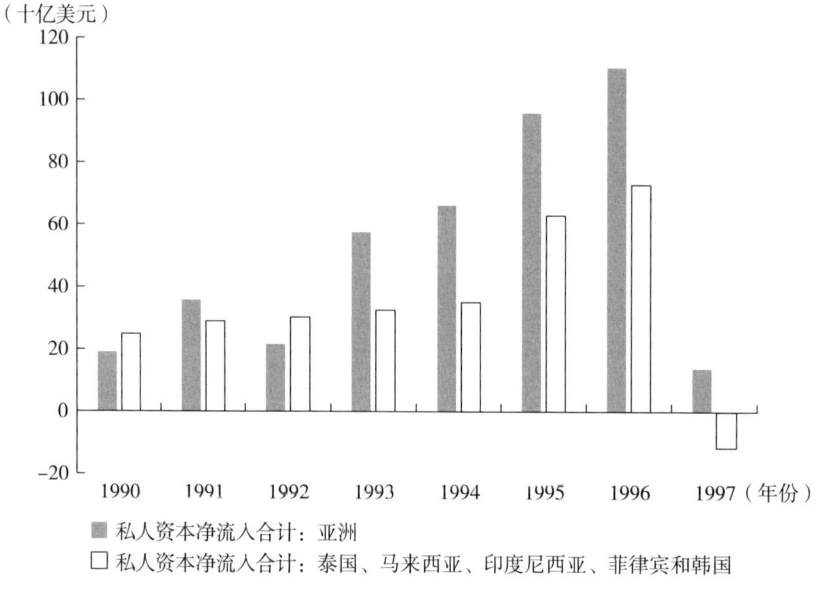

图 9.21　1990—1996 年大量私人资本流入亚洲

资料来源：Wind，泽平宏观。

资本流入股市和楼市，催生资产价格泡沫。1986—1994 年各国流向股市和房地产的银行贷款比例越来越大，其中泰国 50%、新加坡 33%、马来西亚 30%、印度尼西亚 20%、菲律宾 11%。1990—1994 年各国股市连年攀升，菲律宾、泰国、新加坡和韩国股市涨幅分别达到 328%、122%、96% 和 48%。同时，亚洲地区房价急剧上涨，其中印度尼西亚在 1988—1991 年房地产价格上涨约 4 倍，马来西亚、菲律宾和泰国在 1988—1992 年上涨约 3 倍。

外债过度增长，风险不断积聚。一方面，多数亚洲国家和地区在当时实行与美元高度挂钩的固定汇率制度，消除了外资银行的担心，形成"道德风险"，亚洲的商业银行和非银行企业得以大量举借外债，1997 年中期亚洲未偿外债总额达到 3 912 亿美元。另一方面，许多国家和地区的短期外债过多，外汇储备不足，存在巨大的流动性风险。1994—1997 年许多亚洲国家和地区短期外债规模迅速扩大，1997 年中期，韩国、泰国和印度尼西亚短期外债合计近 1 600 亿美元，均超过外汇储备一倍之多，见图 9.22。

（二）导火索：国际游资狙击泰铢等

美联储加息导致资本流出，美元升值掣肘出口，经济放缓削弱外资信心。1994 年初，美联储开始加息，资本回流美国，美元指数自 1995 年中期开始持续上升，见图 9.23。在固定汇率下，亚洲国家货币随美元升值，导致从 1995 年起亚洲出口增速放缓，见图 9.24。经济放缓引发投资者担忧，1996 年中期已有外资撤离现象，泰国股市也结束横盘、急速杀跌。

固定汇率制度吸引国际游资做空泰铢，最终刺破泡沫。固定汇率制度、货币政策独立、资本自由流动被称为"不可能三角"，三者只能选其二。当贸易赤字增加、货币实际贬值时，东南亚国家没有及时

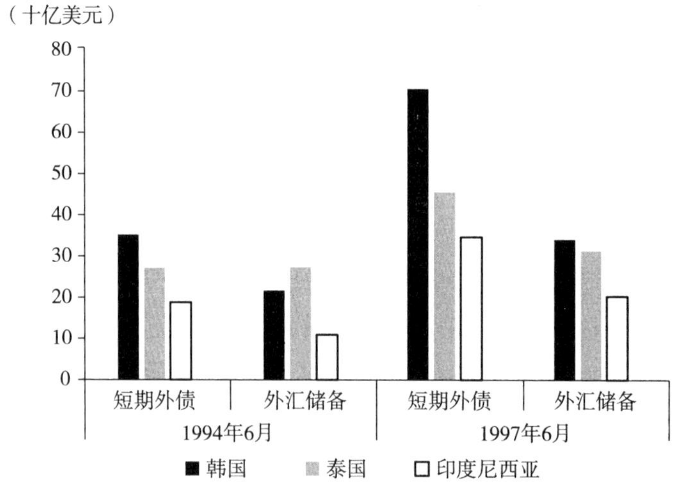

图 9.22　1994—1997 年亚洲短期外债增长超过外汇储备

资料来源：BIS，IMF，泽平宏观。

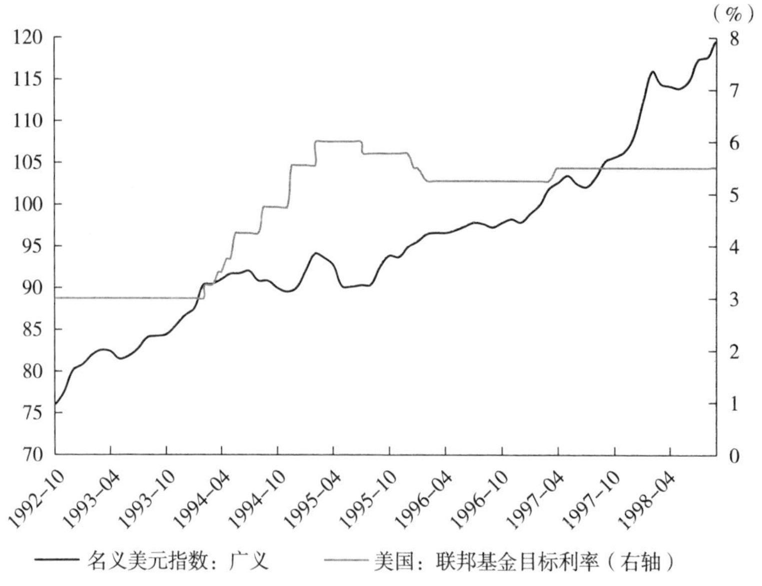

图 9.23　1993—1997 年美联储加息、美元升值

资料来源：Wind，泽平宏观。

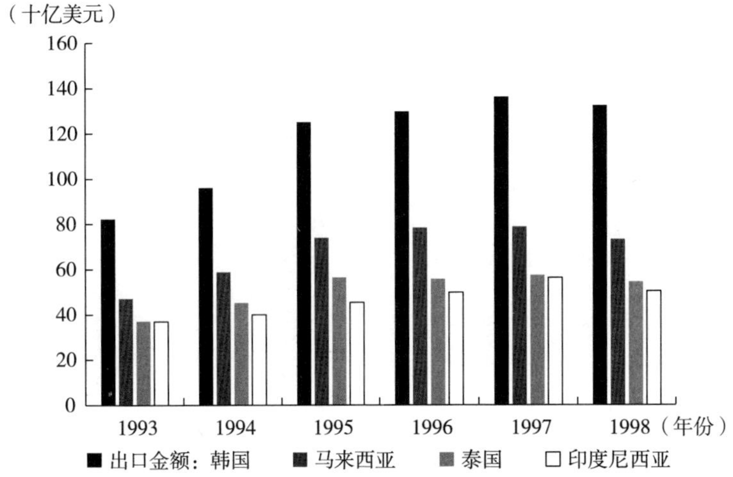

图 9.24　1995 年起亚洲出口增速放缓

资料来源：Wind，泽平宏观。

调整汇率制度，为部分投机者创造了可乘之机。从 1997 年 2 月起，以索罗斯为首的国际游资从银行拆借大量泰铢，在市场上抛售。泰国政府为维护汇率而斥资接盘，但因外资储备薄弱而未能抵御国际游资的强势攻击，最终于 1997 年 7 月 2 日放弃固定汇率制，泰铢暴跌，仅当日跌幅就达 15%，见图 9.25。

（三）传导：从泰铢失守到区域性金融危机爆发，大规模资本流出

货币贬值在高外债环境下引发货币和金融危机。就单个国家而言，本国货币贬值意味着外债相对升值，金融机构负债端数字增大。同时，外汇储备不足，资产端的“升值”不及负债端，资不抵债问题严重，导致金融机构倒闭，外债违约数量增加。债务违约风险加剧，金融系统受冲击，反向造成投资者恐慌，外资加速流出，进一步打击汇率，形成恶性循环。泰铢在实行浮动汇率之后一路下跌，1998 年初兑美元贬值超过 100%。

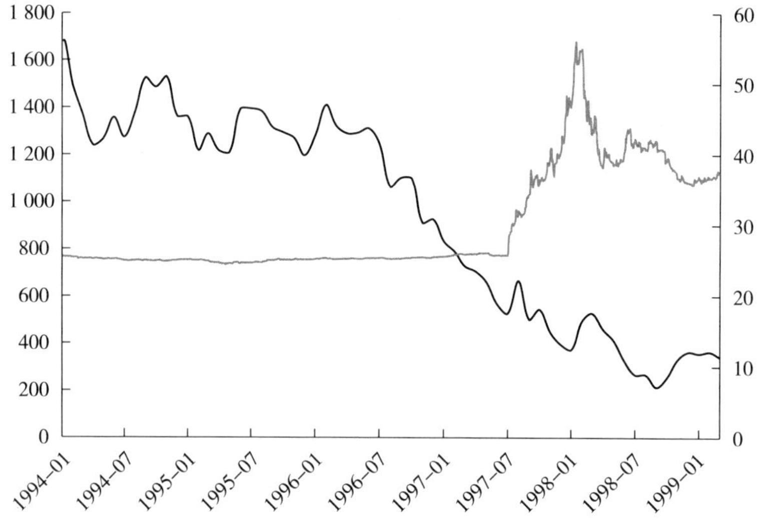

图 9.25　1996—1997 年泰国股市大跌、汇率崩盘

资料来源：Wind，泽平宏观。

货币贬值传染邻邦，形成地区性金融和经济危机。泰铢贬值后，一方面，国际游资继续攻击实行固定汇率制的地区，包括马来西亚、印度尼西亚、中国香港等，直接对货币汇率造成压力。另一方面，恐慌情绪传染至其他亚洲地区。第一，印度尼西亚、韩国：由于外债过多、外储不足，投资者失去信心，资本主动外流，成为货币贬值最严重的地区。第二，马来西亚：虽然外汇储备较充足，但在泰国危机后政府对外资心存忌惮，扬言要禁止外汇买卖，收紧外资监管，迫使外资流出。第三，亚洲整体：亚洲经济体紧密相连，1996 年亚洲区内贸易占其贸易总量的 50%，泰国危机削弱了投资者对整个亚洲地区的信心。亚洲股票被集体抛售，大量外资流出，货币集体贬值，见图 9.26 与图 9.27。最终，亚洲货币危机短期又引发了各国的金融危机，长期削弱生产和投资而演变为经济危机。

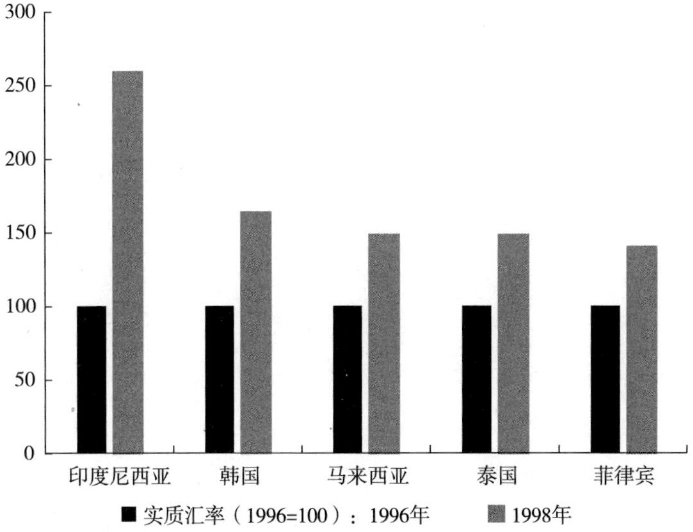

图 9.26　亚洲货币贬值

资料来源：IMF，泽平宏观。

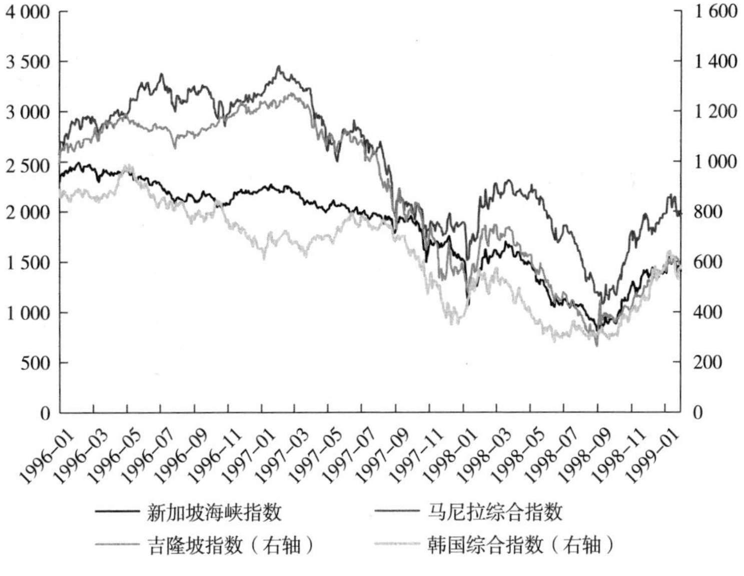

图 9.27　亚洲股指大跌

资料来源：Wind，泽平宏观。

（四）影响："亚洲奇迹"分化，有的国家落入"中等收入陷阱"，有的国家成功跻身发达国家

金融系统严重受挫，金融机构大量倒闭。1997年6—8月，泰国有56家金融机构倒闭，占金融机构总数的61.5%；1997年底至1998年初，韩国关闭了14家商业银行；截至1999年底，印度尼西亚237家银行中有65家清盘，13家收归国有，14家进行了重组或合并。在此期间，由于经济不景气，坏账额持续飙升，金融系统压力不断升级。截至1999年底，各地仍然未能从债务危机中解脱，印度尼西亚不履约贷款占比高达60%~80%，泰国40%~50%，马来西亚20%~30%。

资产价格大幅缩水。1997—1998年，亚洲股票市场全线跳水，其中马来西亚和菲律宾市场塌陷程度最严重，股票价格缩水超过50%，马来西亚金融和房地产类股票甚至下跌70%~90%。许多股市在危机后的3~5年后才恢复至危机前水平。与此同时，亚洲国家和地区房价大跌，其中菲律宾、印度尼西亚、韩国和新加坡房价指数分别较峰值下跌50%、49%、32%和30%，并且在今后的10年里未能恢复至1997年的水平。

经济衰退、增长放缓。短期内，亚洲货币和各类资产贬值造成严重的负财富效应，削弱了总需求，1997—1998年亚洲经济陷入衰退。其中，印度尼西亚、泰国受冲击严重，韩国、新加坡凭借较强的出口而相对抗压。长期来看，金融体系受挫导致实体经济融资困难，亚洲经济陷入通缩循环，复苏后增速被迫"换挡"。1999年亚洲经济增速由于基数效应而较高，而2000—2007年亚洲经济体GDP增速平均仅为4%~6%，未能恢复至1990—1997年的7%~9%水平，"亚洲奇迹"分化，仅韩国、新加坡等少数经济体转型成功，大部分落入"中等收入陷阱"，见图9.28。

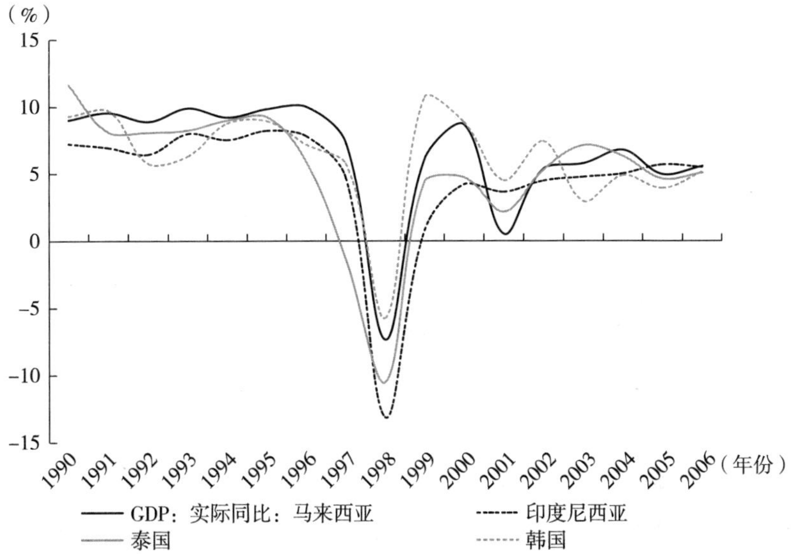

图 9.28　亚洲经济衰退，增速放缓

资料来源：Wind，泽平宏观。

（五）应对：国际救助，财政扩张，金融改革

抵御境外游资攻击，泰国惨败，中国香港险胜。1997 年，泰国央行于 2 月和 5 月分别花费 20 亿美元和 120 亿美元外汇储备以捍卫汇率，但其间市场恐慌导致约 300 亿美元外汇储备流失，最终因外储耗尽而被迫放弃固定汇率。1998 年，香港特区政府于 8 月花费 152 亿美元为股市接盘，9 月提出“七项技术性措施”，同时提前调高银行利率增加借入港币的成本，最终拥有 820 亿美元储备的香港在 10 月的对抗中成功保住固定汇率，恒生指数在 10 月触及 7 000 点低位后，一个月内就回归至 10 000 点。

接受国际援助，从紧缩到扩张。第一，危机初期，泰国、印度尼西亚和韩国与 IMF 达成救助协议。IMF 的早期援助方案主要包括直接提供外汇储备资金，推动当地金融业和企业改革，加息和增税以稳定汇率和改善赤字。其中，IMF 要求泰国和印度尼西亚实现 1% 的财政盈余，要求韩国赤字率不超过 1%。三国虽累计得到 1 100 亿美元资金，但紧缩政策下资金大量外流，经济严重收缩。第二，1998 年起 IMF 修订方案，改为财政扩张计划以刺激经济，1998 年韩国、印度尼西亚和泰国经 IMF 核准的财政赤字为各国 GDP 的 5.0%、4.5% 和 2.4%，1999 年该赤字率进一步提升至 5.1%、5.75% 和 3.0%。

重整金融业和企业，完成“自我救赎”。首先，政府出资设立专门的部门负责接手不良贷款，出售不履约资产。其次，政府完善与金融机构和企业破产的相关法律，如简化破产流程、设立破产法庭等，有序释放因破产而被封锁的流动性。再次，政府引导对弱势银行和企业进行国有化、资本重组和合并，但在后期，泰国和韩国为了引入资金和人才，推进私有化，放宽外资限制。最后，政府立法加强金融监管，包括加强外汇交易、风险资产和银行储备比例以及放贷方式的限制，以防范未来风险。金融体系政策与财政扩张协同发力，为各国经济复苏扫除障碍。

（六）中国遭遇亚洲金融风暴和特大洪水灾害的成功应对

1997 年中国遇到外部冲击和内部调整，经济增长乏力，企业亏损、产能过剩、金融风险、通缩、失业等问题凸显。1997—2000 年，中国成功进行了宏观调控和市场化改革，推动了去产能、去杠杆和结构转型，开启了经济社会发展的新篇章。因此，当时对问题的认识和应对经验值得借鉴。

第一，实施以增发长期建设国债为主的持续、温和的积极财政政策，实施以间接调控为主的稳健货币政策，没有因短期目标而出现信贷失控和体制“复归”。这次宏观调控有四点经验十分宝贵。一是相继采取了取消贷款规模管理，下调法定准备金率，开展公开市场操作与降息等放松银根、反通缩的有力措施，实现了从直接调控向间接调控的转变，坚持了市场化改革取向。1996 年 5 月—1999 年 6 月，1 年期贷款利率从 12%下调到 5.85%。存款准备金率从 1997 年的 13%下调到 1999 年 11 月的 6%。二是以增发长期国债、加强基础设施建设为主要内容，由中央负担，既提升了长期增长潜力，又没有增加地方政府和企业的负担。三是持续、温和地实施积极的财政政策，平均每年增发 1 000 亿元国债，七年间共发行约 9 000 亿元，没有进行短期大规模的强刺激，既守住了底线，也避免了对市场预期和微观主体行为的过度干扰。四是政府没有强压银行大量放贷，防止了 1992—1993 年式的信贷失控，没有出现向计划体制“复归”。

第二，调整国有经济布局，搞活民营经济和中小企业，提升微观效率。提出国企“三年脱困”，推进劣势企业的关闭破产和淘汰落后产能，采取了必要的行政手段推动“纺织压锭”；“抓大放小”，促进企业兼并重组，“放小”的主要方式是把部分或全部产权转让给内部职工，整体出售给非公有法人或自然人等，推动地方中小国有企业转制；战略性调整国有经济布局，收缩战线；实施“债转股”，三年间把 600 多户、近 5 000 亿元银行债权转为国有资产公司对借款企业的股权；对中小企业给予减税和信贷支持；打破行业垄断，降低准入门槛等。到 2000 年底，大多数国有大中型亏损企业实现脱困，同时民营中小企业快速成长。

第三，出台了一系列重大金融市场化改革措施，有效化解了金融风险。一是国有商业银行进行财务重组。1998 年定向发行 2 700 亿元特别国债，专门用于补充资本金。1999 年将 1.4 万亿元资产剥离给新成立的四家资产管理公司。二是改善国有银行内部管理。取消贷款规模，实行资产负债比例管理和风险管理，改革和完善国有商业银行资本金补充机制，以及呆账、坏账准备金提取和核销制度，扩大贷款质量5级分类法的改革试点。三是1998年中国人民银行管理体制实行重大改革，撤销省级分行，跨省（自治区、直辖市）设置九家分行，增强了中央银行执行货币政策的权威性和实施金融监管的独立性。完善分业管理体制，先后成立了证监会和保监会。四是为了防范金融风险，1999年着手整顿城市信用社、信托投资公司等金融机构，先后关闭了海南发展银行、广东国际信托投资公司等一批出现风险的机构。

第四，实施住房制度改革，加快对外开放。1998年7月，国务院发布《关于进一步深化住房制度改革加快住房建设的通知》，宣布全国城镇从1998年下半年开始停止住房实物分配，全面实行住房分配货币化，同时建立和完善以经济适用住房为主的多层次住房供应体系，发展住房金融，培养和规范住房交易市场。我国居民住房消费全面启动。2001年12月11日我国正式加入WTO，深度融入全球化，依靠廉价劳动力和完善基础设施优势，对外贸易快速增长。

四、20世纪90年代初日本资产价格泡沫破灭

日本20世纪90年代初资产价格泡沫破灭后伴随“失去的二十年”，是典型的金融周期和债务周期，并陷入长期的资产负债表衰退，经济复苏之路遥遥无期。

（一）起源：金融自由化、货币宽松，杠杆高企、资产价格泡沫

金融自由化进程加速，货币政策持续宽松，成为泡沫产生的根源。一方面，20世纪80年代初，日本在内外部压力下加快金融自由化进程，利率自由化、资本项目开放、证券市场管制放松等改革逐步推进，深刻改变了金融市场运行与监管。另一方面，为对冲1985年《广场协议》对经济造成的负面影响，日本央行持续维持宽松的货币政策。

1986年1月—1987年2月连续5次降低利率，中央银行贴现率从5%降低至2.5%，为当时世界主要国家的最低水平。受货币宽松推动，1985—1990年日本M2同比增速从8%上升至12%以上，见图9.29。

商业银行大量投放贷款，居民及企业部门债务与杠杆高增，股市与楼市价格快速上涨。从银行角度来看，利率自由化改革推高了存款利率，负债端压力迫使日本商业银行向房地产和非银行金融领域投放大量贷款。从居民、企业角度来看，证券市场管制放松吸引大企业通过股权和债券进行融资，充裕流动性下股价和房价高涨使企业和居民的融资更为便利，信贷扩张与资产价格上涨之间形成正反馈。居民、企业部门杠杆率快速攀升（见图9.30），1985—1990年分别提升16.3、29.4个百分点至69.5%、141.6%。充裕的流动性涌入股市和楼市，资产价格泡沫快速膨胀，1984—1989年日经指数年复合增速达27%，1984—1990年日本城市地价指数年复合增速达21%，远高于GDP增速。

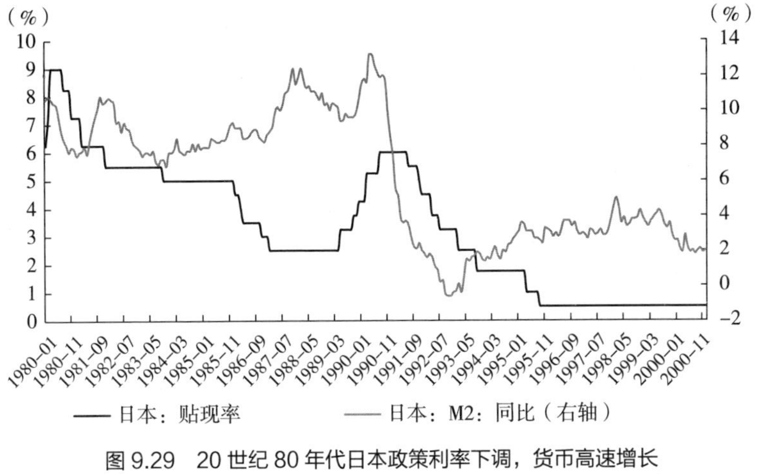

图9.29　20世纪80年代日本政策利率下调，货币高速增长

资料来源：Wind，泽平宏观。

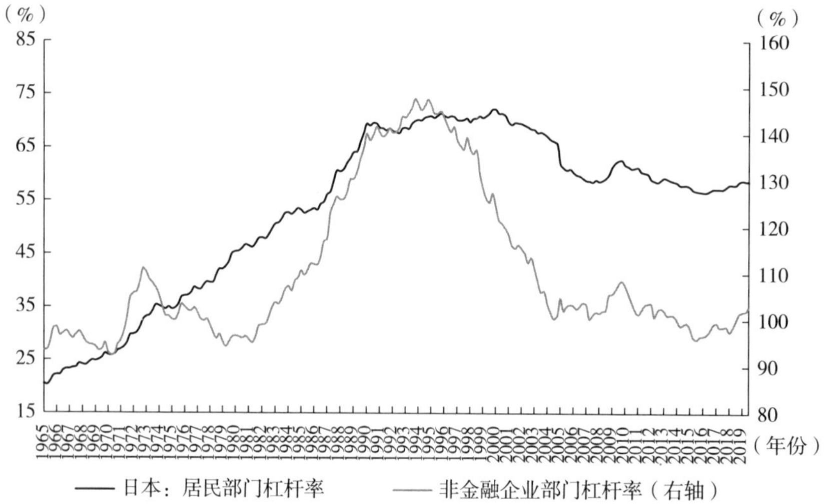

图 9.30 日本居民部门和非金融企业部门杠杆率快速上升

资料来源：Wind，泽平宏观。

（二）导火索：货币政策收紧，房地产及土地市场严厉管制

为抑制通胀和资产价格泡沫，货币政策转向紧缩。为了抑制通胀上升和资产价格泡沫，日本央行从 1989 年开始连续 5 次加息，商业银行向央行借款的利息率从 1987 年 2 月的 2.5% 上升到了 1990 年 8 月的 6%。与此同时，货币供应增速大幅下滑。

房地产贷款和土地交易受到严厉管制。1987 年，财务省发布行政指导，要求金融机构严格控制土地贷款项目，"房地产贷款增速不能超过总体贷款增速"。受此影响，日本各金融机构的房地产贷款增速迅速下降，从 1987 年 6 月的 37% 下降至 1988 年 3 月的 10%。到 1991 年，日本商业银行实际上已经停止了对房地产业的贷款。

调整土地收益税。在 1987 年 10 月调整税制之前，拥有土地 10 年以内被视为"短期持有"，而 10 年以上则被认为"长期持有"，在调整税制后，持有不超过两年被视为"超短期持有"并受到重点监管。

政策多环节收紧下流动性枯竭，股市和楼市缺乏资金继续流入，甚至面临资金流出，股价和房价相继于1989年底和1991年初见顶，随后开始猛烈下跌，见图9.31。

图9.31 日本股市和楼市泡沫相继破灭

资料来源：Wind，泽平宏观。

（三）传导：金融机构、企业、居民资产负债表全面恶化

金融机构及投资者追求流动性，抛售资产，加剧资产价格下跌。1989—2003年，日经指数累计跌幅达73%。

资产价格暴跌导致金融机构资产负债表快速恶化，资不抵债，破产倒闭。股市、房地产价格大幅下跌和经济低迷使日本银行坏账大幅上升，日本银行业坏账从1993年的12.8万亿日元上升至2000年的30.4万亿日元（李众敏，2008）。1992—2003年，日本先后有180家金融机构宣布破产倒闭（吉野直行，2009）。

企业部门和居民部门持续去杠杆，资产负债表恶化，经济陷入“债务—通缩”循环。对于企业部门而言，房地产和土地是重要的资产和抵押品，随着资产价格的暴跌，企业资产负债表出现明显恶化。企业为修复恶化的资产负债表，不得不努力偿还债务，1991 年后尽管利率大幅下降，日本企业从外部募集的资金却持续减少，到 20 世纪 90 年代中期，日本企业从债券市场和银行净融入资金均转为负值。对于私人财富而言，辜朝明在其著作《大衰退》中提到，地产和股票价格的下跌给日本带来的财富损失达到 1 500 万亿日元，相当于日本全国个人金融资产的总和，这个数字还相当于日本 3 年的 GDP 总和。

（四）影响："失去的二十年"

日本资产价格泡沫破灭后，经济陷入了"失去的二十年"和长期通缩，日本政治影响力下降，超级大国梦破灭。

横向对比来看，1991 年后，日本经济增速和通胀率双双下台阶，落入"高等收入陷阱"（见图 9.32）。1992—2014 年，日本 GDP 增速平均为 0.9%，CPI 平均增长 0.2%，而危机前十年，日本 GDP 平均增速为 4.5%，CPI 平均为 2.1%。值得注意的是，这样的"成绩"是在政府大力度刺激下取得的。逆周期调控使日本政府债务率大幅增长，央行资产负债表大幅扩张。

纵向对比来看，1991 年后，日本经济陷入停滞，和其他国家相比出现明显变化。以美元计价的 GDP 总量来看，1991—2014 年，日本累计增长 35%，德国增长 108%，美国增长 185%，中国增长 26 倍。1991—2014 年，日本 GDP 占美国比重从 58% 下降为 28%，中国成为世界第二大经济体。

（五）应对：判断失误、行动迟缓、力度不足，是典型的反面案例

日本央行和政府政策摇摆不定，错失了处理危机的黄金时间，导致形势不断恶化，居民和企业部门持续去杠杆，经济陷入长期衰退，

成为典型的反面案例。

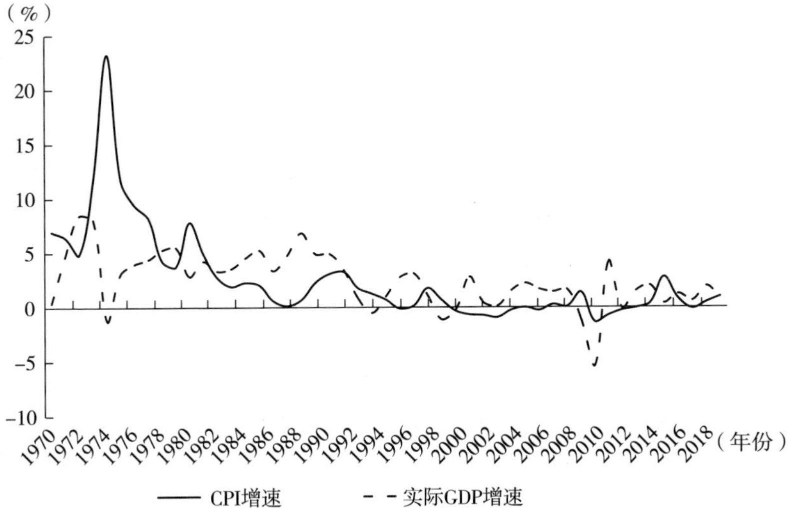

图 9.32　日本经济陷入长期通缩

资料来源：Wind，泽平宏观。

日本当局严重误判金融危机的影响程度。危机爆发后，日本当局并未清醒地认识到危机的严重性和破坏性。1990 年、1991 年的《日本经济财政白皮书》认为日本金融市场会自动反弹，危机在消费、投资各个领域造成的影响都很微弱，1992 年的《日本银行月报》仍提出“泡沫以来的资产价格下跌对实体经济影响不大”。

救市行动迟缓，政策不当，力度不足。其一，政府担心对市场干预力度过大造成流动性过剩和通胀压力，直到 1991 年 7 月才把贴现率从 1990 年的 6% 下调至 5.5%，“认识时滞”长达 18 个月。其二，未及时处理巨额房产信贷坏账与低效资产，导致金融体系长期无法发挥资金融通作用。20 世纪 90 年代初期，危机爆发后，当局对困难银行未及时救援，银行不良率快速上升，破产事件连锁爆发。从 1998

年2月起，日本当局不得不采取紧急措施稳定金融系统，包括修改存款保险公司法及金融稳定法，以及对银行注资等，但为时已晚。

五、20世纪80年代拉美债务危机

以1982年8月墨西哥宣布无力偿还外债为标志，拉美债务危机爆发，随后巴西、委内瑞拉、阿根廷、秘鲁和智利等国也相继发生还债困难。债务危机使拉美经济陷入“失去的十年”和“中等收入陷阱”。

（一）起源：宽松放任的借债环境，不合理的发展战略，推升外债规模

原油涨价背景下，石油输出国美元收入充足，美联储维持低利率，共同提供了宽松的外部借债环境。一方面，20世纪70年代两次石油危机导致原油价格大涨，石油输出国获得了巨额美元收入，资产增值保值需求强烈，国际市场美元供给充足。另一方面，20世纪70年代美联储货币政策整体宽松，除石油危机期间，联邦基金利率维持在较低水平（见图9.33），1970年全年平均利率为7.2%，1975年回落至5.8%，低利率环境降低了拉美国家的借贷成本。伴随全球金融一体化进程，欧、美商业银行加大了对拉美国家的信贷投放。

拉美国家经济扩张激进，盲目举债，但外债使用效率低下。一方面，墨西哥、阿根廷、巴西等主要拉美国家在20世纪30—80年代相继实施“进口替代”战略，急于实现现代化，实行“高目标，高投资，高速度”的方针。庞大的经济发展战略需要大量的资金投入，但国内储蓄率和投资率普遍较低，本国资金匮乏，只能依靠国际资本，大举外债。另一方面，外债缺乏良好的规划管理，使用效率低下。大量外债被用于投资项目周期长、效率低、流动性和变现能力差的大型公用事业，并且部分被用于非生产性支出（如弥补国有企业亏损、购置军火等）。

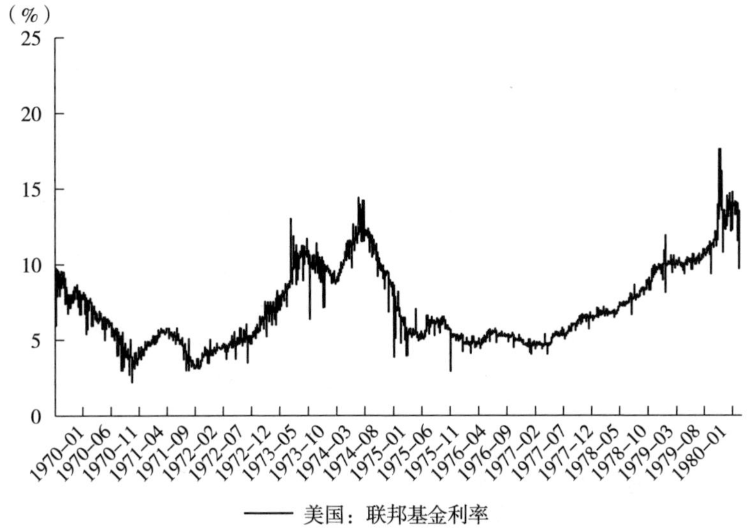

图 9.33　20 世纪 70 年代联邦基金利率维持低位

资料来源：Wind，泽平宏观。

财政政策和货币政策失误，导致经济陷入严重通胀和衰退，进一步刺激举债。为推进进口替代战略实施，刺激经济快速发展，危机前拉美主要国家长期实行赤字财政和扩张性货币政策，从而成为世界通胀最严重的地区。1976 年阿根廷 GDP 平减指数增速达到 438%，CPI 同比达到 444%。严重的通货膨胀、经济衰退叠加政局的不稳定，刺激拉美国家部分企业和私人的资金外流，资金越发短缺，进一步强化了拉美国家举借外债的动机。

外债规模持续扩大，短债占比快速攀升，拉高债务风险。从总量来看，20 世纪 70 年代拉美各国外债规模急剧膨胀，外债余额占 GDP 比例持续爬升。1970 年墨西哥、阿根廷和巴西三国的平均外债余额为 63 亿美元，而 1980 年平均外债余额已猛增至 523 亿美元，增幅高达 727%，见图 9.34。从结构来看，危机爆发前，拉美国家短期外债占整体外债比重快速攀升，1977—1980 年，墨西哥、阿根廷和巴西三国平均短期外债占比由18%迅速上升至28%，见图9.35。债务结构的不合理进一步加重了拉美国家的债务负担，拉高了债务风险。

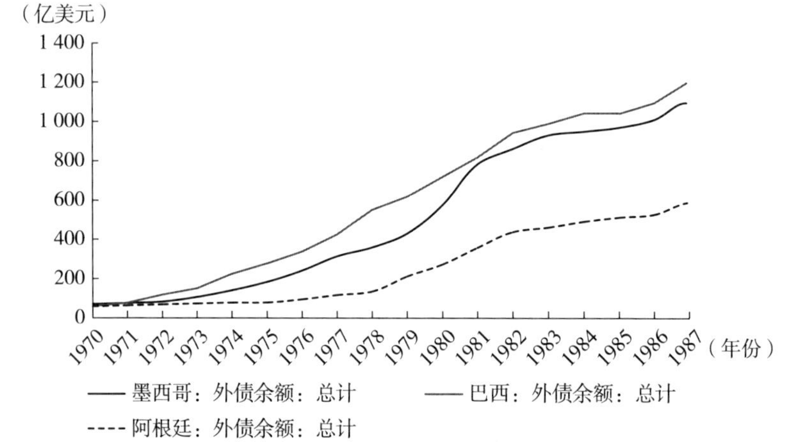

图9.34 危机前拉美三国外债规模持续扩大

资料来源：Wind，泽平宏观。

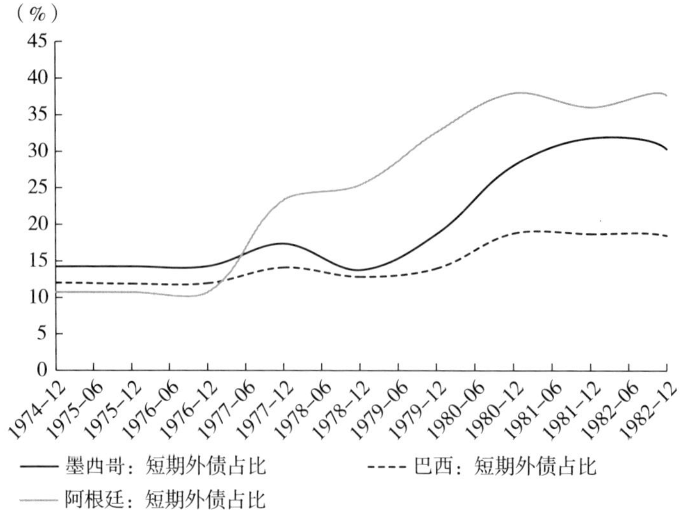

图9.35 拉美三国短期外债占比快速上升

资料来源：Wind，泽平宏观。

（二）导火索：美联储加息，拉美贸易环境恶化

美联储加息，国际金融市场利率攀升，拉美外债负担加重。20 世纪 80 年代初，美联储为应对滞胀困境，吸引国际资本回流，自 1980 年 8 月起连续加息，联邦基金利率从 1980 年初的 15% 提高到 1980 年末的 22%，见图 9.36。拉美国家举借的外债多为浮动利率，国际借贷成本骤升，债务负担加剧，点燃了债务危机的导火索。

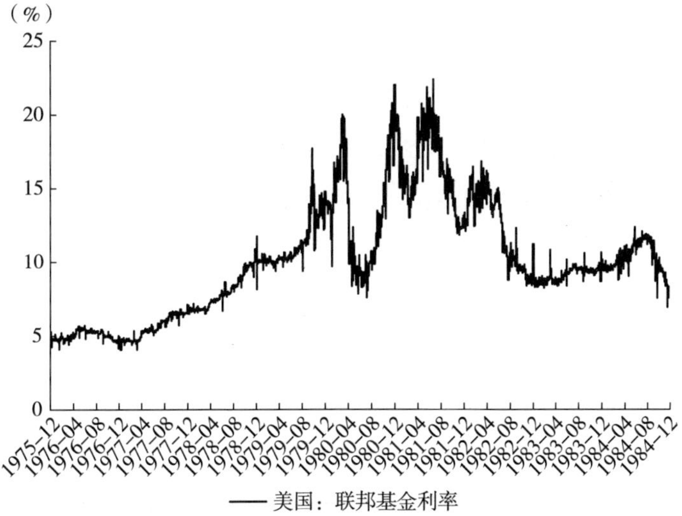

图 9.36　20 世纪 80 年代初联邦基金利率快速提升

资料来源：Wind，泽平宏观。

国际贸易环境恶化，出口贸易受到沉重打击。为应对第二次石油危机冲击带来的周期性衰退，20 世纪 70 年代末，美国、欧洲各国加强贸易保护主义，采取提高关税、设置进口限额等各种非关税壁垒的手段，向发展中国家转嫁危机，造成拉美国家巨大的贸易逆差，沉重打击了以出口贸易为主要外汇收入来源的拉美国家。

1982 年 8 月，墨西哥宣布无限期关闭全部汇兑市场，暂停偿付外债，拉开了危机序幕。随后，巴西、委内瑞拉、阿根廷等国也相继发

生还债困难，债务危机全面爆发。

（三）传导：偿债能力下降，资本加速流出，货币大幅贬值

美元升值，全球大宗商品价格下跌，拉美国家出口减少，利息负担上升，偿债能力大幅下滑。从收入来看，美联储加息引发美元持续升值，以美元计价的全球大宗商品价格下跌，1980—1982 年末 CRB（期货价格指数）跌幅超过 30%。拉美国家出口收入锐减，偿债基础被破坏。从支出来看，国际金融市场借贷利率的上升使拉美国家借贷成本攀升，利息支出快速增加。双重压力下，拉美国家偿债能力大幅下滑，以墨西哥、阿根廷和巴西三国为例，1980—1982 年，三国债务清偿额占出口收入的比重均值由 50% 上升至 62%，见图 9.37。

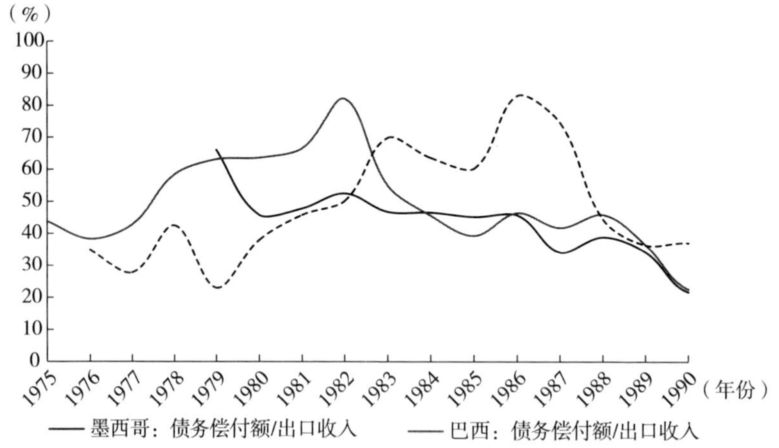

图 9.37　拉美国家偿债能力大幅下滑

资料来源：Wind，泽平宏观。

国际资金加速流出，加剧了拉美地区的资金短缺局面。美国高利率政策下，国际金融市场利率攀升，诱发大量国际资金从拉美地区流

出，国际资本流动方向逆转，加重了拉美资金短缺局面。1980—1982年，墨西哥、阿根廷、巴西三国外汇储备均值由68亿美元大幅下滑至34亿美元，见图9.38。

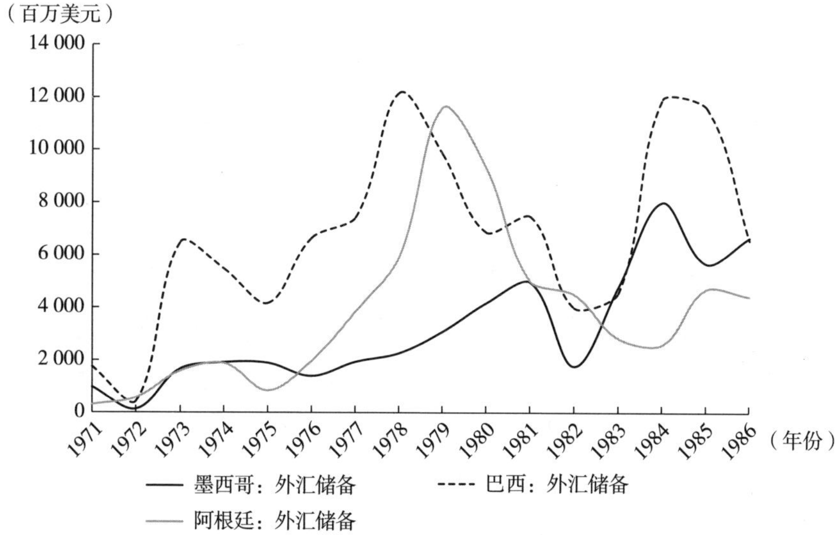

图9.38 拉美国家外汇储备锐减

资料来源：Wind，泽平宏观。

货币危机爆发，拉美国家货币大幅贬值。国际收支状况日益恶化，资本外流加剧，拉美国家货币被迫贬值。危机爆发后，拉美国家的汇率制度普遍从固定汇率制度转向爬行钉住汇率，原先普遍高估的汇率大幅下调。以墨西哥为例，1980年美元兑墨西哥比索汇率为0.022 8，1990年已超过2.7。货币的贬值大大加重了拉美国家的偿债负担，使拉美国家经济雪上加霜。

（四）影响：低增长、高通胀、高失业，政治、经济、社会动荡

债务危机对拉美国家的经济发展造成了剧烈冲击。第一，经济增

长率大幅下降。债务危机后，墨西哥、智利、巴西、委内瑞拉等 7 个主要拉美国家经济一度陷入负增长，见图 9.39。第二，通胀率持续攀高。拉美地区的通胀率居高不下，1990 年阿根廷和巴西的 CPI 增速甚至超过 2 000%，见图 9.40。第三，失业率大幅升高，实际工资水平普遍下降。随着失业率的升高和实际工资的下降，人民生活水平降低，社会分配不均的状况也越发突出。第四，经济动荡引发社会矛盾进一步尖锐。1983 年以来，智利、巴西等拉美国家都曾发生人民抗议物价上涨、抗议失业的游行示威和罢工。

债务危机也对欧、美商业银行造成了沉痛的打击。欧、美商业银行坚信国家不会破产，向拉美国家提供了大量贷款，债务危机爆发后，欧、美商业银行出现了大量无法回收的债务，损失惨重，随着拉美债务危机的久拖不决，这些商业银行也滑向了危机。不过，由于拉美地区经济落后，并且危机爆发后主要发达国家立即采取了应对措施，所以危机的对外传导相对有限，主要集中于商业银行领域。

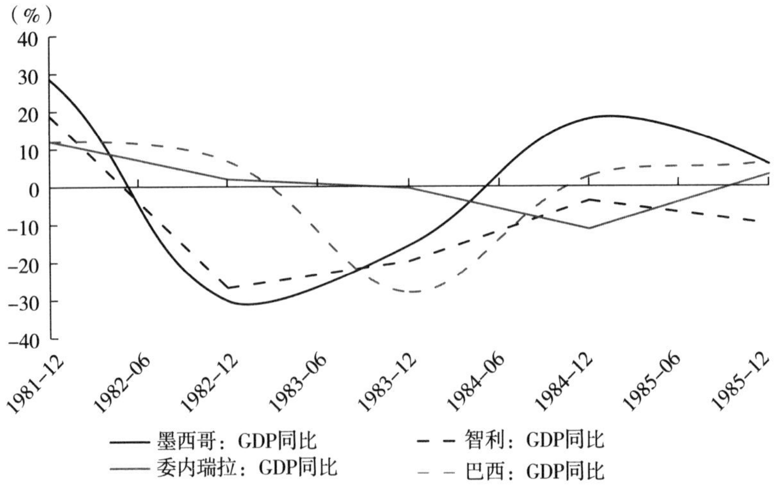

图 9.39　危机后部分拉美国家陷入负增长

资料来源：Wind，泽平宏观。

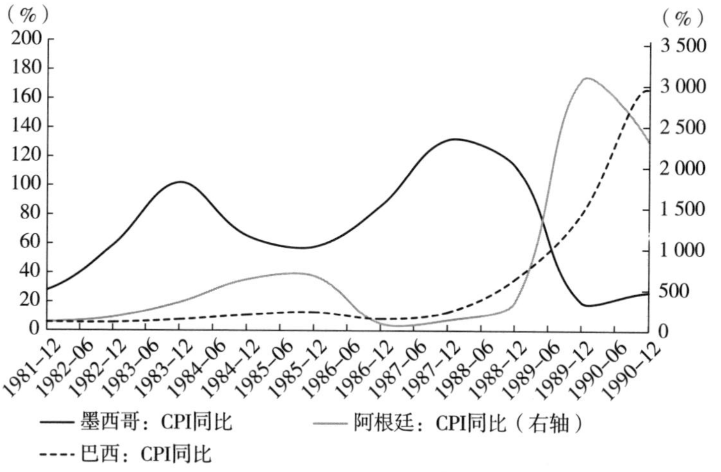

图 9.40　危机后拉美地区通胀率居高不下

资料来源：Wind，泽平宏观。

（五）应对：从紧缩调整逐步转向修复偿债能力

拉美债务危机的应对思路由危机初期的紧缩调整逐步转向偿债能力修复，但多个方案均未彻底摆脱牺牲债务国经济换取危机解决的固有思路，危机久拖不决，经济改革迟缓，拉美陷入“失去的十年”和“中等收入陷阱”。

第一阶段：紧缩调整，以牺牲国内经济为代价恢复外部平衡。从1982 年起，在 IMF 的监督下，拉美债务国实施以紧缩为特征的应急性经济调整，采取压缩进口、货币贬值等措施，筹集资金偿还债务。这一阶段的政策着力点在于到期债务的清偿，在一定程度上缓解了短期债务压力，但付出了国内经济停滞和社会动荡的巨大代价。

第二阶段：重心逐步转向经济发展，通过修复偿债能力缓解危机。紧缩计划失败后，国际社会意识到，解决债务危机的着眼点不在于现有债务的清偿，而在于偿债能力的修复，解决危机的处方不应是紧缩性调整，而应是经济的持续发展和结构性改革。基于此，从

1984 年起，美国先后提出贝克计划、布雷迪计划等方案，通过提供优惠贷款、债务转换、债务资本化等措施缓解债务压力，同时要求债务国实施结构性经济改革。这些方案在一定程度上缓解了债务危机的消极影响，但由于减债程度有限、资金来源不明确，同时仍未彻底摆脱牺牲债务国经济换取危机解决的固有思路，所以均未起到根治效果。

六、20 世纪 30 年代初美国“大萧条”

20 世纪 20 年代，在“柯立芝繁荣”的背后，美国经济不平衡问题日益突出。生产过剩、货币宽松、监管缺失，信贷快速扩张，为大萧条埋下了隐患。货币政策的骤然紧缩刺破了泡沫，1929—1933 年，美国经济陷入持续的大萧条，并通过金本位、贸易战和银行业倒闭潮升级至全球经济金融危机，对国际政治、经济、军事秩序产生了深远的影响。

（一）起源：生产过剩，需求不足，货币宽松，信贷过度扩张，自由放任，推升资产泡沫

经济结构不平衡，收入分配差距持续拉大，生产过剩与需求不足的矛盾日益加深。20 世纪 20 年代，伴随战后经济重建，美国经济进入高速发展期，1921—1929 年美国 GDP 年均增速达 4%，工业生产指数上涨幅度达 67%，史称“柯立芝繁荣”，见图 9.41。但在繁荣的背后，结构性问题持续累积，生产过剩与需求不足的矛盾日益加深。其一，经济结构不平衡。以汽车、电气、建筑为首的制造业快速发展，但农业进入漫长的萧条期，大量农场破产，农民收入远低于全国平均收入水平。其二，收入分配差距持续扩大。20 世纪 20 年代末，美国最富有的前 10% 家庭收入占总收入的比重上升至近 50% 的高位水平，家庭收入基尼系数由 1922 年的 0.53 增加至 1930 年的 0.62，见图 9.42。

图 9.41　20 世纪 20 年代美国工业生产指数快速上升

资料来源：美联储，泽平宏观。

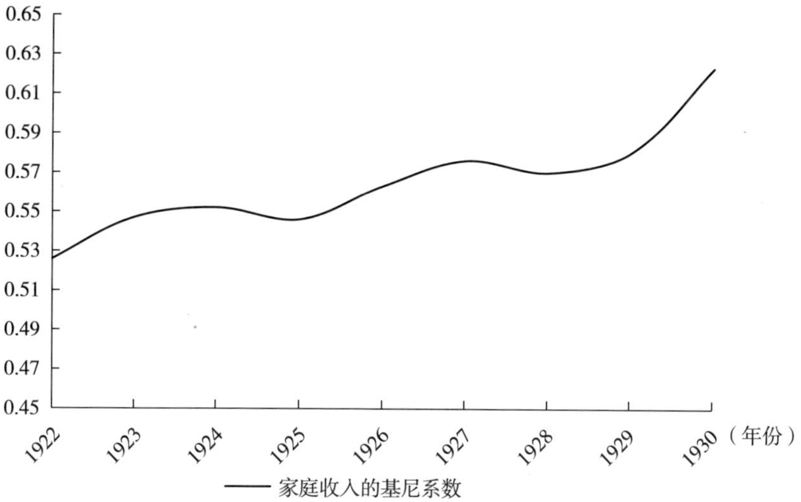

图 9.42　20 世纪 20 年代美国收入分配差距持续扩大

资料来源：《剑桥美国经济史》，泽平宏观。

货币政策宽松，监管缺失，信贷大幅扩张，各部门杠杆率快速提升。一方面，为刺激经济增长，美联储维持宽松的货币政策，1921—1927年，贴现率由7%下调至3.5%，累计调降350BP，见图9.43。另一方面，在自由放任主义主导下，金融监管环境宽松，商业银行混业经营，同时这一时期美国陆续通过《联邦储备法》修正案及《麦克登法案》，促进甚至鼓励银行对农业、证券业等发放贷款。货币政策的宽松和监管缺失极大地刺激了消费信贷、房地产信贷扩张，信用严重膨胀，各部门杠杆率急剧上升，美国总体债务率在20世纪30年代初达到近300%的历史高点。银行信贷快速扩张情况见图9.44。

金融市场繁荣，投机盛行，股价房价齐升，资金脱实入虚。20世纪20年代的经济增长、监管放松、投资者乐观情绪等因素带动了资本市场的繁荣，资产价格泡沫快速堆积。股票市场上涨幅度远远领先于实体经济增速，虚高的收益率吸引了大量海内外资本以及美国中产

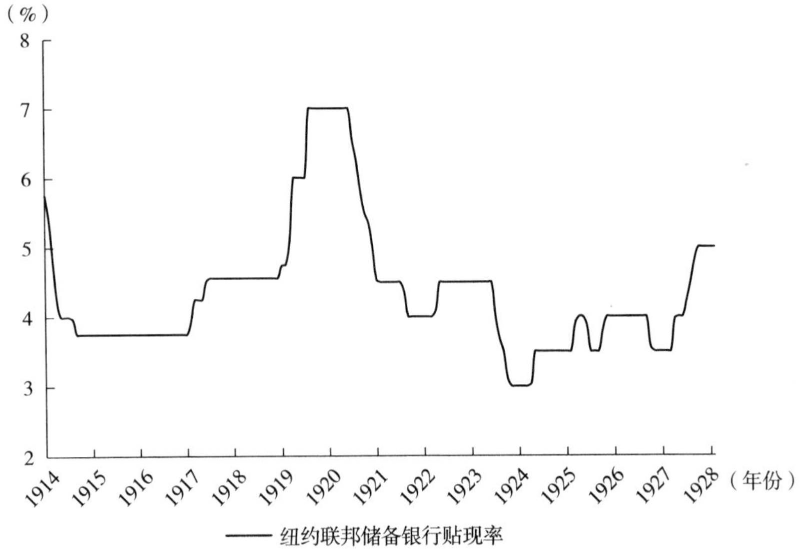

图9.43 美国采用持续的低利率政策刺激经济

资料来源：美联储，泽平宏观。

阶层投身投机热潮。1924—1928 年，道琼斯工业指数上涨超过 200%，远高于同期 GDP 增速，见图 9.45。

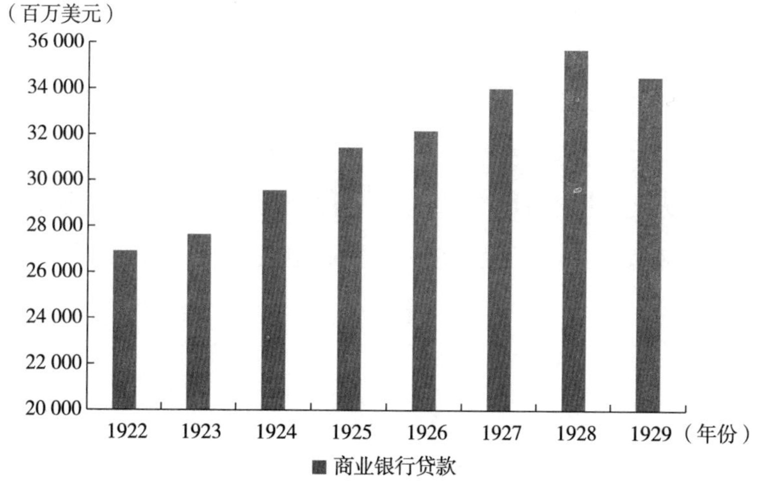

图 9.44　银行信贷快速扩张

资料来源：美联储，泽平宏观。

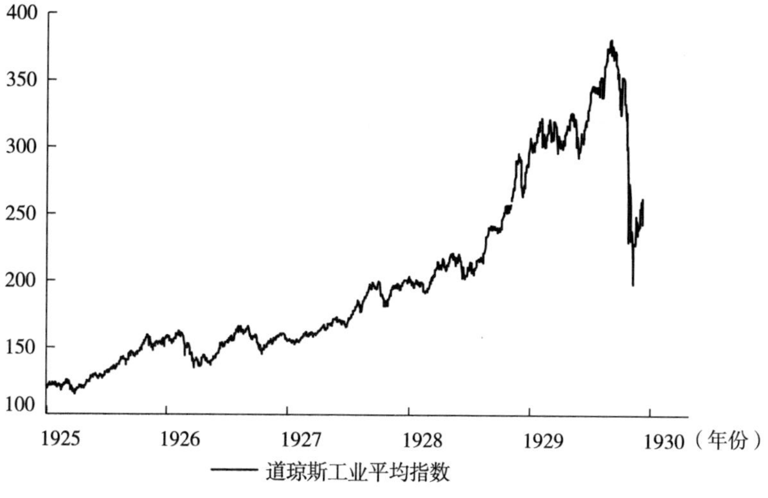

图 9.45　资产价格泡沫快速堆积

资料来源：Wind，泽平宏观。

（二）导火索：货币政策收紧，监管趋严，刺破泡沫

货币政策收紧，监管趋严，刺破资产价格泡沫。一方面，为应对日益失控的股市投机，美联储收紧货币政策，1928—1929 年 8 次加息，贴现率由 3.5% 上调至 6%。另一方面，监管逐步趋严，美联储要求银行减少对入市资金放款，提高保证金比例，加剧了投资者的负担。货币政策转向紧缩，监管趋严叠加经济疲软，资产价格快速下跌，泡沫破灭。1929 年 10 月，市场恐慌情绪蔓延，所有股票被“不计代价地抛售”，道琼斯指数从月中高点下跌 35% 至 230，危机由此爆发，见图 9.46。

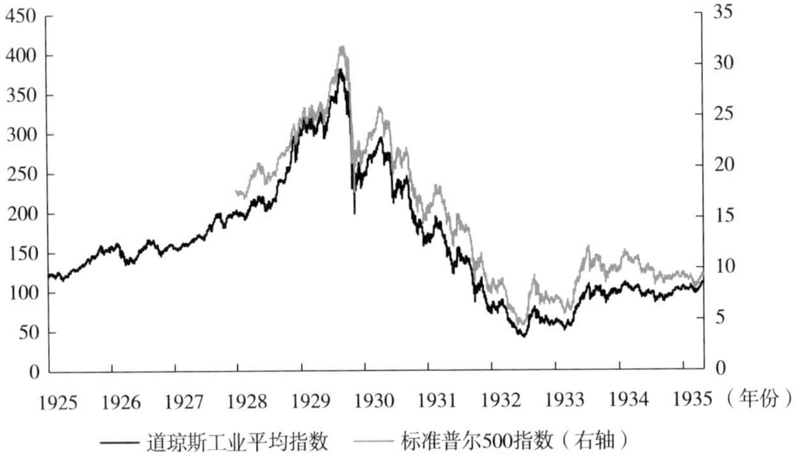

图 9.46　1929 年美股泡沫破灭

资料来源：Wind，泽平宏观。

（三）传导：银行倒闭潮，全球贸易摩擦，经济大萧条

银行业危机爆发，银行大量破产，信用持续收缩，加剧了实体经济的萧条程度。从资产端来看，股市价格快速下跌，坏账大量产生，银行资产质量大幅下滑，资产缩水风险上升。从负债端来看，存款人和投资人对银行的信心产生动摇，发生恐慌性挤兑，银行流动性短缺，

融资困难。同时，1931 年美联储做出提高贴现率的错误决策，市场利率快速攀升，加剧了外部冲击程度。1929—1933 年，银行破产数量维持高位，信贷投放量大幅萎缩，作为金融中介的资金融通功能丧失，见图 9.47。银行信贷紧缩与股市崩盘导致居民部门消费、企业部门投资快速下降，实体经济进一步陷入萧条的泥沼，见图 9.48。

美国大萧条带来的冲击通过贸易摩擦、金本位两条主要渠道向全球扩散。一方面，美国提高关税，引发全球贸易摩擦。出于保护国内部分产业、缓和大萧条经济冲击以及金本位制约货币政策使用等主要原因，1929 年美国国会通过《斯姆特－霍利关税法》，施加自 1830 年来 100 年内美国的最高关税，将平均关税水平由 40% 提高至 47%。此举引发全球贸易大摩擦，各国竞相报复性提高关税，甚至施加进口配额限制、投资限制、竞相汇率贬值，导致国际贸易状况严重恶化。

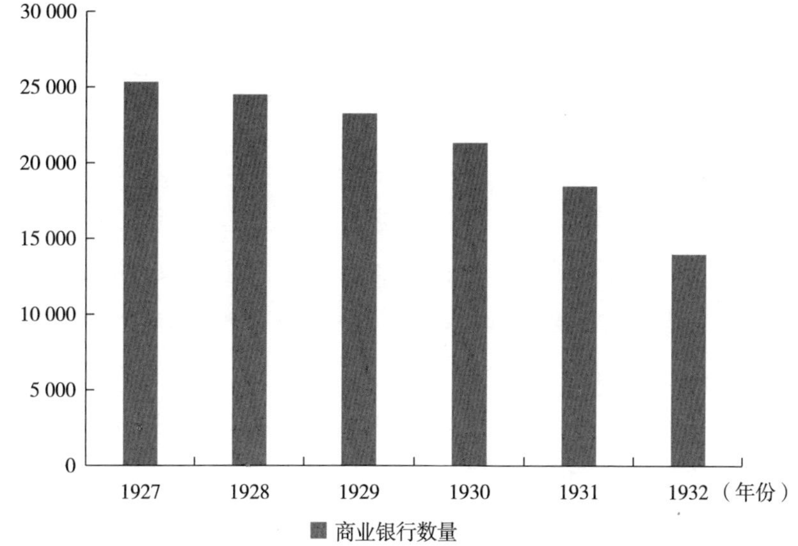

图 9.47　金融周期下半场银行大量倒闭

资料来源：美联储，泽平宏观。

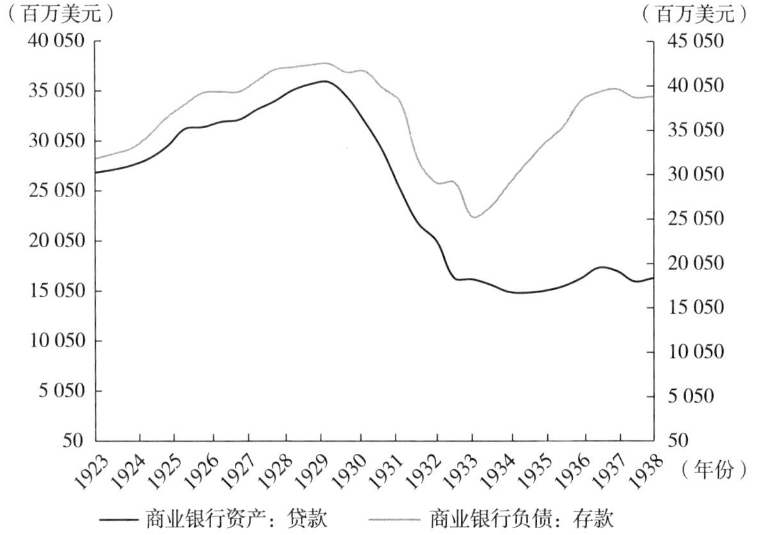

图 9.48　商业银行信贷大幅萎缩

资料来源：美联储，泽平宏观。

另一方面，第一次世界大战后主要国家普遍重建金本位制度，黄金大量流入美国，其他国家货币供应量相应减少，通货紧缩快速蔓延，加剧了全球经济的衰退程度。

（四）影响：冲击实体经济，改变国际政治、经济、军事秩序

美国实体经济受到巨大冲击，GDP 大幅下滑，失业率达历史高点。1929—1933 年，实体经济陷入长达 4 年的严重衰退，国民生活水平急剧下降。在这一阶段，美国 GDP 总量累计降幅达 46%，制造业指数下降 37%，失业率由 2% 上升至 21%，达到历史高点，见图 9.49。1934 年后经济逐步复苏，但在 1937—1938 年二次探底。直至 20 世纪 30 年代末，大萧条带来的冲击才得到基本修复，经济重新步入增长轨道。

大萧条在社会生活、国际经济和政治等各个领域产生了深远的影响。在社会生活方面，经济大萧条产生了周期性失业，严重的失业问

题使居民生活极端困难，激化了阶层矛盾，失业工人示威、农民骚动、退伍军人游行频发。在国际经济体系方面，经济危机使各国放弃了以金本位为基础、以英国为主导的国际经济秩序，逐步转变为以固定汇率制为基础、以美国为主导的国际经济新秩序。在国际政治格局方面，经济危机使各帝国主义国家展开了对国际市场的争夺，并加紧对殖民地半殖民地国家的掠夺，从而引发老牌帝国主义国家集团与后起的帝国主义国家集团之间的对抗，为第二次世界大战埋下了祸根。

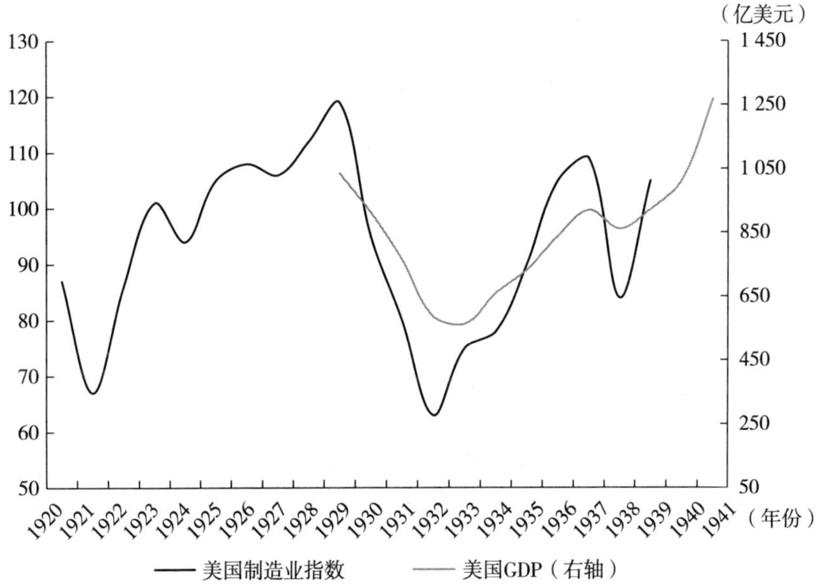

图 9.49　1929—1933 年实体经济陷入衰退

资料来源：美国经济分析局，泽平宏观。

（五）应对：实施罗斯福新政，积极发挥政府的干预作用，经济走向复苏

第一阶段：危机初期，胡佛政府奉行自由放任主义，加剧了衰退程度。在货币政策方面，1931 年，美联储提高贴现率，信贷进一步收

缩，加剧了银行业危机。在财政政策方面，胡佛政府不仅没有及时出台扩张性财政政策，反而在 1932 年签署《征税法案》，将最高所得税率大幅提升至 63%。胡佛面对危机时自由放任的不干预政策使经济衰退进一步加深。

第二阶段：罗斯福政府在凯恩斯主义的指导下，积极发挥政府调节和干预作用，经济走向复苏。在货币政策方面，1933 年罗斯福宣布退出金本位，解除货币锚定黄金对再通胀的约束，同时大幅调降贴现率。在财政政策方面，强调扩张性财政对经济的改善作用，颁布《工业复兴法》《农业调整法》，通过增加转移支付、公共工程投资和农业生产补贴等形式扩大总需求，财政预算赤字大增。在监管方面，签署《格拉斯－斯蒂尔高法案》，规定商业银行分业经营，限制银行对证券资产投资，设立存款保险制度，提高银行的系统稳定性。在一系列宏观政策指导下，美国经济逐步复苏。

第三节　总结与反思：在危机后诞生或盛行的经济学流派

在历史长河中，大危机发生的时代往往是宏观经济学的繁荣期，对危机不同视角的解释催生了不同的经济学流派，提供了不同的危机解决方案。三次大危机引发了三次宏观经济思想的大论战、大变革。

一、20 世纪 30 年代大萧条：凯恩斯主义、马克思主义

20 世纪 30 年代的大萧条是迄今为止资本主义世界发生的最全面、

深刻、持久的周期性经济危机，古典主义的自由放任和市场自我调节思想面临重大挑战。凯恩斯主义诞生于这一时期，并成功地引领资本主义国家走出经济大萧条。马克思主义在苏联得到了充分实践，社会主义运动席卷全球，相关政策被发达资本主义国家吸收。二者均强调政府干预对市场机制的完善作用，反对自由放任主义。

（一）凯恩斯主义：货币、财政扩张，需求管理

从理论来看，凯恩斯主义认为，危机的根源在于社会有效需求不足，应通过货币、财政政策加强政府对经济的干预，扩大需求，反对自由放任主义。凯恩斯主义理论提出，有效需求不足由边际消费倾向递减、资本边际效率递减及灵活偏好三大基本规律决定，造成非自愿失业，并最终引发经济危机。市场机制的自发调节作用不足以使有效需求提高到充分就业的水平，政府应通过扩大货币宽松、财政支出等措施弥补有效需求的不足。凯恩斯政府干预理论被学术界形容为“看得见的手”，用以弥补亚当·斯密“看不见的手”的缺陷。

从实践来看，大萧条时期，美国率先将凯恩斯政府干预理论付诸实践，推行“罗斯福新政”有效应对危机。第二次世界大战后，西方各国普遍采用政府干预措施实施宏观调控，运用货币、财政政策应对经济危机，在20世纪五六十年代实现了经济的迅速发展。

（二）马克思主义：调节收入分配，缓解产能过剩

从理论来看，马克思主义认为，经济危机源于生产过剩，主张调节收入分配。马克思主义指出，资本主义的根本问题在于生产的社会化和生产资料的私有化之间的基本矛盾。在这一矛盾下，周期性经济危机存在必然性。危机的爆发是对市场机制和市场失灵的自我调节，强制性地使总供给和总需求达到平衡，但不能从根本上消除矛盾。马

克思主义理论主张加强收入分配的调节，缓解阶级矛盾，加强国家干预，保障合理的再分配，从而减少产能过剩。

从实践来看，1929 年大萧条期间，苏联是马克思主义理论的主要实践阵地。这一时期，在计划经济体制下，苏联的资源和生产全部纳入国家管理，最大限度地提升了工业能力，并降低了大萧条对国家经济体系的冲击，从传统的农业国快速跃升为工业强国。随后由于计划经济缺乏微观激励机制和效率，苏联经济崩溃。但是社会主义思潮深刻地影响了资本主义国家，它们普遍采用劳工保护、社会保障、收入分配调节等缓解阶级矛盾和经济结构性问题。

二、20 世纪 70 年代“滞胀”：供给学派、货币学派、奥地利学派

20 世纪 70 年代，美国出现了经济停滞和通货膨胀并存的局面。滞胀的出现向传统凯恩斯主义和菲利普斯曲线提出了挑战，学界开始反思政府干预行为的有效性以及政府过度干预的弊端。以拉弗和菲尔德斯坦为代表的供给学派、以弗里德曼和施瓦茨为代表的货币学派随之诞生，以门格尔、庞巴维克、维尔塞、米塞斯为代表的奥地利学派在西方复兴，新自由主义是对古典主义精神的回归。

（一）供给学派：强调供给第一，通过减税、放松管制等刺激供给

从理论来看，供给学派强调供给第一，反对政府干预经济，主张通过减税和结构性改革来扩大投资，刺激供给，促进经济增长。一方面，供给学派认为凯恩斯主张的“需求管理政策”是造成滞胀的根源。只要需求的扩大超过实际生产增长，通胀就不可避免，生产也必然停滞或下降。另一方面，供给学派认为促进经济增长的着眼点不是需求而是供给，应通过减税、放松管制、私有化、控制货币供应和

通胀、削减社会福利和财政赤字等提高全要素生产率，充分发挥市场竞争机制，促进长期经济增长。

从实践来看，供给学派的实践紧密贯穿于里根执政时期，并对其他西方国家和发展中国家产生了积极影响。1982—1997 年，美国经济除 1990—1991 年温和的衰退以外，被证明是美国历史上成功地实现了宏观经济稳定的时期。

（二）货币学派：实施“单一规则”的货币政策

从理论来看，货币学派反对国家过度干预经济，主张实施“单一规则”的货币政策。第一，货币学派认为，危机的根本原因是不当的货币政策造成的过量流动性投放，催生了大量资产泡沫，以及随后的货币政策收紧导致泡沫破裂。第二，货币学派反对国家对经济的过度干预，认为货币的稳定性是永久性收入稳定性的前提，国家只需调节经济中的货币供应量。货币刺激只会引发通胀，“通胀在任何时间、任何地点都是货币现象”。第三，货币政策应实行单一规则：根据国民收入和人口的增长率，设定一个长期不变的货币增长率，避免货币本身成为波动的根源。同时，应当加强金融市场的监管，警惕金融工具的杠杆作用。

从实践来看，20 世纪 80 年代，英国撒切尔政府曾率先推行货币学派政策，通过控制货币供应量、提高银行利息率、削减公共开支等手段，应对经济增长缓慢、通货膨胀严重、失业日益增加的严峻局面。

（三）奥地利学派：反对政府干预，主张自由放任

从理论来看，奥地利学派主张危机时期政府严守自由放任的政策，对自由市场的干预将延长经济萧条的时间。奥地利学派商业周期理论认为，货币对经济活动和价格的影响是非中性的。当中央银行增加货

币供给，使货币利率低于市场自然利率时，就会误导企业家增加资本品的生产，从而引起经济中生产过剩，造成虚假繁荣。当货币停止增长或恢复市场利率时，就会引起经济萧条。政府应遵循自由放任政策，对自由市场的干预将延长萧条的时间。

从实践来看，奥地利学派的市场原教旨主义理论在实践中争议较大，理论很完美，但面对危机时却难以实践。20 世纪 30 年代美国经济危机期间，由于自由放任政策，经济跌入谷底，拖延了恢复金融危机的进程。70 年代美国经济陷入滞胀，新自由主义再次卷土重来，但 2008 年金融危机的爆发再次敲响了自由放任主义的警钟，在政府大力干预下，经济才逐步恢复。

三、2008 年金融危机：新凯恩斯主义量化宽松、现代货币理论、新基建经济学

2008 年美国次贷危机爆发，资产价格暴跌，金融机构大幅受损甚至倒闭，新自由主义受到挑战，新凯恩斯主义再度主导各国政策。时任美联储主席伯南克通过一系列的量化宽松政策，阻止了金融危机的进一步蔓延。次贷危机发生后至今，全球经济增长动力不足，货币政策和财政政策加大逆周期调节力度，全球政府债务水平不断上升。现代货币理论探讨了政府高债务问题的解决方案，近年来引发了广泛关注。新基建兼具短期扩大需求和长期增加供给的综合性重大作用，新基建经济学在中国正从学术讨论走向社会共识和国家战略。

（一）新凯恩斯主义：量化宽松

从理论来看，作为新凯恩斯主义的代表，伯南克主导美联储采用超常规的量化宽松货币政策应对金融危机。伯南克在《大萧条的宏观

经济学》中认为，“货币紧缩是大萧条的重要原因，货币放松是经济恢复的主导因素”。伯南克与盖特勒等人提出“金融加速器”理论，该理论是量化宽松政策的理论基础。该理论认为，由于金融市场的信息不对称，信用成本上升，信用融通效率下降，金融市场供需失衡，真实经济大幅萎缩。“金融加速器”能扩大危机的影响，也能放大经济刺激政策的效果。因此，在金融危机中，当单纯依靠短期利率政策收效甚微时，超常规的量化宽松货币政策能够极大地刺激投资和消费。量化宽松的具体措施包括：通过卖出短期债券买入长期债券的扭曲操作，降低中长期利率，鼓励投资；扩大央行资产负债表，使其规模大大超过维持零利率所需的水平；直接买入濒临破产的商业机构的抵押证券，为市场提供流动性。

从实践来看，伯南克采取大规模量化宽松为市场注入大量流动性，有效避免了金融机构、居民和企业部门资产负债表的进一步恶化，降低了金融危机的冲击程度。但是，也使发达经济体长期陷入对低利率、宽松流动性环境的依赖，加剧了经济金融体系的脆弱性。

（二）现代货币理论：“税收驱动货币”

从理论来看，现代货币理论的核心主张可理解为“税收驱动货币”，实际上是一种政府信用货币体系。该理论认为：第一，现代货币的存在需要以国家层面的两个重要权力作为保证，一是征税的权力，二是确定税收支付形式的权力；第二，税收的目的不是为政府支出融资，而是创造货币需求；第三，现代社会国家对货币具有垄断发行的权力，政府不会面临操作层面的融资约束。支持者认为，现代货币理论为政府债务不可持续问题提供了一种新的解决思路；而对此有争议者认为，现代货币理论的问题主要在于无法有效控制通胀，无有效机制维持货币发行的纪律性，难以维持币值稳定，降低了宏观经济调控的效率。

从实践来看，日本是通过加强财政政策与货币政策协同进行财政赤字货币化的典型案例。1997—2018 年，日本央行总资产规模扩大了 6.7 倍。截至 2018 年末，日本央行持有政府债券规模占总资产比重高达 85%。日本央行通过量化宽松政策实施财政赤字货币化，为扩张性财政政策提供了资金来源。

（三）新基建经济：兼顾短期扩大需求和长期扩大供给

应对危机的各类政策，孰优孰劣？

第一，历次危机的实践证明，及时的政策应对可以有效切断传导链条，阻断危机蔓延和深化，而一味地自由放任将延长危机持续时间，加深破坏程度。

第二，货币政策对缓解短期流动性危机效果明显，但对于刺激需求就像“推绳子”，效果有限；而财政政策对于扩大有效需求就像“拉绳子”，效果更为明显。正确的危机应对措施是：先通过货币政策缓解流动性危机，再通过财政政策扩大需求走出衰退。

第三，无论是货币政策还是财政政策，二者都是增加债务或增加货币发行，关键是看当前增加的债务能否带来未来的收入。纯粹刺激消费不会有资本形成，反而会形成债务悬空，而有效投资则能增加资本形成和未来收入，配合扩大消费来促进经济良性循环。

刺激投资尤其基础设施投资比单纯刺激消费效果更好，新基建是应对金融危机的最简单有效的办法，兼顾短期扩大有效需求和长期扩大有效供给，兼具稳增长、稳就业、调结构、促创新、惠民生的综合性重大作用，中国是超前新基础设施建设的受益者。新基建经济学是应对经济金融危机的一次思想革命，是人类社会认知的一大进步，我们长期旗帜鲜明地倡导新基建。

附　录

全球瘟疫史的启示

瘟疫史是一部灾难史，也是一部人类文明发展过程中危机四伏的曲折历史。3 000 年前就存在天花流行，而当前新冠肺炎疫情正在全球蔓延。即使在医学高度发达的今天，疫情也席卷了全球多个国家和地区，堪称百年一遇。从几千年的历史视野看，为什么大瘟疫反复上演，甚至一度差点儿演化成人类的灭顶之灾？人类历次战“疫”有哪些经验和教训？我们应该如何战胜这次疫情危机？ *

---

* 本章作者：任泽平、李建国、范城恺。

回顾人类历史，瘟疫是与饥荒、战争等并列的重大灾难，如附图1和附图2所示，黑死病、天花等瘟疫均造成数以亿计的人口死亡，历史惨剧曾多次上演。面对瘟疫的威胁，人类社会在长期的应对中既有很多惨重的教训，也积累了宝贵的经验和方法，文明在一次次的危机中不断前进。19世纪以来，公共卫生体系的完善、现代微生物学的发展及医学技术的进步，使多数传染病得以控制，人类依靠文明和科学取得了对瘟疫的阶段性胜利。但展望未来，病毒的快速进化、人类与动物的接触、城市规模及人口密度的提高、人员流动的加快等将使新的瘟疫不断产生，并将持续挑战政府的社会治理及应急防疫能力、国际合作机制等，人类距离彻底战胜瘟疫仍然任重道远。

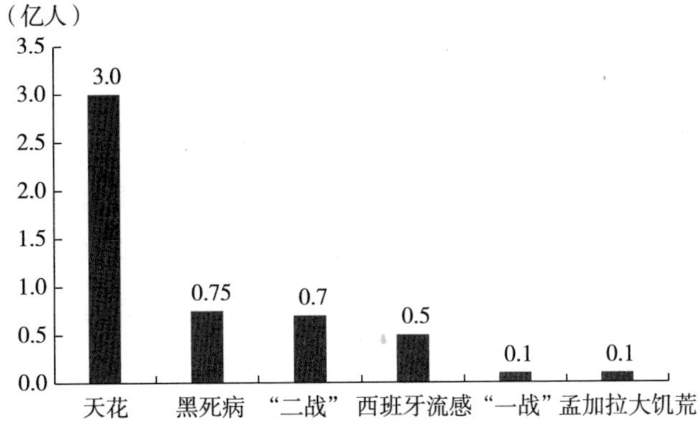

附图1　人类历史上重大灾难的死亡数量

资料来源：公开资料，泽平宏观。

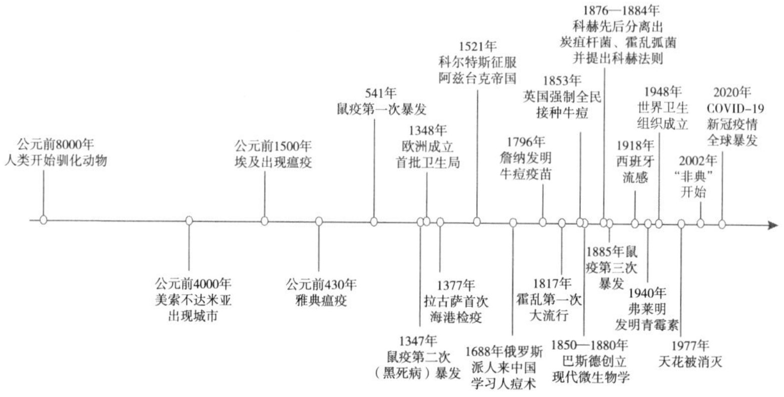

附图 2　瘟疫历史大事记

资料来源：王旭东，孟庆龙．世界瘟疫史：疫病流行、应对措施及其对人类社会的影响［M］．北京：中国社会科学出版社，2005。

第一节　黑死病：横扫欧洲的瘟疫之王

一、起源：早期为地方病，因战争和商贸往来而大流行

作为一种烈性传染病，鼠疫可能最早起源于非洲，致病原为鼠疫杆菌，主要通过寄生于啮齿类动物上的跳蚤、呼吸道或直接接触传播。但在现代微生物学取得突破之前，人类在长达 1 000 余年的历史中始终未能明确鼠疫的致病原和传播途径，长期在黑暗中摸索防疫措施。鼠疫三次大流行，给人类社会带来了深重的灾难。

鼠疫于公元 6 世纪首次从埃及传入欧洲，随后暴发第一次鼠疫大流行，即造成 2 500 万人死亡的查士丁尼瘟疫。此后，鼠疫又先后于 14—18 世纪、19—20 世纪暴发，其中暴发于 14—18 世纪的鼠疫大流

行是历史上后果最严重、影响最大的一次瘟疫，又被称为黑死病。

14 世纪早期，鼠疫作为一种地方病主要流行于蒙古地区。1346 年，金帐汗国围攻现乌克兰境内的港口城市卡法，围攻过程中鼠疫开始在蒙古军队中蔓延，而鼠疫死者被蒙古军队用抛石机抛入卡法城内，使疫情传播至城内。在蒙古军队因疫情过于严重而撤军后，城内众多的热那亚商人乘船逃回意大利，途中停靠的港口陆续暴发鼠疫疫情。1347 年，鼠疫开始在意大利蔓延，随后席卷整个欧洲和中东。

二、暴发：肆虐 400 年，欧洲人口死亡 30%~50%

1347—1353 年，黑死病在地中海沿岸迅速传播，短短 7 年间先后在西欧、北欧、俄罗斯及中东暴发，仅 1348 年佛罗伦萨、威尼斯、伦敦等城市的死亡人数就均在 10 万以上，最终在欧洲共造成约 2 500 万人死亡。此后，黑死病的大范围暴发基本结束，但区域性的暴发时断时续，400 年后即 18 世纪才逐渐停止，例如法国在 1580—1588 年就暴发 250 多次，1631—1640 年平均每年暴发 28 次。据估计，1400 年欧洲人口的平均寿命由黑死病暴发前的 30 岁大幅下降至 20 岁，而整场瘟疫共造成全球 7 500 万人和 30%~50% 的欧洲人死亡，是人类历史上最严重的瘟疫之一。附表 1 为黑死病在欧洲各地区的暴发情况。

附表 1 黑死病在欧洲各地区的暴发情况

时间	地区	概况
1347—1353 年	欧洲全境	1347 年，热那亚人将黑死病带到西西里，黑死病从西西里传向突尼斯、意大利本土和法国的普罗旺斯。1348 年夏天进入伊比利亚半岛、巴黎及英格兰南部港口。1349 年侵袭了英伦三岛、法国北部、挪威、德国南部和西部。1350 年黑死病推进到波罗的海东部和波兰北部，此后两年黑死病由西向东进入俄罗斯，1353 年夏天到达莫斯科。7 年间共造成至少 2 500 万人死亡

续表

时间	地区	概况
1450—1640年	法国	1464年、1478—1484年（100多次）、1494年、1502年、1514—1519年、1521—1523年（86次）、1563—1564年（66次）、1580—1588年（253次）、1625—1640年均是鼠疫暴发严重的年份，其中1625—1640年最为严重，仅1628—1630年就有200余次暴发
1499—1665年	伦敦	1499—1500年、1563年、1578年、1593年、1603年、1625年、1636年、1664—1665年均发生严重的鼠疫流行，其中1499—1500年总人口的一半死亡，1563年至少1/4的人口死亡，1603年近1/4的人口死亡，1625年至少1/5的人口死亡，1664—1665年的“伦敦大瘟疫”造成1/5人口死亡
1530—1646年	爱丁堡	1530年、1568—1569年、1585年、1597年、1604—1607年、1644—1646年均曾暴发鼠疫，其中1568—1569年和1585年的两次疫情分别造成10%的人口死亡
1417—1657年	意大利	1417年、1430年、1477—1479年、1575—1577年、1629—1631年、1656—1657年均曾暴发鼠疫，其中1417年造成佛罗伦萨10%的人口死亡，1477—1479年意大利北部4万人死亡，1629—1631年伦巴第地区28万人死亡
1462—1683年	德国	1462—1465年、1663—1668年、1675—1683年均曾暴发鼠疫，1462年6 300人死亡
1596—1682年	西班牙	1596—1602年、1637年、1646—1652年、1678—1682年均曾多次暴发鼠疫，其中1596—1602年导致至少50万人死亡
1602—1739年	俄罗斯	1602年、1738—1739年分别有大的鼠疫流行发生

资料来源：《世界瘟疫史》，泽平宏观。

黑死病严重冲击了欧洲政治、经济、社会的各个方面，迫使欧洲从蒙昧走向理性。严重的疫情不仅造成大量的人口死亡，也在上层建筑层面造成明显冲击，突出表现在三个方面。一是引发宗教信仰危机。疫情初期，人们认为黑死病是上帝对人类的惩罚，因此进行大忏悔，但效果反而不如世俗理性的措施，引发了人们对天主教的信仰危机，欧洲社会逐渐从宗教禁锢中走出，成为宗教改革和启蒙运动的开端。二是人们在找不到对瘟疫的合理解释的情况下开始归罪于犹太人、残疾人、乞丐等“上帝的罪犯”，比如认为黑死病是犹太人四处流动和投毒的结果，因此西欧社会大肆迫害和屠杀犹太人，大量犹太人被迫迁徙到东欧，引发欧洲社会结构的重大变化。三是劳动力大量短缺导致土地荒芜，农业生产结构开始向人力需求不高的畜牧业倾斜，继而畜牧业产生的羊毛纺织需求和工人的相对短缺又引发对节省劳动力技术的需求，成为工业革命的重要前提。值得一提的是，鼠疫很可能也是明朝灭亡的重要因素，历史研究表明，明朝末年鼠疫大暴发至少导致 1 000 万人死亡。

三、战疫历程：从蒙昧和天谴走向理性和科学

疫情初期，愚昧的预防方法不仅无助于疫情的控制，反而使疫情恶化。由于欧洲中世纪的宗教禁锢及医学认知水平落后，疫情初期，人们对黑死病的预防和治疗方法较为愚昧，包括放血疗法、烟熏房间、吸烟、使用通便剂、用尿洗澡等，甚至认为猫是邪恶的化身和瘟疫的根源而大量捕杀猫，造成老鼠进一步泛滥和疫情恶化。

生存危机迫使人们对黑死病的防控从蒙昧开始走向理性，催生现代公共卫生制度。1348 年，意大利米兰大主教首先对黑死病患者的房屋下令实施隔离，结果米兰幸运地躲过疫情，验证了隔离对控制黑死病传播的作用。1377 年，意大利拉古萨港首次进行海港检疫，对来自疫区的旅行者实施 30 天或 40 天的隔离措施，检疫制度由此建立。随后，欧洲部分城市开始进行卫生立法，规定疫情期间禁止集会，对丧葬进行规范管理，禁止同疫区进行贸易等，同时建立了历史上的第

一批卫生机构，负责隔离、检疫、清扫街道、疏通水道等，最终疫情于 18 世纪基本得到缓解。在这一过程中，卫生立法、设立专业卫生机构及隔离检疫等措施成为现代公共卫生制度的开端。

现代微生物学的发展、居住环境的改善及抗生素的发明使鼠疫得到有效防治，至今不再构成对人类社会的重大威胁。至 19 世纪下半叶，巴斯德、科赫等人开创了现代微生物学和疾病细菌学说，此后一系列传染病的病原体及传播途径得以明确。1894 年法国细菌学家耶尔森首次从香港鼠疫死者检验切片中分离出鼠疫杆菌，并将其确认为致病原。1897 年日本医学家绪方正轨首次发现跳蚤是鼠疫的传播媒介。1910 年马来西亚华侨伍连德在中国哈尔滨首次发现经呼吸道传播的肺鼠疫，病原体及传播途径的确认促进了防疫措施针对性的提高。此外，近代以来居住环境及卫生条件改善，鼠害及跳蚤大为减少，降低了鼠疫传播的可能性。20 世纪中期，链霉素被发明，鼠疫的致死率大幅下降。至今，鼠疫已得到基本控制，虽未被彻底消灭，但已不再对人类社会构成重大威胁。

第二节　天花：灭绝印第安人的元凶

一、起源：源于西亚，3 000 年前的木乃伊存在天花印记

天花的病原体为天花病毒，主要通过呼吸道传播，患者的主要症状为皮肤颗粒状脓肿和高烧，病死率约为 30%，幸存者大部分留下麻脸或眼睛失明，被认为是最恐怖的传染病之一，至今仍无特效药。

公元前 1157 年去世的古埃及法老拉美西斯五世是目前找到的最

早的天花病例，考古学家和病理学家在其木乃伊的脸部、脖子和肩膀发现了天花皮疹印记，说明天花至少在 3 000 年前就存在。

根据美国演化生物学家戴蒙德的研究成果，1 万年前人类在西亚的“新月沃地”首次驯化了牛，而牛携带的牛痘病毒在与人类的长期接触中突变为天花病毒，并获得感染人类的能力，因此天花极有可能起源于“新月沃地”，此后传播至埃及等其他地区。

大约在公元前 1000 年，天花病毒经贸易活动从埃及传入印度，公元 1 世纪又通过战争俘虏从印度传入中国，公元 2 世纪罗马帝国出现天花疫情，公元 6 世纪天花经过朝鲜传入日本，至此经过 1 500 多年的传播，天花基本覆盖了欧亚非大陆。

二、暴发：导致 3 亿人死亡，灭绝印第安人的元凶

与鼠疫、霍乱不同，天花主要感染儿童，并且病死率仅在 30% 左右，因此不会短时间内造成人口和劳动力大幅减少，但疫情更为持久。

在漫长的历史中，天花的流行程度经历了逐渐增强的过程（见附表 2）。中世纪前期，天花定期在欧洲出现，但并未在当地扎根。11 世纪，罗马教皇组织东征的十字军在回国后又导致天花在欧洲流行，但整体上其杀伤力在中世纪时排在黑死病和肺结核之后，并未成为人类生存的主要威胁。17—18 世纪，人口密度的提高给天花暴发创造了条件，天花逐步成为全球最严重的瘟疫，仅在欧洲就造成 1.5 亿人死亡，法国国王路易十五、英格兰女王玛丽二世、清朝皇帝顺治和同治等均死于天花。

15 世纪末哥伦布发现新大陆，随后西班牙开始殖民美洲，并与拥有上千万人口的阿兹特克帝国、印加帝国等国家交战，无意中西班牙殖民者带入的天花传染给了印第安人。由于印第安人从未接触过天花

而缺乏免疫力，病死率高达 90%，其中阿兹特克帝国包括皇帝在内的一半人口死亡，恐怖的疫情造成印第安人内乱、军队涣散，以致只有几百人的西班牙殖民者轻松征服了阿兹特克帝国和印加帝国。此外，印第安人在看到西班牙殖民者安然无恙的现象后，将殖民者视为超自然力量，心理上反抗意志的瓦解也是其被征服的重要因素。据估计，阿兹特克帝国原有人口在 2 000 万以上，至 1618 年锐减至原有人口的约 1/10。

附表 2　历史上的部分天花疫情

时间	地区	概况
165 年	罗马帝国	15 年时间意大利总人口的 1/3 死于天花疫情
846 年	法国	入侵法国的诺曼人突然暴发天花疫情，诺曼人首领为阻止疫情扩散，下令将所有病人和看护病人的人杀掉
16 世纪	美洲	1519 年科尔特斯率领 600 个西班牙人登陆墨西哥，攻打阿兹特克帝国，其间阿兹特克人被传染天花，导致一半人口死亡，至 1618 年人口锐减至 160 万，不及原有人口的 1/10；1526 年，天花疫情由陆路传播至印加帝国，人口大量死亡，皇帝及继承人也死于天花，皇位的空缺导致内战，1531 年皮萨罗率领 168 人轻松征服印加帝国
18 世纪	欧洲	天花流行数十年，导致 6 000 万人死亡，占死亡总数的 10%~15%
1721 年	美国 波士顿	波士顿总人口约 1.1 万人，疫情过后，5 980 人得了天花，844 人死亡，病死率达 14%
1789 年	澳大利亚	英国人到达悉尼并定居，导致天花传播至当地原住民，据估计，这场天花疫情导致 50% 的原住民死亡
1857—1872 年	英国	1857—1859 年、1863—1865 年、1872 年陆续暴发三次天花流行，分别导致 1.4 万人、2 万人、4.5 万人死亡
1872 年	美国	1872 年美国发生天花大流行，仅费城就有 2 585 人死亡
1900—1909 年	俄罗斯	天花大流行造成 50 万人死亡

资料来源：《世界瘟疫史》，泽平宏观。

在意识到天花病毒的巨大威力后，天花开始被有意用作生物武器。18 世纪北美战争中，英军将被天花污染的毯子和手帕送给支持法军的印第安人，引起天花流行和毁灭性后果。第二次世界大战中，美、英、日均曾试图研制天花武器，但因疫苗的广泛接种而放弃。战后，苏联曾设立天花武器开发厂并于 1971 年意外泄露，造成 3 人死亡，引发国际谴责。

据估计，从公元前 1157 年去世的古埃及法老拉美西斯五世，到 1977 年索马里出现最后一例自然天花患者，天花肆虐人类社会 3 000 余年，共造成约 3 亿人死亡，是造成死亡人数最多的传染病。

三、战疫历程：牛痘疫苗及有效的国际合作最终消灭了天花

人痘术因具有一定的危险性而普及缓慢，在英国成为富人和贵族的专利。最迟于 16 世纪，中国首先发明了成熟的人痘接种术，其中水苗法最为有效，即将患者的痘痂研磨成粉，加水稀释后蘸入鼻孔，接种成功率高，并且稀释过程可减轻接种后的发病病情。1688 年俄国最先派医生来中国学习人痘术，但由于人痘术有 2% 左右的致死率，其在全球的普及过程缓慢，英国议会甚至曾宣布接种人痘是一种危险行为。面对人痘接种的危险，英国医生设计了术前准备 4 周，术后恢复 2 周，包括灌肠和食疗方案在内的冗长接种程序，并收取高昂费用，因此人痘接种术成为富人和贵族的专利。

理性的数量分析使人痘术的价值被确认，在 18 世纪 60 年代后日益普及。1716 年北美波士顿的牧师马瑟对 242 名志愿者接种了人痘，结果 6 人死亡，马瑟认为尽管直接接种人痘的致死率为 2.5%，但不接种人痘患天花的自然死亡率为 15%~20%，因此人痘接种术仍然值得推广，这是第一个对医学程序进行数量分析的案例。随着人们对人

痘术价值认识的深入及天花流行造成的恐慌，18 世纪 60 年代后人痘术终于在欧洲日益普及。

牛痘疫苗的发明使人类看到了战胜天花的曙光。1796 年，英国医生詹纳发现，患过轻微牛痘的挤奶女工不会感染天花，推测牛痘具有预防天花的作用，因此将牛痘浆液接种给 1 名 8 岁男孩和其他 22 名儿童，随后接种天花，但接种者安然无恙，这证实了牛痘疫苗对于预防天花的有效性，并且安全性超过人痘术。

除牛痘疫苗、冻干技术的发明外，强有力的政府推行及国际合作也是人类消灭天花的重要因素。牛痘疫苗的推广过程并非一帆风顺。起初人们认为接种牛痘可能导致人的变异，并且牛痘疫苗的预防效果并不会立即显现，因此牛痘疫苗曾遭到抵制。在此情况下，欧、美各国政府通过立法强制全民接种疫苗，天花得以逐步控制。但与欧、美国家不同，发展中国家普遍面临资金问题，并且热带国家天气炎热造成的疫苗失活问题严重，牛痘疫苗的全民接种面临种种困难。20 世纪中期，WHO（世界卫生组织）成立并致力于在全球范围内消灭天花，同时适用于热带国家的冻干疫苗被发明，全球范围内的天花消灭计划稳步推进。1977 年索马里最后一例自然天花患者痊愈，人类经过 170 年的努力，终于消灭了天花病毒。天花成为目前唯一被人类消灭的传染病，只有美国和俄罗斯实验室还保存着天花病毒样本。天花逐步被疫苗消灭的情况见附图 3。

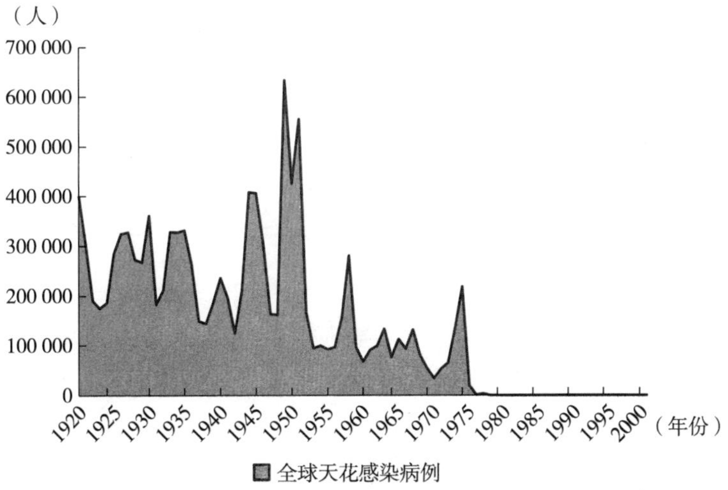

附图 3　天花逐步被疫苗消灭

资料来源：WHO，泽平宏观。

第三节　西班牙流感：人类历史上爆发力最强的瘟疫

一、起源：源于美国，可能与猪或禽类有关

西班牙流感由 H1N1（甲型流感病毒）引起，通过呼吸道或直接接触传播。最新的研究表明，H1N1 在遗传上可能来源于猪流感病毒或一种禽类病毒，因此推断其起源于猪或禽类，也有可能是起源于禽类经过猪感染人类。

西班牙流感的首个病例于 1918 年 1 月在美国得克萨斯州哈斯克尔县被发现，两个月后在当地美军训练营集中暴发，随后疫情蔓延至美国各地及全球。

这场瘟疫被称为“西班牙流感”，原因是这场疫情暴发于第一次世界大战时期各参战国为了战争利益而封锁疫情消息，只有中立国西班牙大量报道了疫情，导致人们误以为疫情主要暴发于西班牙。

二、暴发：流行中变异，两年时间感染全球 1/3 人口，死亡超过 5 000 万

1918 年 3 月，流感疫情首先在美国得克萨斯州的福斯顿军营暴发，1 100 名士兵患上重型流感，随后全美 36 个大型军营中的 24 个陆续暴发疫情并传播至周围城市。1918 年 4 月，美军陆续被派往欧洲战场，疫情开始扩散至欧洲及全球。但这一时期的西班牙流感致病性并不强，例如法国海军司令部的 172 名守卫士兵中大部分都感染了流感，其中 54 人住院，但最终全部康复，无一人死亡。进入夏季，疫情在西欧和美国开始消散，英国的一份医学期刊评论称“流感疫情已全然消失了”。

但实际上，代际传播后的流感病毒正在变异，瑞士、英国伯明翰、法国的一个小型兵站等局部地区开始出现高死亡率的流感疫情，总人口死亡率在 5% 以上。

1918 年 8 月，一艘离开西非国家塞拉利昂的英国军舰暴发疫情，779 名船员中有近 600 名患者，最终死亡 51 人，死亡率达近 9%。随后流感传入美国和法国，并于 9 月大范围暴发，数星期内传播至世界各地，第二次大流行到来。第二次大流行持续了约 3 个月，造成大量人口死亡和大恐慌。仅 10 月美国就死亡 20 万人，医生和护士大量感染造成医院瘫痪，甚至连棺材都脱销了，部分运兵船在 14 天的航行中死亡近一半，尸体被抛入大海。德军因西班牙流感而减员三成，成为其投降和“一战”结束的重要因素。西班牙流感在世界各国的流行

情况见附表3。

附表3 西班牙流感在世界各国的流行情况

地区	传入时间	死亡人数	总人口死亡率
美国	1918年1月	68万	0.6%
加拿大	1918年	4.4万	0.5%
墨西哥	1918年	30万	2.3%
巴西	1918年	18万	0.6%
阿根廷	1918年	1万	0.12%
英国	1918年6月	20万	0.64%
德国	1918年5月	23万	0.37%
法国	1918年5月	17万	0.4%
西班牙	1918年5月	17万	0.8%
意大利	1918年5月	38万	1.1%
苏联	1918年6月	45万	0.5%
日本	1918年8月	26万	0.4%
日治朝鲜	1918年8月	14万	1.9%
印度	1918年5月	1 700万	5%
伊朗	1918年	90万~243万	8%~22%
中国	1918年6月	100万~900万	—
澳大利亚	1919年1月	1.3万	0.27%
菲律宾	1918年11月	94万	0.89%
荷属东印度	1918年11月	80万	1.6%
非洲	1918年8月	135万	1%

资料来源：流行性流感调查（Epidemic Influenza-A survey），泽平宏观。

1919年冬，西班牙流感第三次流行到来，但致病力弱于第二次流行，整体影响不大。至1920年春，流感病毒神秘消失，从此销声匿迹。

事后来看，1918 年西班牙流感具有流行时间短、传播范围广、感染人数及死亡人数多、青壮年死亡率高等特点。流行时间方面，这场流感始于 1918 年春季，历时仅两年，分别在 1918 年春季、1918 年秋季、1919 年冬季至 1920 年春季三次大流行，其中第二次最为严重。传播范围方面，西班牙流感基本覆盖全球所有人类聚集地，包括北极和太平洋群岛，其中一些北极圈的因纽特人部落死亡率超过 80%，很多村庄成为废墟。感染人数及死亡人数方面，西班牙流感死亡患者主要死于肺炎，尽管西班牙流感的致死率远低于黑死病、天花等著名瘟疫，但由于感染者基数大，同样造成了严重的死亡规模；经统计和估算，西班牙流感感染人数达到 5 亿，占全球人口的 1/3，而死亡人数在 5 000 万~1 亿人，在人类历史上仅次于天花。死者年龄结构方面，16~40 岁的青壮年占一半以上，原因是青壮年的较强免疫应答造成了更严重的细胞因子风暴，如附图 4 所示，青壮年的死亡造成美国预期寿命下降约 12 年。

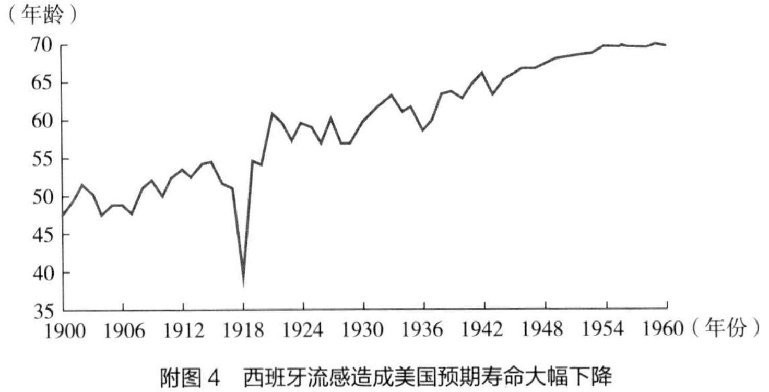

附图 4　西班牙流感造成美国预期寿命大幅下降

资料来源：《超级流感的威胁》（*The Threat of Pandemic Influenza*），泽平宏观。

三、战疫历程：战争利益被置于公共卫生之上，导致疫情扩大

1918 年正值第一次世界大战末期，各参战国均进行了全国性动员及征兵，大量兵员聚集在居住环境不佳的军营或军事训练营中，为流感的暴发创造了有利环境。

第一次和第二次流感暴发的前期，政府受战争利益影响而未采取及时的防疫措施，反而进行消息封锁。1918 年 1 月，美国堪萨斯州的医生迈纳发现了这一传染病的危险性，发出了“严重流感”的警告，但当地政府未能给予重视。第二次流行初期，纽约、费城等城市的卫生部即使在当地出现流感致死病例后仍然否认流感的威胁，不但拒绝实施流行病学家建议的禁止集会、隔离、关闭学校等措施，理由是会引起恐慌并干扰军事行动，反而费城举行了几十万人规模的自由公债游行（见附图 5），用于战争公债的销售。美国公共卫生部和军医署也多次向美军司令部发出警告，要求停止军营间的调动，停止将染病的部队派往欧洲，但美军司令部认为停止派遣将助长德军士气，因此大部分没有采纳，派往欧洲的美军也未进行严格的检疫措施。相反，面对民间逐步扩大的疫情和恐慌，政府为了稳定士气，采取消息封锁策略，包括美联社在内的众多媒体提示民众“恐惧是我们的头号敌人”，因此民众警惕性下降且防控措施滞后。由于防疫措施不力，疫情很快在 10 月初大暴发，社会和军队陷入混乱，政府才不得不采取严厉的防疫措施，但为时已晚。

战时机制导致医护人员被大量征调，加剧了民间医疗资源的短缺和疫情的恶化。疫情暴发期间，大量医护人员被征调到军队医院，美国军队一度占用了全国 1/4 以上的医护人员。并且，医护人员在疫情暴发中也损失惨重，如费城总医院 43% 的医护人员病倒，政府被迫起用已退休医护人员及尚未毕业的医学生，医护人员的短缺加重了民间的恐慌。

附图 5　美国费城在疫情初期仍然举行自由公债游行

资料来源：https: //www.washingtonpost.com/nation/2020/03/12/pandemic-parade-flu-coronavirus/，泽平宏观。

预防措施缺乏针对性，病原体确认的失误，治疗方案的缺失等因素导致社会防治混乱。1918 年 9 月 22 日，美国政府首次发出预防流感的建议公告：避免不必要的拥挤现象；咳嗽和打喷嚏时掩口；用鼻而非口来呼吸；记住保持三清洁，清洁的口腔、清洁的皮肤、清洁的衣服；食物是战胜疾病的武器，仔细挑选并细嚼慢咽；饭前洗手；及时排便；衣服、鞋子、手套要宽松，让大自然做你的战友而不是凶手；如果空气清新，则尽可能深呼吸。但长篇的建议中并未提及戴口罩、日常洗手消毒、室内通风等措施。同时，美国公共卫生部寄希望于科学家的科研工作，但病原体研究工作自始至终也未能完全明确疫情的原因，甚至一度误认为流感嗜血杆菌是致病菌并研制出疫苗，事后证明耗费巨大的人力、物力的疫苗无效。在此情况下，医生缺乏疫苗及有效的治疗药物，集体讨论治疗方案也未能达成共识，防治措施的匮乏是这次疫情高死亡率的重要因素。

第四节　霍乱：数小时即死亡，七次世界大流行

一、起源：印度是“霍乱的故乡”，商贸与殖民吹响暴发的前奏

霍乱是由霍乱弧菌引起的急性肠道传染病，主要通过病人粪便排泄和饮用水污染传播，食物、生活物品和苍蝇亦可传播。霍乱病人初期大多没有症状，潜伏期 1~5 天，发病表现为剧烈腹泻、呕吐，继而身体脱水致死，若不能及时治疗，患者最快数小时至数十小时内就会死亡。

印度恒河三角洲是霍乱的地方性病源区，被称为“霍乱的故乡”。历史上印度有水葬的习俗，人死后将尸体置于恒河中使其顺流而下，因此印度和孟加拉境内的恒河流域成为疾病的滋生地。从远古时代到 19 世纪初，由于地理环境封闭、陆路不畅，霍乱仅于印度、孟加拉一带随着每年雨季来临而周期性流行，当时患者死亡率在 70% 以上。

15 世纪初，到过印度的欧洲人描述了霍乱，开启了西方世界对霍乱的认知。随着商贸需求的扩大和海路运输的发展，印度次大陆被打通，霍乱加速外传。1817 年，印度多省暴发霍乱，而英国殖民统治下频繁的跨区商贸活动奏响了霍乱世界大流行的前奏。

二、暴发：七次重蹈覆辙，至今生生不息

霍乱世界性流行始于 1817 年的印度，之后传播至地中海地区。

1830年霍乱首次登陆欧洲，1832年首次到达美洲，1852年以后首次于亚洲大面积暴发，每一次大流行都有数十万至数百万人死亡。始于1899年的第六次大流行最为严重，历时逾20年，其中仅印度病死就达数百万人。1909年霍乱随商船登陆荷兰鹿特丹港口，同年意大利、匈牙利等中南欧地区暴发严重疫情。1904—1910年霍乱席卷俄国，后来第一次世界大战爆发，俄国战俘将疾病带到多国军队中，霍乱随战乱步伐蔓延至世界各地。

广义上，1961年开始的第七次大流行至今仍在继续，霍乱从印度尼西亚向周边地区蔓延，逐步波及140多个国家和地区。根据世界卫生组织数据，1961—1992年霍乱流行期间全球患者数量超过280万人；至今全球平均每年新增霍乱病例130万~400万例，死亡约2.1万~14.3万例。世界历史上七次霍乱大流行见附表4。

附表4　世界历史上七次霍乱大流行

时间	涉及地区 与传播路径	概况
第一次大流行（1817—1823）	印度—亚洲—地中海沿岸	1817年3月印度加尔各答暴发霍乱，7—8月印度、孟加拉多地疫情暴发，25 000人因病就医，4 000人死亡。1818—1821年霍乱掠过亚洲多地，其中1820—1822年在中国流行。1823年霍乱出现在埃及、叙利亚等地中海沿岸国家，险些登陆欧洲。第一次大流行致病者达数十万人
第二次大流行（1827—1837）	印度—俄国—东欧—英国—法国—德国—加拿大—美洲	1824—1827年霍乱再次小规模流行于印度。1829年扩散至里海沿岸的俄国。1830—1831年随俄国军队扩散至波兰、匈牙利、德国、英国等地区。其中，仅英国就有超过7.8万人丧生。1832年霍乱继续传至法国导致超过7 000人死亡，同年通过德国开往加拿大的移民船登陆北美。后来疫情于地中海和中美洲地区持续至1837年

续表

时间	涉及地区 与传播路径	概况
第三次大流行（1846—1859）	阿富汗—中亚—阿拉伯—欧洲—北美—亚洲	1839年霍乱随英国军队传播至阿富汗，后来逐渐波及波斯和中亚。1846—1847年霍乱在阿拉伯海岸、里海和黑海地区暴发，1848年从阿拉伯传至东欧和北欧，1949年在欧洲开始新一轮暴发，高峰时每日病死人数上千。1848—1850年霍乱跨越大西洋抵达北美。1852—1859年霍乱于亚洲的印尼、中国、日本和朝鲜等地暴发。1855年英国人发现水是霍乱传染源，其后欧、美疫情得到控制
第四次大流行（1863—1879）	地中海—欧洲—东非—美洲—亚洲	1865年霍乱暴发于地中海地区。1866年克里米亚战争使霍乱迅速传播至整个欧洲大陆。其中，东欧的俄罗斯有9万人病死，中欧的德国、奥地利分别死亡11.5万、8万人。1867年意大利死亡13万人，阿尔及利亚死亡8万人，英国死亡1.5万人。同年，美国和拉美地区也暴发疫情，美国约5万人死亡。1869年霍乱到达东非的桑给巴尔，造成7万人死亡。1871年，霍乱在俄国造成13万人死亡。1872—1873年匈牙利死亡人数激增至19万人。1877—1879日本也遭遇疫情，仅1879年就有15万人染病，9万人死亡
第五次大流行（1881—1896）	地中海—欧洲—美洲—亚洲	1881年霍乱大流行再次起始于地中海沿岸，后来在法国、西班牙等欧洲地区迅速传播。其中，1884年法国有1万人染病，1885年西班牙有16万病患，6万人病死。1887年疫情席卷美洲，在美国纽约得到抑制，但在拉美地区暴发。1888—1896年，亚洲地区也发生大规模暴发，其中1888年、1890年和1895年在中国暴发三次，日本相继暴发了五次，朝鲜暴发四次

续表

时间	涉及地区与传播路径	概况
第六次大流行（1899—1923）	印度—地中海—亚洲—俄罗斯—欧洲	1899—1909 年印度暴发霍乱，每年均有 20 万~80 万人死亡，累计死亡数百万人。1902—1923 年地中海地区频繁暴发疫情，埃及约 3.4 万人死亡，沙特阿拉伯有 25 万人死亡。同年，霍乱依次掠过中国、朝鲜、日本和菲律宾等亚洲地区。1903 年霍乱袭击黑海和中东地区。1904 年霍乱随商旅队到达里海，1904—1910 年俄国多次暴发疫情。1909 年霍乱登陆荷兰鹿特丹港口，同年意大利、匈牙利等中南欧地区疫情较重。1914—1918 年第一次世界大战爆发，霍乱通过俄国战俘侵蚀了奥匈帝国军队，德国军队因接种了疫苗而躲过一劫
第七次大流行（1961 年至今）	印尼—亚洲—中东—非洲—欧洲	1961—1964 年霍乱起始于印度尼西亚，向整个亚洲地区扩散，菲律宾、越南、新加坡等东南亚地区受波及，高峰时每年均有超过 1 万人染病、2 000 人死亡，后来也波及中国广东、中国香港和中国澳门。1964 年霍乱再次席卷印度，1965 年传播至巴基斯坦、阿富汗、伊朗和苏联。1970 年包括苏联在内的 6 个亚洲国家、15 个非洲国家和 3 个欧洲国家疫情加剧，后传播至中东地区和非洲大陆。1973 年非洲霍乱疫情严重，又反向传播至印度洋沿岸和东南亚地区

资料来源：《世界瘟疫史》，泽平宏观。

除了死亡，历史上霍乱对人类社会亦造成多方面冲击，包括经济损失、欺诈、大逃亡和社会暴力等。1832 年法国首次暴发霍乱，医生短期内未发现有效的治疗方式，大量不法分子声称自己有治病秘方并骗取“国难财”，民众因恐慌而对这些秘方深信不疑。1833 年 1 月法国巴黎疫情仍未控制，民众恐慌导致 12 万人逃亡。1852 年霍乱暴发于伊朗，惊恐之下伊朗国王与 4/5 的市民逃离了首都德黑兰。1820 年，菲律宾暴发霍乱，民间谣言称外国人故意将疾病带入，导致马尼拉发生袭击外国人的暴力事件，两天内数十名欧洲人和华人被杀害。1892年俄国暴发霍乱，政府防疫措施失灵，导致民众袭击医生、警察和政府官员的暴力事件频频发生。直到20世纪90年代，人们才开始详细统计疫情对商贸活动造成的经济损失。其中，当时的印度约有8亿人口，印度称霍乱使其运输和旅游业损失收入超过10亿美元；同期拉丁美洲的秘鲁仅有两千万人口，霍乱使其贸易和旅游业受损超过7.7亿美元。

三、战疫历程：认知、科学、机制，缺一不可

早期面对未知的疾病，误判其传染性造成了霍乱大流行的后果。第二次大流行期间，欧洲人面对未知的疾病，就其“传染性”发生争论，但大规模检疫和隔离措施，与当时的现代化建设、殖民统治、重商主义等发展思路相矛盾，因此社会主流观点不愿承认其传染性，没有实施防疫措施，相关医学研究进展缓慢，导致疫情大规模扩散。1855年，一名英国医生通过一张“地图”发现水是霍乱的传染源，从而有效控制了疫情传播。附图6是英国医生斯诺和他的“霍乱地图”。19世纪中期，法国、德国、意大利等欧洲科学家努力查找霍乱病原体，但进展有限。1854年英国伦敦暴发区域性霍乱，次年英国医生斯诺通过流行病学和统计分析，绘制了病人居住地地图，认为病人密集度高的区域可能是病源所在地，并认定当地的一口水井是罪魁祸首。斯诺将结论上报政府，伦敦政府听取其建议封了水井，使发病人数大幅减少。

附图 6　英国医生斯诺和他的“霍乱地图”

资料来源：http://demo.qlwb.com.cn/detail/11313216，泽平宏观。

19 世纪末，疫苗问世却未能阻止霍乱流行，配套的治疗措施和疫苗接种制度才是防疫的关键。1893 年第一种针对霍乱的疫苗被研制出来，但并未得到普及，疫苗诞生也未能阻止第六次和第七次霍乱大流行。第六次大流行期间，印度逐步建立了对霍乱的权威性治疗体系，才遏制了印度长达 10 年的严重疫情。1913 年，埃及建立了强制接种霍乱疫苗的制度，此后埃及再未出现大规模流行现象。“一战”期间，德国为军队强制注射了疫苗，之后霍乱通过俄国战俘侵蚀了奥匈帝国军队，但德国军队因接种了疫苗而躲过一劫。20 世纪疫苗科技和医治水平的不断进步逐渐削弱了霍乱的破坏力。1893 年的霍乱疫苗保护率只有 50%~70%，保护期仅 3~6 个月，并且具有毒副作用，由于成本高而未得到普及。20 世纪 80 年代，口服霍乱疫苗问世，保护期达三年，头年保护率可达 85%。2004 年，中国研制的新型口服疫苗上市，大幅降低了成本和副作用，并成为世界卫生组织推荐用药，已经在非洲等贫困地区推广。目前，口服补液、静脉输液和抗生素的治疗体系已经能有效医治病患，死亡率可控制在 1% 以下。

短期来看，强有力的公共卫生管理措施是遏制疫情的关键。1866 年美国纽约州通过改革法案成立了一支由专业医务人员组成的委员会，以应对纽约霍乱。该委员会颁布了 31 000 多道禁令，12 000 英尺（约为 3.66 千米）长的卫生清理区域命令，770 道蓄水池清理条例，最终有效控制了疫情。20 世纪初，中国政府在东北建立特别疫情指挥部，在多地主要铁路交会处建立隔离和收留中心，对所有公共运输设施消毒，严格管理丧葬场所等，在三个月内遏制住了疾病。

长期来看，改善居民用水卫生条件是防疫之本，建立全球性预警系统和防控机制是全球战疫的重要举措。19 世纪末的霍乱世界流行，使各国政府开始积极建立卫生保健规则，并兴建新式卫生下水道系统，有效防止了霍乱再次暴发。但是目前世界贫困地区卫生条件仍然堪忧，全球约 20 亿人无法获得清洁水，厕所等卫生设施的缺乏也是霍乱流行的重要原因。2017 年，世界卫生组织制定了终止霍乱的全球规划图，要求各国配合及时发现并通报疫情，在贫困地区改善卫生基础设施和推广口服疫苗，协调全球力量帮助疫情受灾区，目标是于 2030 年实现各国霍乱人数减少 90%，并在 20 个国家彻底消除。

第五节　SARS：21 世纪的首次全球瘟疫

一、起源

SARS 是 21 世纪出现的第一种严重的、易于传播的新病毒，由

SARS 相关冠状病毒引发，主要通过近距离飞沫和接触传播，但不排除有粪口传播等其他途径。其临床表现为发热、呼吸困难等，与肺炎症状类似，因此最早被称为“非典型性肺炎”，简称“非典”，后被 WHO 命名为 SARS，直译为“严重急性呼吸道综合征”。SARS 病毒的源头为中华菊头蝠。

二、暴发：春运助推，短暂冲击经济，持续触动社会

2003 年 2 月正值中国春运时期，返乡返岗过程中人员大规模流动，2 月中国客运总量达 14.73 亿人次，旅客周转量达 1 338.9 亿人公里，均达到全年峰值。2 月，与广东临近的香港地区出现病患，山西也出现自广东返乡的病患，但 3 月才被确诊。3 月北京、内蒙古、台湾等地区陆续出现首例确诊病例。截至 3 月底，中国内地报告病例 806 例，香港地区和台湾地区共计 540 例。2003 年 SARS 在中国部分地区传播概况见附表 5。

2003 年 2 月下旬，一名常驻上海的美国商人在途经中国香港到达越南河内后确认染病，并传染了多名当地医疗人员。常驻河内的 WHO 医生向 WHO 通报了病情，3 月 12 日 WHO 发出了全球警告，3 月 15 日 WHO 正式将该病命名为 SARS。之后 SARS 从东南亚传播到澳大利亚、欧洲和北美。7 月，全球 SARS 确诊和疑似病例数均不再增长，疫情基本结束。根据 WHO 数据，截至 2003 年 8 月，中国内地累计报告 SARS 病例 5 327 例，死亡 349 例；全球累计患病 8 422 例，死亡 916 例。SARS 在世界各地区的病例统计见附图 7。

附表 5　2003 年 SARS 在中国部分地区传播概况

地区	确诊病例 / 死亡病例（截至 2003-05-18）	传播概况
北京	2 434/147	2003 年 3 月 6 日北京接报第一例输入性“非典”病例。3 月 15 日北京收治了一名从香港探亲回家的患者，一周之内传染了东直门医院 11 位医护人员。4 月 11 日 WHO 进入北京考察。4 月 12 日 WHO 将北京列入疫区。4 月 16—19 日，北方交大宿舍出现病患，导致学校共有 31 人出现发热症状
香港	1 714/251	2003 年 2 月 21 日广东旅客入住香港酒店并传染 7 名旅客。3 月 10 日香港媒体报道香港近期有 10 多名医护人员发热且有传染迹象。3 月 13 日患病医务人员达 115 人。此后高峰期日增病例 60 例以上。3 月 31 日香港特区政府隔离了一幢公寓。4 月 15 日 WHO 将中国香港列为疫区
广东	1 514/346	2002 年 11 月 16 日河源市出现全球首例“非典”病例报告。2003 年 2 月 9 日广州市已经有超过 100 个病例，其中很多是医护人员，并出现 2 例死亡。2 月 10 日广东省报告患病 305 例，死亡 5 例，2 月 14 日报告仍是 305 例。3 月 25 日广东省中医院发生全国首例医护人员死亡。4 月 2 日广东报告 3 月有 361 起新病例，9 人死亡。4 月 2 日 WHO 进入广东调查。4 月 15 日 WHO 将广东省列为疫区
山西	445/78	山西疫情的第一例是山西太原人，2003 年 2 月 15 日到广东进货被感染，2 月 27 日入住山西省人民医院，2 月 28 日到北京就诊后确诊，先后传染 19 人，其中 8 人在北京确诊，11 例在山西省内确诊。4 月 15 日 WHO 将山西省列为疫区
台湾	344/40	2003 年 3 月 13 日一名台商确认感染，但其家属未被传染。4 月 15 日 WHO 将中国台湾列为疫区。4 月 24 日台北和平医院因疫情严重而封院。4 月 28 日台湾出现首例死亡病例

续表

地区	确诊病例 / 死亡病例（截至 2003-05-18）	传播概况
内蒙古	289/42	2003 年 3 月 7 日内蒙古发现第一例疑似病例报告，此后中部、西部和东部的六个盟市相继出现病例。3 月 15 日呼和浩特市一位民航女乘务员曾飞往香港并波及 8 人。呼和浩特市一名中学生看望患病住院的亲属后发病并波及 3 人
河北	210/22	保定市首例为去北京参加哥哥葬礼的保定人，2003 年 4 月 9 日回到保定并传染 6 人；石家庄市首例病人是一位在北京打工的石家庄人，4 月 5 日发热后在北京治疗，4 月 11 日回到石家庄，4 月 25 日确诊，之后传染给 5 位亲人。张家口市首例病人是在北京某医院治疗糖尿病的男子。邯郸确诊的首例病人是一名在北京理工大学建筑工地打工的甘肃人
吉林	35/7	2003 年 4 月长春市居民到北京某医院护理女儿分娩，当时该医院已开始收治“非典”病人，返回长春后出现“非典”症状，在吉林大学第一医院呼吸科经专家会诊后确诊，之后传染给 3 位亲人、2 位病友和 6 位医护人员
四川	17/0	2003 年 4 月 5 日泸州市叙永县一打工青年在广东患病后回老家治疗，经临床诊断为“非典”；4 月 19 日两名从广东返回乐山的青年出现疑似症状。据四川省非典型肺炎防治小组专家分析，四川全部“非典”病例均为输入性，大多是从广东传入的，尤以在广东务工的农民工为主

资料来源：WHO，公开资料整理，泽平宏观。

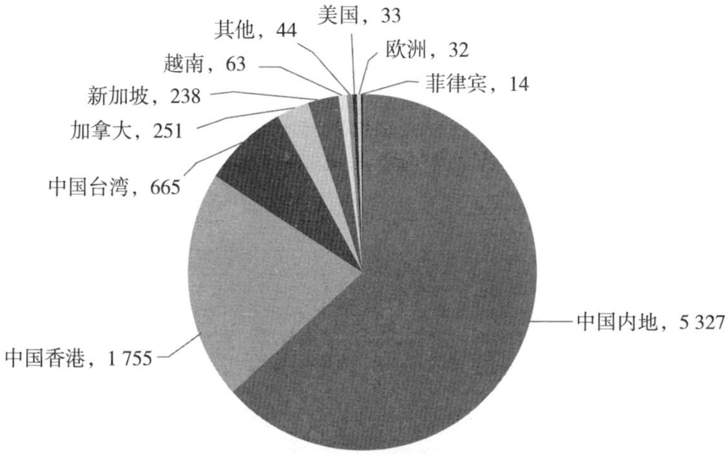

附图 7　SARS 在世界各地区的病例统计

资料来源：WHO，泽平宏观。

SARS 流行期间，民生经济遭遇短暂冲击。疫情期间政府限制人员流动，叠加民众自主减少外出和消费活动，一定程度上阻碍了经济发展。如附图 8 所示，2003 年 4—6 月中国客运量明显减少，其中 5 月客运量减少至 8.09 亿人次，仅是 2 月的 54.9%。如附图 9 所示，2003 年全国第二季度 GDP 增速从第一季度的 11.1% 下滑至 9.1%，其中运输物流业和住宿餐饮业下滑明显，分别降至 2.3% 和 7.4%。然而疫情过后经济快速恢复，住宿餐饮业甚至出现短暂爆发，第三季度 GDP 增速恢复至 10%。

SARS 暴发间接影响了部分地区的政治局势。例如，中国香港暴发疫情后，民众认为政府防治不力导致社区大规模传染，引发了民众的不满情绪。此外，香港旅游业因疫情而备受冲击，严重影响了香港经济，因此香港特区政府向中央请示，催生了对内地居民的“自由行”政策，使中国香港与内地的关系进入历史新篇章。

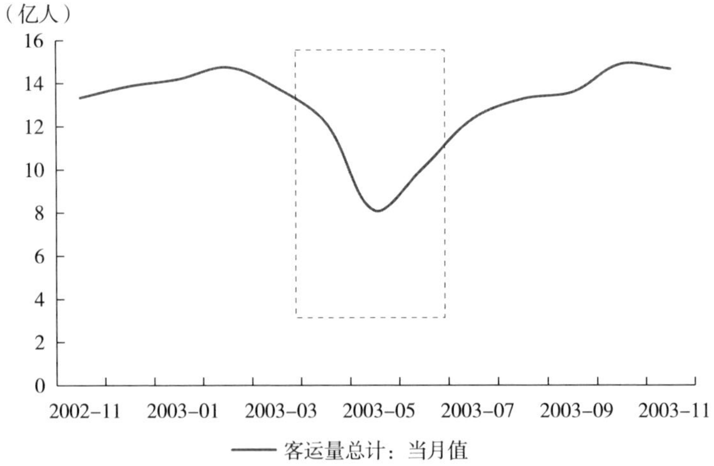

附图 8　SARS 期间全国客运量锐减

资料来源：Wind，泽平宏观。

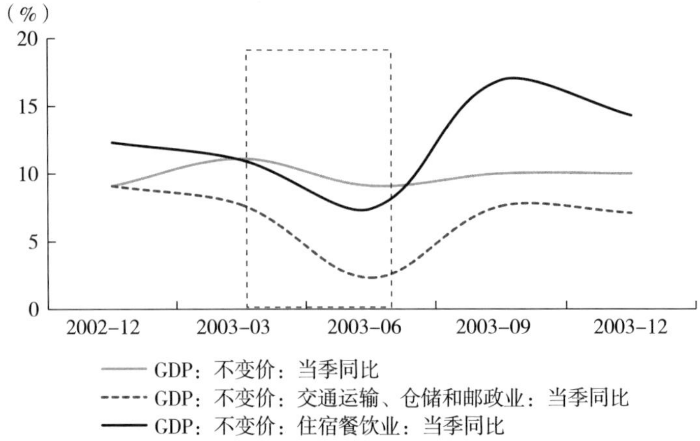

附图 9　SARS 期间第二季度经济受冲击

资料来源：Wind，泽平宏观。

SARS 对医疗卫生系统产生了冲击，一部分幸存者至今仍遭受激素治疗的后遗症。对医护人员而言，由于初期不知疾病的传染性，大量医者因防护不足而感染。2003 年 5 月 6 日，北京公布确诊 SARS 患者达 1 897 例，其中医护人员有 335 人，约占 18%。据统计，中国内地和中国香港分别有 13 位和 8 位医护人员因此殉职。对一些患病后治愈的幸存者而言，由于缺乏有效的治疗手段，抢救中使用的激素类药物易引发后遗症，有人因此长期遭受疾病折磨，陷入经济困境，有些人在 10 年后才引起关注。

三、战疫历程：信息公开是战疫的转折点

疫情初期，信息不清晰导致民众和政府掉以轻心，加剧了传播风险和防疫难度。

信息清晰之后，中国各级政府部门第一时间采取了一系列有效措施控制疫情，防疫工作步入正轨。2003 年 4 月 17 日中央政治局会议后，政府认识到了 SARS 的严重程度和潜在威胁，开始严肃应对。4 月 19 日中央政府警告地方官员，瞒报少报疫情的官员将面临严厉处分。4 月 20 日北京市政府公布确诊患者 339 例。当日，中国政府宣布了多项政策和人事任免，包括卫生部宣布实行“疫情一日一报制”、多所高校停课、任命王岐山担任北京市代理市长等。4 月 26 日民政部与卫生部联合发出紧急通知，要求 SARS 患者遗体要及时、就地火化，不得举行遗体告别仪式。4 月 30 日卫生部通知要求 SARS 防治场所严禁使用中央空调。5 月 9 日国务院公布施行《突发公共卫生事件应急条例》。

信息公开也引起了 WHO 与世界各国对疫情的高度重视，全球警报系统和对疫情防治的协调统筹能力发挥了显著作用。由于越南河内向 WHO 通报了病情，3 月 12 日 WHO 发出全球警告，建议隔离治疗疑似病例，并成立医护人员网络以协助研究 SARS 疫情。自 4 月 2 日 WHO 先后进入中国广东、北京和澳门协助调查，疫情信息逐步公开，

世界各国建立信息通报和共享机制。4 月 15 日 WHO 将中国广东、山西、香港、台湾，以及加拿大多伦多、越南河内和新加坡列为疫区。之后，加拿大发布了多份隔离令，新加坡、中国香港和中国台湾采取了疑似病例隔离、学校停课等措施。疫区以外的国家和地区政府纷纷出台政策防止公民前往疫区。5—7 月，WHO 陆续将新加坡、中国香港、中国内地、加拿大以及中国台湾从疫区中除名。

SARS 期间，中国不断总结经验、吸取教训，并及时调整防范措施，阻止了疫情后发省份和地区的疾病扩散。例如，山西、内蒙古、北京等地的疾病传播多数源自从广东返乡人员，并且农村地区传染风险大，这些规律引起了政府高度重视。4 月 22 日国家旅游局规定，不得组织到中西部地区和农村旅游，防止疫情通过旅游向农村和边远地区扩散。时任国家主席胡锦涛亲自到四川农村视察防疫执行情况，四川政府也针对返乡农民工采取了跟踪隔离等措施。后来四川全部病例均为输入性，未发生本地传播。截至 5 月中旬，中国境内 31 个省份和地区中，有 7 个地区无病例，12 个地区确诊病例控制在个位数。

SARS 之后，中国就应对公共突发事件建立了更完善的法律法规和处理机制，信息透明成为公共决策的重要组成部分。1989 年中国颁布并实施了《中华人民共和国传染病防治法》，根据该法，信息公开的裁量权在地方政府而非中央。这一法律漏洞导致广东省政府未能及时通报病情。2005 年该法被修订，规定对突发原因不明的传染病需要采取最高级别的预防、控制措施，并且由国务院卫生行政部门予以公布、实施。2008 年 5 月 1 日中国正式实施了《中华人民共和国政府信息公开条例》，规定县级以上政府部门应依法公开突发公共事件的应急预案、预警信息及应对情况。

第六节 危险重重：麻风病、炭疽病、黄热病等

一、麻风病

“隔离”的抗疫方式登上历史舞台，由曾经的残忍、粗暴逐渐转变为文明、科学。麻风病是由麻风杆菌引起的一种慢性传染病，主要经飞沫传播，患者身体组织出现肿胀或溃烂，易致失明或身体残疾。在公元前 1000—公元前 600 年，古埃及和印度已有该病的记载。后来疾病于中世纪暴发于欧洲，中世纪后暴发于亚洲，至今麻风病在部分贫困地区依然流行。世界各地均有病患，主要集中在南亚、东南亚、非洲和拉丁美洲。早期人类用较粗暴隔离的方式应对麻风病。中世纪欧洲排斥麻风病人，病人甚至曾与犹太人一起被屠杀。古代中国民间将麻风病人弃置荒野，使逃亡者逐渐聚集成“麻风村”。随着人类对疾病的认知进步，隔离方式变得更加文明和科学。中世纪欧洲有教会专门收留麻风病人，11 世纪英国建立了第一个麻风病禁锢所，13 世纪欧洲已有 19 000 个禁锢所，18 世纪中国建立了第一所慈善性质的“麻风院”，19 世纪印度将麻风病人单独隔离至收容所。20 世纪 40 年代抗生素问世，麻风病得以治愈。然而，至今世界上一些贫困地区依然有麻风病在流行。

二、炭疽病

人畜共患，催生了生物武器，书写了残酷的战争和恐怖主义历史

篇章。炭疽病是由炭疽杆菌引发的急性传染病，主要经接触传播，宿主多为动物皮毛及畜产品，主要表现为皮肤坏死或水肿，最快1~2日即可夺命。公元前1500年已有疑似炭疽症状的记载，20世纪通过羊毛自然传播的炭疽在世界多国大规模流行。后来，人类发现炭疽杆菌容易繁殖、存活时间长、致命快，并且通过动物传播隐蔽性强，很多强权国家借此研发生物武器。“一战”期间，德国间谍在纽约港口向运往欧洲的马匹身上注射炭疽病毒，造成牲畜死亡以扰乱敌国后勤供应；“二战”期间，英国在格鲁伊纳岛试验了一颗炭疽杆菌炸弹，直至1990年英国官方才宣布该岛已脱离危险。“二战”后，兽用疫苗和抗生素已经能有效防止炭疽的自然传播，然而人类仍未能阻止人为传播。2001年美国“9·11”恐怖事件爆发后，有人把含有炭疽杆菌的信件寄给数个新闻媒体办公室以及两名民主党参议员，导致22人感染，其中5人死亡，并造成城市恐慌。

三、黄热病

科学家以生命代价证实蚊子是传播媒介，成为疫情防控的转折点。黄热病由黄热病病毒引起，主要通过蚊子传播，患者突出表现为黄疸、发热、出血等。目前的研究已经证实，黄热病病毒起源于非洲或美洲猴子中的相似病毒。作为一种以蚊子为传播媒介的传染病，黄热病早期主要在非洲和美洲的热带地区流行，17世纪商贸活动往来将黄热病的流行地区扩大到北美和欧洲。在数百年不断出现的疫情中，黄热病患者主要是白人和印第安人，而黑人患病较少，这可能是因为白人和印第安人从未接触过黄热病而缺乏免疫力。1668年黄热病首次出现在纽约，此后黄热病在美国各地间歇性暴发达百年之久，1800年黄热病开始在欧洲地中海沿岸大规模暴发，并曾导致巴塞罗那1/6的人口死亡。面对黄热病的威胁，欧、美各国政府主要吸取了防控黑死病的经验，如隔离检疫、清洁城市环境等，但由于缺乏对黄热病传播途径的认知，这些措施的效果有限。1900年，美国军医里德奉命研究黄热病的防治方法，研究过程中其两名助手自愿接受感染蚊子的叮咬，导致一人死亡，一人健康严重受损，最终以生命的代价证实蚊子是黄热病的传播媒介。由此灭蚊成为预防黄热病的主要手段，成为人类控制黄热病疫情的转折点。1936年，美国细菌学家泰勒发明了黄热病疫苗，进一步削弱了黄热病的威胁。至今，世界大部分地区均已不再有黄热病出现，但在非洲和拉丁美洲部分地区，政府公共卫生意识不足、执行不力等因素使黄热病仍然间歇性暴发，黄热病目前仍然是威胁世界卫生安全的主要瘟疫之一。

四、肺结核

肺结核防控阶段性胜利后的忽视导致疾病再度流行，移民、难民流动及细菌耐药加大了防控难度，至今每年仍造成150万人死亡。肺结核是结核分枝杆菌引起的传染病，主要通过飞沫传染，大多数感染者没有症状，也没有传染性，只有10%的感染者会恶化为开放性结核病，表现为慢性咳嗽、咯血、体重减轻等，致死率达50%。肺结核是一种古老的疾病，至少可溯至新石器时代，发病主要与环境拥挤、营养不良有关。随着城市规模及人口密度的增加，18世纪末欧洲的肺结核疫情达到顶点，每年的总人口死亡率达到1%。1882年德国细菌学家科赫首次分离出结核杆菌，1921年卡迈特发明卡介苗，1944年链霉素被发明，人类防治肺结核的手段不断丰富，全球尤其是发达国家的肺结核疫情得到较大程度的控制。疫情防控的阶段性胜利使各国政府开始忽视防控工作，加上移民、难民流动的增加，多重抗药性菌株的出现，以及 HIV（艾滋病病毒）关联肺结核患者的增多，20 世纪 90 年代后肺结核再度全球流行，1993 年 WHO 宣布肺结核疫情进入全球紧急状态，2006 年发起结核病防治计划，但未能达成 2015 年的防治目标。据估计，自 1882 年发现结核杆菌以来，全球就有至少两亿人死于肺结核，而目前全球约有 1/4 的人口患有潜伏性结核病，美国也有 5%~10% 的比例，全球每年死亡 150 万人，死亡者 95% 来自发展中国家。

五、疟疾

目前全球疟疾感染者达 2 亿人，疫苗、药物研发及国际合作仍需加强。疟疾是由疟原虫引起的传染病，主要通过蚊子传播，患者 2~3 天发作一次，表现为发热、畏寒等，在中国又被称为“打摆子”。疟疾的流行历史较长，公元前 2700 年中国就有疟疾的历史记载。目前的研究证据显示，疟原虫可能来源于感染黑猩猩或大猩猩的近亲物种。由于疟疾主要通过蚊子传播，因此主要流行于热带地区，尤其是非洲，但也曾在欧洲和北美流行。1880 年法国军医拉韦朗首次发现疟原虫，1898 年苏格兰医生罗斯证实蚊子是疟疾的病媒，随后灭蚊和防蚊成为预防疟疾的主要手段并产生了明显效果。药物方面，秘鲁原住民最早发现金鸡纳树树皮具有治疗疟疾的作用，该疗法于 1640 年传入欧洲，后来化学家发现其有效成分是奎宁，20 世纪中期氯喹和青蒿素先后被发明，一系列新的药物降低了疟疾的威胁，但多年的使用使有抗药性的疟原虫不断出现。疫苗方面，直到 2015 年第一种疟疾疫苗才被成功研发出来，但其保护效率不高且仅能维持一年半。由于疫苗长期缺乏，而且蚊子和疟原虫通过进化使抗药性不断增强，加上发展中国家在公共卫生方面投入不足，疟疾的防控形势不容乐观，2015 年全球疟疾感染者达 2 亿人，死亡 44 万人，死亡者 90% 来自非洲。

六、伤寒

“伤寒玛丽”让人类发现了“健康带菌者”，在推动免疫学发展的同时，也引发了公众对人权的热议。伤寒是一种由伤寒杆菌引起的急性肠道传染病，临床表现为发热、畏寒，严重者可导致肠穿孔以致命。伤寒杆菌在水中可存活 2~3 周，在粪便中能维持 1~2 个月。伤寒杆菌携带者容易通过其接触过的水和食物向外散播细菌。1906 年美国一位富人雇用了一位爱尔兰移民“玛丽”做厨师，结果一屋子里的 11 个人中有 6 人感染伤寒。经医学专家调查，玛丽之前的 7 个工作地点都曾暴发过伤寒，累计 22 人患病。然而，外表健康的玛丽抗拒检查，认为这是一种侮辱，在多次反抗后被警察强制带走。玛丽成为第一位无症状伤寒病菌携带者，她的出现吸引了大量的医学研究。医学发现，人体免疫机制在病原体毒性有限时能阻止发病，但不能彻底消灭病原体。美国卫生部曾对玛丽进行强制隔离并要求其不能再当厨师，但由于大众缺乏对“健康带菌者”的正确认知，并且玛丽本身带有“移民”“女性”等易引起社会歧视的标签，政府被媒体和大众指控侵犯人权。然而，1915 年玛丽又引发了一场 25 人的大感染，公众对玛丽的态度由同情转变为憎恶。“伤寒玛丽”也因此成为代名词，推动了社会关于疾病和人权的思考。

七、MERS

MERS（中东呼吸综合征）源自中东却三年后在韩国意外暴发，

医疗业私有化和公共卫生管理缺失是罪魁祸首。它与 SARS 类似，均是由冠状病毒导致的呼吸道传染病，2012 年始发于沙特阿拉伯，主要在中东地区流行。根据 WHO 数据，截至 2020 年 1 月，全球共有 MERS 确诊病例 2 519 例，死亡 866 例，死亡率高达 34.3%。全球共有 27 个国家出现过确诊病例，但超过 80% 的病例都在沙特阿拉伯。然而 2015 年 5 月韩国突然暴发 MERS，成为全球仅次于沙特阿拉伯的第二大疫情国。5 月 20 日一名从中东出差回国的韩国男子确诊，5 月 29 日该男子已传染 9 人，6 月 8 日韩国确诊 68 人，7 月 11 日确诊数达 186 例，死亡 38 例，1.7 万人隔离，2 900 多所学校停课，引起社会极大恐慌，疫情持续近 7 个月才消停。MERS 的暴发揭露了韩国公共卫生管理的多重漏洞。疫情初期，韩国政府拒绝公开收治 MERS 患者的医院名单，而医院是 MERS 传播的主要场所，导致疫情加剧、民众恐慌。信息不透明的背后是韩国医院私有化和管理体系的漏洞。韩国医疗体系私有化程度高，众多私人医院担心影响“生意”而不愿公开名单，同时政府也担心信息公开导致医院不肯接收新的病人而选择不作为。疫情结束后，韩国政府开始采取多项措施加强公共卫生管理，2018 年 9 月韩国再次出现 MERS 病例，但政府仅用一个月就控制住了疫情。

第七节　启示

一、瘟疫对人类社会具有巨大的破坏力

黑死病削减了欧洲 30%~50% 的人口，天花导致 3 亿人死亡，西

班牙流感致死人口破 5 000 万，霍乱至今每年仍然夺走几百万条生命……宏观上是数字，微观上是多少家庭的悲欢离合。瘟疫对经济的冲击长期来自人口削减对生产力的破坏，短期来自商贸活动停滞带来的直接影响。然而，我们难以准确估计其真正影响，因为没有人知道“假如没有瘟疫，世界会发生什么”。同时，天灾背后的“人祸”也让人刻骨铭心。欧洲中世纪黑死病导致犹太人被迫害和屠杀，1918 年西班牙流感导致医院瘫痪，2001 年恐怖主义散播炭疽细菌引发骚乱，2003 年 SARS 导致板蓝根脱销，人心的恐慌与猜疑、社会的动荡与不安随瘟疫一幕幕上演。遥远的历史显得模糊，冰冷的数字缺乏震撼，只有当我们亲身经历的时候才深感瘟疫的残酷。

二、瘟疫危机往往是人类文明进步的催化剂

落后、不健全的社会形态或制度的弊端往往在瘟疫中被放大，而瘟疫导致的生存危机又能够迫使人们突破旧有的社会形态或制度，进而使人类文明在危机中不断前进。例如黑死病期间，宗教忏悔和种族迫害均未能产生防治效果，而隔离检疫措施使很多城市免于瘟疫或者缓解了疫情，对比效果的强烈冲击使人们的思想逐步从中世纪的宗教禁锢中走出，成为宗教改革和启蒙运动的开端。2003 年 SARS 暴发初期，我国政府在信息公开方面的问题引发政府信任危机，事后我国出台了《中华人民共和国政府信息公开条例》，促进了我国政府信息公开改革进程。2015 年的 MERS 暴发也引发韩国政府对医疗行业监管的反思。抗疫经验和教训不断转化为推动社会前行的动力，与人类文明进步相生相伴。

三、瘟疫是在人类定居、驯化动物、城市化等文明进程中产生的

从表面看，细菌、病毒等微生物是传染病的根源，但人类在几百万年的历史中只有近 1 万年才出现瘟疫，说明瘟疫的产生可能也有人类自身的因素。从演化生物学看，瘟疫的产生需要微生物获得感染人的能力并持续在人与人之间传播，而这些均需要人类的一系列“配合”才能实现，如定居、驯化动物、城市化等。大约 1 万~1.2 万年前，原以四处打猎为生的人类由于大型野生动物灭绝而被迫定居，并先后驯化了植物和动物，这两大变化为瘟疫的产生提供了直接条件。一方面，定居后伴随而来的老鼠、驯化后的牲畜等提供了潜在的病原体并与人类长期接触，继而这些病原体通过定向进化而变为人类传染病（见附表 6）；另一方面，定居使人类排泄物与食物、饮水开始有了交叉污染的可能，为众多传染病提供了传播的条件。大约 6 000 年前，美索不达米亚首先出现了城市，城市的出现使人口聚集，这为传染病的大流行提供了条件。人类文明在定居、驯化动物、城市化等过程中得以发展，但也为瘟疫的产生提供了条件，瘟疫因此被称为“文明病”。

附表 6　人类与动物的共有疾病

动物	与人共有疾病种类
家禽	26 种
老鼠	32 种
马	35 种
猪	42 种
羊	46 种
牛	50 种
狗	65 种

资料来源：《瘟疫与人》，泽平宏观。

四、捕杀野生动物正在成为新传染病产生的重要原因

近现代以来，捕杀野生动物在人类各类嗜好和生活陋习的驱动下增多，造成野生动物带有的病原体获得了接触人类并适应人体环境的机会，多种新传染病因此产生。经调查，19 世纪末鼠疫的全球第三次大流行是人们追求皮草服饰和大量猎杀土拨鼠导致的，近年来 SARS、MERS、埃博拉病毒等也被证明其直接或根本来源是蝙蝠、果子狸等野生动物且与食用野味有关。因此，保护野生动物、改变生活陋习对减少新传染病的发生及公共卫生安全具有重要意义。

五、科学是人类战疫史上最有力的武器

以祈祷来驱散病毒，以杀猫来消灭鼠疫，以板蓝根来治疗怪病，以偏方来求得心安……不科学的防疫措施和应对方法不但不能遏制疫情，甚至可能加剧传播，伤及更多生命。相反，19 世纪下半叶现代微生物学的发展及科赫法则使众多的传染病得以明确病原体和传播途径，一方面为针对性的防疫措施提供了科学依据，另一方面也为疫苗开发提供了基础。20 世纪中期以来发明的抗生素、重组疫苗和抗病毒药物等更是极大地丰富了人类防治传染病的手段，显著降低了传染病对人类社会的威胁。此外，科学精神也发挥了巨大作用。比如 1796 年詹纳正是通过细致观察、理性分析和严谨试验的科学精神而发明牛痘疫苗的；又如 1854 年英国伦敦暴发的霍乱中，斯诺首次通过流行病学调查即地图标记的方法确定传染源为一口水井，随后水井的封闭大大缓解了疫情。历史证明，现代科学及理性严谨的科学精神是人类战胜瘟疫的最有力武器。

六、政府要重视防疫，信息要公开透明

政治不可凌驾于公共健康权益和科学之上。19 世纪，欧洲现代化建设、殖民统治、重商主义正值鼎盛时期，而检疫、隔离等措施与之相矛盾，因此执政者轻视且执行不力，最终导致霍乱疫情扩散。1918 年美国的执政者隐瞒疫情的严重性，将战争利益置于防疫之上，导致西班牙流感随“一战”蔓延至全球。2003 年中国个别地方错过了防疫的最佳时机。2015 年韩国政府未公布患者所在医院更让民众感到恐慌。重视不够、瞒报误报、措施不力往往导致疫情快速恶化，不仅不能带来稳定，反而导致政府公信力受损、社会猜测和恐慌，最终祸及自身。因此政府应将公共卫生安全放置首位，让信息公开透明，直面疫情并第一时间组织抗疫防疫工作，尊重专业人士的意见，确保行政措施科学有效。

七、完善的公共卫生体系是防疫的根本

除了医学进步，完善的公共卫生体系并确保执行是防疫的关键所在。14 世纪意大利部分城市专业卫生机构的出现，使隔离检疫等措施得以有效实施，并使一部分城市免于黑死病疫情；从 19 世纪中期开始，欧、美国家通过卫生立法强制全民接种牛痘疫苗，并得以逐步控制天花流行；19 世纪饮用水的清洁及厕所革命，使霍乱疫情得以大幅缓解。反面来看，“一战”期间，虽然已经有霍乱疫苗，但奥匈帝国军队未注射疫苗，仍然造成传染悲剧，而德国的强制性疫苗接种帮助德军躲过一劫。因此，面对各类可能突发的传染病，加强公共卫生设施建设、建立卫生保障机制，加强应急管理和执行力，最终使公共卫生体系进一步完善是防疫的根本。

八、瘟疫无国界，全球应携手抗疫

无论是蒙古鼠疫席卷欧洲、印度霍乱向西传播，还是中东 MERS 占领韩国、美国流感蔓延世界，一种疾病从“地方病”进化为“世界病”的过程，均离不开商贸、旅游、战争、殖民等人类文明之间的交往。瘟疫无国界，世界上的每一个角落在当今全球化的背景下都难以独善其身。巨大的风险使公共卫生领域的全球合作持续推进。20 世纪 WHO 已经成功消灭了天花，SARS 期间 WHO 对各国的预警、督促和治疗建议有效遏制了疾病的全球传播，2017 年 WHO 的终止霍乱全球规划也已经进入实施。但目前世界各地的卫生资源不平衡问题仍然突出，全球疫情信息共享机制也有待进一步完善，因此公共卫生领域的国际协作机制仍然需要进一步加强。

九、未来传染病仍是人类社会的重大威胁

从遗传角度看，细菌和病毒具有比动植物快得多的繁殖和进化速度，其中遗传稳定性差的 RNA（核糖核酸）病毒及单链病毒具有更强的变异能力，因此对人类社会的威胁更大。在可预见的未来，人类与牲畜、宠物及野生动物的接触将无法避免，这为寄生于动物身上的病原体提供了适应人体环境并传播的机会。同时，未来城市规模的扩大、人口密度的增加及全球人员流动的加快，都将为病毒或细菌的人际传播提供越来越有利的环境。反观现代医学的发展水平，疫苗及抗病毒药物的研发需要数年时间，无法在疫情暴发后的短期内完成研发，生产方面也不具备迅速满足全球需求的充足供应能力，隔离等防疫措施仍将是未来面对突发疫情的主要手段，手段的单一性使未来传染病的防治面临较大的不确定性和风险。因此，比尔·盖茨曾表示，“在

全世界范围内，大家还没有足够的准备来应对突发传染病”。

十、人类的自我救赎：短期应急与长期防治

（一）短期应急

第一，迅速响应。疫情线索出现后要迅速加以研判，确定疫情发生后要第一时间启动应急机制，成立疫情防控指挥部，明确各部门职责。尊重专业人士意见，采取科学的应对措施，并确保执行。

第二，明确源头。尽快启动流行病学调查，调查疾病传染源和传播途径，并及时公开。针对传播方式采取相应措施阻隔传染源。

第三，病原鉴定。获取样本后，开展实验室检测、诊断及病原学鉴定工作。

第四，信息公开。树立坦诚、公开的理念，启动疫情监测系统和疫情通报制度，及时准确地公开信息，并接受社会监督。同时及时通报国际社会，防止疫情扩散。

第五，隔离追踪。在疫情初期应第一时间隔离患者，并追踪其密切接触者。建立专门的收容收治场所，并加强隔离场地人员流动控制和健康人员的防护措施。确保疑似病例和高危感染人士隔离观察。

第六，积极治疗。对传染病患者应集中隔离治疗，全力救治并减免费用，及时制定传染病的标准化治疗指南或方案，同时加强医护人员防护，避免医护人员感染。

第七，后勤保障。调动政府和社会力量支援疫区，做好准备应对疫情期间民众生产活动和生活起居可能发生的困难，维护社会各环节稳定运作。

第八，经验总结。随着对疾病的认知进步以及疫情始发地区的防疫效果，应不断总结治疗和防范经验，不断完善疫情应对措施。疫情

后期也要有序推进复工复学，尽量减弱疫情对经济社会的影响。

（二）长期防治

第一，加强配套法制建设。完善传染病防治相关法制建设，包括重大事件应急、信息公开、医者保障、“吹哨人”保护、市场监管、媒体舆论等。一方面确保合理措施有法可依；另一方面规范行政执法行为，避免执法的随意性，避免公权力被滥用。

第二，完善公共卫生应急体系。进一步完善传染病预警和监测制度；制定传染病预防控制预案，内容包括传染病预防控制指挥部的组成及职责、传染病的监测、传染病的报告和通报制度、疫情中卫生机构任务职责分配、传染病分级、疫点疫区现场控制、医疗物资储备与调用等。

第三，加强公共卫生投入和管理。加强饮用水、下水道、污水处理、生活垃圾处理等卫生基础设施建设，实施有计划的疫苗接种制度，强化对畜牧业的检疫工作，开展群众卫生活动，进行预防传染病的健康教育。

第四，继续推进医药卫生体制改革。促进基本公共卫生服务均等化；健全基层医疗卫生服务体系，推进实施分级诊疗。推进公立医院改革，探索政事分开、管办分开。支持和鼓励“互联网 + 医疗”的发展。

第五，加大医疗科技投入。加大对基础医学、药物及疫苗、医疗设备、体外诊断等医学领域的投入力度，完善人才激励机制，依靠科学对抗瘟疫。

第六，加强自然环境和野生动物保护。根据野生动物保护法，加强执法力度，打击非法捕杀及贩卖野生动物等活动。大力倡导改变食用野生动物等生活陋习。加强对野生动物的检疫工作。

第七，重视全球合作与履责机制。加强与国际组织和国家间合作，进行国际传染病防治、医学、公共管理等领域的经验交流，有能力的国家应积极帮助世界贫困地区早日战胜疾病。

参考文献

[1] Analysys Mason. Global Race to 5G[R] . 2019.

[2] Bayoumi T, Melander O. Credit Matters: Empirical Evidence on US Macro-Financial Linkages [R] . IMF Working Paper, 2008, No. 08/169.

[3] Beck T, Colciago A, Pfajfar D. The Role of Financial Intermediaries in Monetary Policy Transmission [J] . *Journal of Economic Dynamics and Control*, 2014, 43: 1–11.

[4] Claessens S, Kose A. Macroeconomic Implications of Financial Imperfections: A Survey[R] . BIS Working Paper, 2017, No. 677.

[5] Diamond D W, Rajan R G. Liquidity Shortages and Banking Crises [J] . *The Journal of Finance*, 2005, 60（2）: 615–47.

[6] Geanakoplos J. The Leverage Cycle [J] . *NBER Macroeconomics Annual*, 2010, 24（1）: 1–66.

[7] IEA. Global EV Outlook 2019[R] . 2019.

[8] Lemon S M, Mahmoud A A F. The Threat of Pandemic Influenza: Are We Ready? [J] . *Biosecurity and Bioterrorism: Biodefense Strategy, Practice, and Science*, 2005, 3（1）: 70–73.

[9] Lucas Jr R E. Econometric Policy Evaluation: A Critique [C] . Proceedings of the Carnegie-Rochester Conference Series on Public Policy, 1976.

［10］ Mankiw N G. The Macroeconomist as Scientist and Engineer［J］. *Journal of Economic Perspectives*, 2006, 20（4）: 29–46.

［11］ Mian A, Sufi A. Household Leverage and the Recession of 2007–2009［J］. *IMF Economic Review*, 2010, 58（1）: 74–117.

［12］ Stanford University. Artificial Intelligence Index 2019 Annual Report［R］. 2019.

［13］ WEF. The Global Competitiveness Report 2019［R］. 2019.

［14］ WTO. Global Value Chain Development Report 2019［R］. 2019.

［15］ 巴里·艾肯格林. 金色的羁绊：黄金本位与大萧条［M］. 范千千，韩琼，译. 北京：机械工业出版社，2016.

［16］ 保罗·克鲁格曼. 萧条经济学的回归［M］. 朱文晖，王玉清，译. 北京：中国人民大学出版社，1999.

［17］ 保罗·沃尔克，克里斯蒂娜·哈珀. 坚定不移［M］. 徐忠，等，译. 北京：中信出版社，2019.

［18］ 本·伯南克，蒂莫西·盖特纳，亨利·保尔森. 灭火：美国金融危机及其教训［M］. 冯毅，译. 北京：中信出版社，2019.

［19］ 本·伯南克. 大萧条［M］. 宋芳秀，寇文红，译. 大连：东北财经大学出版社，2013.

［20］ 布赖恩·斯诺登，霍华德·R. 文. 现代宏观经济学：起源、发展和现状［M］. 佘江涛，魏威，译. 南京：江苏人民出版社，2019.

［21］ 蔡翼飞，张车伟. 地区差距的新视角：人口与产业分布不匹配研究［J］. 中国工业经济，2012（05）：31–43.

［22］ 查尔斯·P. 金德尔伯格，罗伯特·Z. 阿利伯. 疯狂、惊恐和崩溃：金融危机史［M］. 朱隽，叶翔，李伟杰，译. 北京：中国金融出版社，2017.

[23] 陈共 . 财政学 [M]. 北京：中国人民大学出版社，2017.
[24] 陈彦斌，陈惟 . 从宏观经济学百年简史看“宏观经济学的麻烦”[J]. 经济学动态，2017（01）：4–13.
[25] 池田信夫 . 失去的二十年：日本经济长期停滞的真正原因 [M]. 胡文静，译 . 北京：机械工业出版社，2012.
[26] 方绍伟 . 罗默关于“宏观经济学困境”的困境——基于“理论三分法”的分析 [J]. 经济学动态，2018（12）：96–107.
[27] 弗朗西斯·艾丹·加斯凯 . 黑死病：大灾难、大死亡与大萧条（1348—1349）[M]. 郑中求，译 . 北京：华文出版社，2019.
[28] 辜朝明 . 大衰退：宏观经济学的圣杯 [M]. 喻海翔，译 . 北京：东方出版社，2016.
[29] 辜朝明 . 大衰退年代：宏观经济学的另一半与全球化的宿命 [M]. 杨培雷，译 . 上海：上海财经大学出版社，2019.
[30] 国际电信联盟（ITU）. 迎接 5G 的到来：机遇与挑战 [R]. 2018.
[31] 国际数据公司（IDC）.2025 年中国将拥有全球最大的数据圈 [R]. 2019.
[32] 海曼·P. 明斯基 . 稳定不稳定的经济：一种金融不稳定视角 [M]. 石宝峰，张慧卉，译 . 北京：清华大学出版社，2015.
[33] 韩宝明，代位，张红健 . 2018 年世界城市轨道交通运营统计与分析 [J]. 都市快轨交通，2019（1）：9–14.
[34] 贾康 . 亚洲金融危机与中国的积极财政政策 [M]. 北京：中国财政经济出版社，2000.
[35] 贾雷德·戴蒙德 . 枪炮、病菌与钢铁：人类社会的命运 [M]. 谢延光，译 . 上海：上海译文出版社，2016.
[36] 劳里·加勒特 . 逼近的瘟疫 [M]. 杨岐鸣，杨宁，译 . 北京：生活·读书·新知三联书店，2017.

［37］ 李栋．里根经济学的政策实践及启示［J］．财政研究，2012（01）：79-81.

［38］ 刘鹤．两次全球大危机的比较研究［M］．北京：中国经济出版社，2013.

［39］ 刘锴．我国新能源汽车产业充换电模式的比较分析［R］．2019.

［40］ 伦斯・谢诺夫斯基．深度学习［M］．姜悦兵，译．北京：中信出版社，2019.

［41］ 马宇，程道金．主权债务危机影响因素的实证研究及启示——对新兴经济体与发达经济体的比较［J］．经济学家,2014（08）：73-82.

［42］ 米尔顿・弗里德曼，安娜・J. 施瓦茨．美国货币史（1867—1960）［M］. 巴曙松，王劲松，等，译．北京：北京大学出版社，2009.

［43］ 米歇尔・德弗洛埃．宏观经济学史：从凯恩斯到卢卡斯及其后［M］．房誉，李雨纱，等，译．北京：北京大学出版社，2019.

［44］ 欧文・费雪．繁荣与萧条［M］．李彬，译．北京：商务印书馆，2018.

［45］ 任泽平，甘源．新周期：中国宏观经济理论与实战［M］．北京：中信出版社，2018.

［46］ 任泽平，罗志恒．全球贸易摩擦与大国兴衰［M］．北京：人民出版社，2019.

［47］ 任泽平，夏磊，熊柴．房地产周期［M］．北京：人民出版社，2017.

［48］ 瑞・达利欧．债务危机：我的应对原则［M］．赵灿，熊建伟，刘波，译．北京：中信出版社，2019.

［49］ 斯坦利・L. 布鲁，兰迪・R. 格兰特．经济思想史［M］. 邸晓燕，

等，译 . 北京：北京大学出版社，2014.

［50］宋凤轩，江月 . 美国 20 世纪 80 年代以来的减税改革及借鉴［J］. 税务研究，2004（05）：21-24.

［51］王聪，张铁强 . 经济开放进程中金融危机冲击比较研究［J］. 金融研究，2011（03）：97-110.

［52］王放 ."四普"至"五普"间中国城镇人口增长构成分析［J］. 人口研究，2004（03）：60-67.

［53］王桂新，黄祖宇 . 中国城市人口增长来源构成及其对城市化的贡献：1991—2010［J］. 中国人口科学，2014（02）：2-16.

［54］王旭东，孟庆龙 . 世界瘟疫史：疫病流行、应对措施及其对人类社会的影响［M］. 北京：中国社会科学出版社，2005.

［55］王一鸣 . 改革开放以来我国宏观经济政策的演进与创新［J］. 管理世界，2018，34（03）：1-10.

［56］王宇峰，余珞，朱慧敏，等 . 华为 5G 时代十大应用场景白皮书［R］. 2019.

［57］王哲 . 上帝的跳蚤：人类抗疫启示录［M］. 北京：世界知识出版社，2020.

［58］威廉·麦克尼尔 . 瘟疫与人［M］. 余新忠，毕会成，译 . 北京：中信出版社，2018.

［59］威廉·西尔伯 . 力挽狂澜：保罗·沃尔克和他改变的金融世界［M］. 綦相，刘丽娜，译 . 上海：上海财经大学出版社，2013.

［60］夏磊，任泽平 . 全球房地产［M］. 北京：中信出版社，2020.

［61］叶谦，沈文颖 . 拉美债务危机和欧洲债务危机成因的比较及其对我国的启示［J］. 经济问题探索，2011（10）：167-174.

［62］余永定 . 亚洲金融危机的经验教训与中国宏观经济管理［J］. 国际经济评论，2007（03）：5-8.

［63］约翰·梅纳德·凯恩斯．就业、利息和货币通论［M］．高鸿业，译．北京：商务印书馆，2011.
［64］约翰·M. 巴里．大流感：最致命瘟疫的史诗［M］．钟扬，赵佳媛，刘念，译．上海：上海科技教育出版社，2008.
［65］云计算开源产业联盟．云计算与边缘计算协同九大应用场景（2019 年）［R］.2019.
［66］张车伟，蔡翼飞．人口与经济分布匹配视角下的中国区域均衡发展［J］．人口研究，2013（06）：3-16.
［67］中国电动汽车充电基础设施促进联盟.2019—2020 年度中国充电基础设施发展年度报告［R］. 2020.
［68］中国汽车流通协会．2019 新能源汽车消费市场研究报告［R］. 2019.
［69］中国人工智能产业发展联盟．全球人工智能战略与政策观察（2019 年）［R］. 2019.
［70］中国人工智能产业发展联盟．中国人工智能产业知识产权白皮书(2019 年)［R］. 2019.
［71］中国社会科学院“国际金融危机与经济学理论反思”课题组，杨春学，谢志刚．国际金融危机与凯恩斯主义［J］．经济研究，2009，44（11）：22-30.
［72］中国信息通信研究院．“5G+云+AI”：数字经济新时代的引擎［R］. 2019.
［73］中国信息通信研究院．大数据白皮书（2019 年）［R］. 2019.
［74］中国信息通信研究院．全球数字经济新图景（2019 年）［R］. 2019.
［75］中国信息通信研究院．数据基础设施白皮书（2019 年）［R］. 2019.

［76］ 中国信息通信研究院 . 数据中心白皮书（2018 年）［R］. 2018.
［77］ 中国信息通信研究院 . 云计算发展白皮书（2019 年）［R］. 2019.
［78］ 中国信息通信研究院 . 中国数字经济发展与就业白皮书（2018 年）［R］. 2018.
［79］ 中国信息通信研究院 . 中国数字经济发展与就业白皮书（2019 年）［R］. 2019.
［80］ 中国信息通信研究院 . 走向智能推荐：中国 5G 经济报告 2020［R］. 2019.